1판 1쇄 발행 : 2022년 3월 21일

발행인 : 김길수
발행처 : ㈜영진닷컴
등 록 : 2007. 4. 27. 제16-4189호
이메일 : book2@youngjin.com
주 소 : (우)08507 서울특별시 금천구 가산디지털1로 128 STX-V 타워 4층 401호

Copyright ⓒ 2022 by Youngjin.com Inc.
401, STX-V Tower 128, Gasan digital 1-ro, Geumcheon-gu, Seoul, Republic of Korea 08507
All rights reserved. No part of this book may be reproduced or transmitted in any form or by any means, electronic or mechanical, including photocopying, recording or by any information storage retrieval system, without permission from Youngjin.com Inc.

ISBN 978-89-314-6606-5

독자님의 의견을 받습니다.
이 책을 구입한 독자님은 영진닷컴의 가장 중요한 비평가이자 조언가입니다. 저희 책의 장점과 문제점이 무엇인지, 어떤 책이 출판되기를 바라는지, 책을 더욱 알차게 꾸밀 수 있는 아이디어가 있으면 팩스나 이메일, 또는 우편으로 연락주시기 바랍니다. 의견을 주실 때에는 책 제목 및 독자님의 성함과 연락처(전화번호나 이메일)를 꼭 남겨 주시기 바랍니다. 독자님의 의견에 대해 바로 답변을 드리고, 또 독자님의 의견을 다음 책에 충분히 반영하도록 늘 노력하겠습니다.

파본이나 잘못된 도서는 구입하신 곳에서 교환해 드립니다.

STAFF
저자 전하린, 손채은 | **총괄** 이혜영 | **기획** 정나연 | **표지 디자인** 임정원 | **내지 디자인·편집** 김소연 | **영업** 박준용, 임용수, 김도현
마케팅 이승희, 김근주, 조민영, 김도연, 채승희, 김민지, 임해나, 이다은 | **제작** 황장협 | **인쇄** 제이엠

BEST OFFER!

내가 만드는 최애 굿즈

포카 / 전차스 / 마테 / 떡메 / 슬로건 / 인스 등 15종

전하린, 손채은 지음

YoungJin.com Y.
영진닷컴

차례		004
머리말		006
포토샵과 친해지기		007
미리 알고가기		011

PART 01
덕통사고 일으키는 굿즈 만들기

CLASS 01	인생샷을 내 손에 **양면 포토카드**	014
CLASS 02	인증샷을 위한 **투명 포토카드**	032
CLASS 03	응원부터 이벤트까지 **종이 슬로건**	040
CLASS 04	홍보를 부채질하는 **부채**	058
CLASS 05	홈마의 **사진 보정법**	073

PART 02
덕심 폭발하는 굿즈 만들기

CLASS 06	명언을 담은 **전자파 차단 스티커**	088
CLASS 07	원고지 모양 **전자파 차단 스티커**	095
CLASS 08	개성있는 나만의 **떡메모지**	104
CLASS 09	저장하고 싶은 **움짤**	114
CLASS 10	일코 가능한 **스마트폰 배경화면**	120

PART 03
지갑이 열리는 굿즈 만들기

CLASS 11	새학기 필수품 **네임 스티커**	136
CLASS 12	인싸가 되는 **인스(인쇄소 스티커)**	151
CLASS 13	많을수록 좋은 **마스킹 테이프**	165
CLASS 14	하나밖에 없는 **핸드폰 케이스**	184
CLASS 15	좋은 건 크게 보자 **포스터**	195

PART 04
더 쉽고 빠르게 포토샵 활용하기

FINAL CLASS	**포토샵 금손되는 7가지 비법**	211
01	나도 고수처럼 보이는 단축키	212
02	헷갈리지 않는 파일 보관·정리 노하우	215
03	써도 괜찮은 무료 글꼴 사이트 소개	217
04	무료 고퀄 이미지·소스 사이트 소개	220
05	반복작업 쉽게 빨리 하는 법	226
06	만능 템플릿 만들기	236
07	오류도 척척 해결하는 방법	240

PART 05
포토샵 신기능 활용하기

UPDATE CLASS	**2022년 신기능 활용하기**	255
01	빠르게 외곽 따기 – 물체	257
02	빠르게 외곽 따기 – 인물, 동물	259
03	피부 매끄럽게 만들기	262
04	화질 안 좋은 사진 복구하기	265

도서 구매자 전용 특별 부록

- **실습용 이미지 자료**(저작권 문제로 수록된 이미지와 다른 대체 이미지가 제공됩니다.)
- **인기 굿즈 제작업체 리스트 BEST10**
- 최애만 넣으면 완성되는 **슬로건 템플릿**(PSDT 형식/PSD 형식 모두 제공)
- 노란끼가 한 번에 제거되는 **자동 보정 액션파일**(사용 안내 수록)
- **투명 포카 프레임**(2가지 버전으로 제공)
- 포토샵 초보자용 **단축키 바탕화면**

바로 다운로드

암호 : 6606

'포토샵 배워보고 싶다.'고 생각만 하지 말고 직접 해보세요! 굿즈에 내 마음을 예쁘게 담아 간직할 수 있습니다.

포토샵을 배워보고 싶지만 어려워 포기했던 분들, 내 손으로 내가 원하는 여러 가지 굿즈(Goods)를 만들고 싶은 분들을 위해 이 책을 만들었습니다. 디자이너가 아니어도, 심지어 포토샵을 처음 켜봤더라도 괜찮습니다. 하루에 하나씩 원데이 클래스처럼 따라 하다 보면 어느새 15가지의 굿즈를 만들 수 있는 금손이 될 수 있습니다.

'이렇게 만들고 싶은데, 어떻게 만들어야 할지 모르겠네.' 혹은 '뭔가를 만들고 싶은데, 어떻게 만들어야 할지 모르겠네.'라는 생각이 '이렇게 만들고 싶으니까, 이렇게 하면 되겠다!'가 되고, '이런 기능이 있으니까, 이렇게 만들어도 되겠다!'라는 생각으로 바뀔 수 있습니다. 항상 '포토샵 한번 배워보고 싶다.'라고 생각만 하다가 지루함에 그만두셨던 분들을 위해 여러 가지 굿즈를 만들며 재미있게 배울 수 있도록 실제 디자인 작업에 필요한 기능만, 다양한 작업에 활용하기 좋은 핵심만 담아 준비했습니다. 포토샵을 처음부터 배우고 그 결과가 실제 작업물로 손안에 남을 수 있도록 끝까지 도와드립니다.

내가 사랑하는 스타, 가족, 애인 그리고 소중한 반려동물부터 마음을 울리는 인생 영화, 문학, 직접 그린 작은 낙서까지도 나만의 굿즈로 재탄생시킬 수 있습니다. 무언가를 혹은 누군가를 좋아하고 파고드는 것, 흔히 말하는 '덕질'이 굿즈를 만드는 원동력이 되었고, 그 작은 시작으로 저는 매일 행복을 느끼고 있습니다. 이제는 여러분이 직접 만들어볼 차례입니다. 일상 속의 소소한 행복이 되어줄 굿즈들을 하나씩 만들어 보며 행복한 시간 되시길 바랍니다.

저자 전하린, 손채은

포토샵과 친해지기

포토샵을 어떻게 시작할지 간단하게 알려드려요. 포토샵 화면 구성부터 새 파일을 만드는 법,
파일을 여는 법, 레이어에 대한 설명까지! 기초부터 차근차근 쉽게 알아갈 수 있어요.

포토샵의 첫인상 파악하기

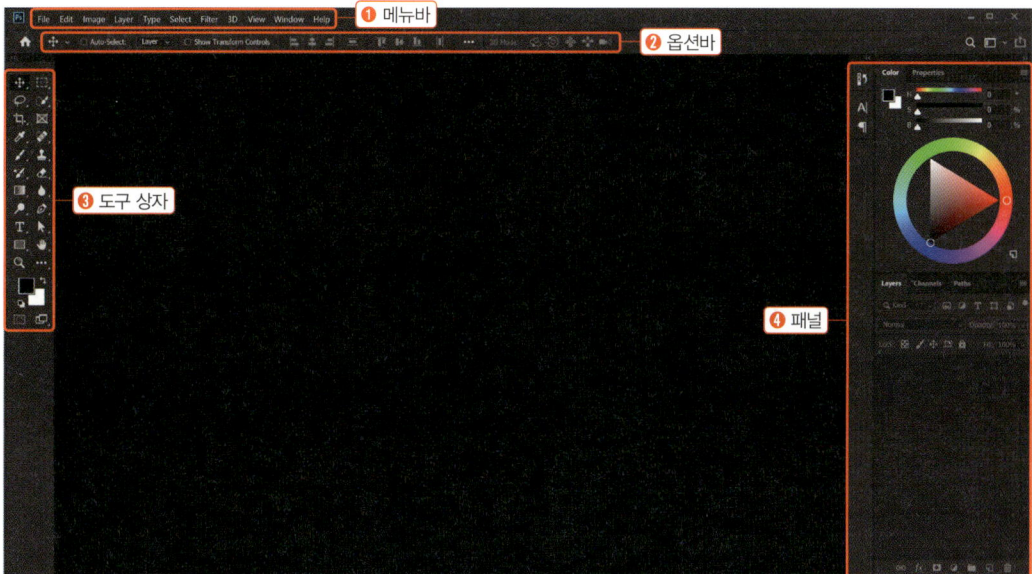

❶ 메뉴바
❷ 옵션바 : 도구의 속성(도구에 따라 달라져요.)
❸ 도구 상자(Tool Box = Tool Bar) : 마우스를 결정(버전에 따라 도구의 모양이 다를 수 있어요.)
❹ 패널(창 = Window = 패널 = Panel)

> **Tip 메뉴바를 쉽게 구분하는 법**
> 아래 세 메뉴의 기능을 알아두시고, 나머지는 이미지를 수정하는 데에 쓰인다고 생각해주세요.
> • File(파일) : 파일 관리(열기, 새 창 만들기, 저장하기 etc.)
> • View(보기) : 작업하기 위한 보조도구(눈금자, 안내선, 격자 etc.)
> • Window(창) : 패널 꺼내기(체크 표시 : 열려있는 패널)

포토샵과 친해지기 **007**

새 파일을 만들어 작업하기

[File] – [New]([파일] – [새로 만들기])

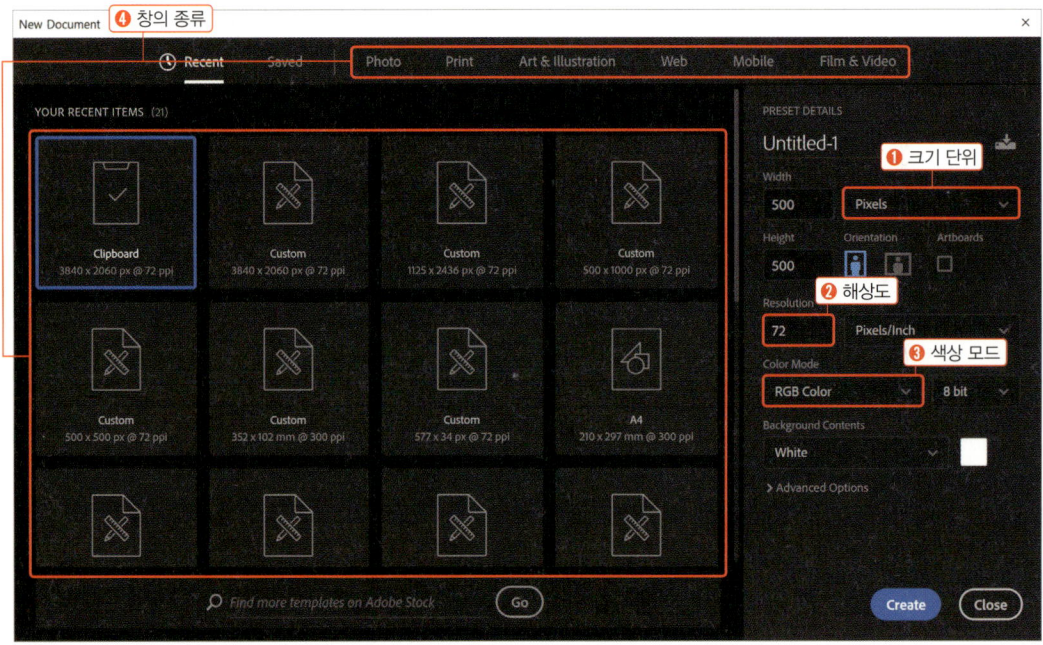

- **웹용** : 휴대폰 배경화면, 움짤 등 기계로 보는 것들
- **인쇄용** : 포토카드, 스티커 등 인쇄하는 것들

❶ **크기 단위**
- 웹용 : pixels
- 인쇄용 : millimeters, centimeters, inches

❷ **해상도**
- 웹용 : 72
- 인쇄용 : 100, 150, 300, 600, 1200 등

❸ **색상 모드**
- 웹용 : RGB(Red, Green, Blue)
- 인쇄용 : CMYK(Cyan, Magenta, Yellow, Black)

❹ **창의 종류**
많이 쓰이는 새 창의 값들을 포토샵에서 미리 설정(preset, 사전 설정)해 놓은 것들이에요! A4나 iPhone X 등이 있습니다. 이 부분은 버전마다 다르니 이 책에서는 사용하지 않을 거예요.

> **Tip** 우리나라 인쇄용으로는 millimeters를 제일 많이 쓴답니다.

> **Tip** 인쇄용으로 가장 많이 쓰는 해상도는 300이에요.

RGB
가산 혼합
빛의 혼합
↓
섞을수록 밝아짐

CMYK
감산 혼합
물감 혼합
↓
섞을수록 어두워짐

기존에 있던 파일을 열어 작업하기

[File] – [Open]([파일] – [열기])
컴퓨터에 있는 사진 파일(JPEG, PNG 등)이나 포토샵 파일(PSD, PSDT) 등을 열어 작업할 수 있어요.

LAYER(레이어)란?

Layer(레이어) = 층 = 투명한 셀로판지 = 작업의 기본 단위

Layer의 사전적 정의인 '층'이라는 뜻처럼, '층층이 쌓이는 투명한 셀로판지'라고 생각하시면 됩니다. 레이어 패널에서 밑에 있는 레이어는 뒤에, 위에 있는 레이어는 앞에 보이게 될 거예요. 또 모든 작업은 레이어 단위로 진행되기 때문에, 항상 레이어 패널을 확인하면서 작업해주세요.

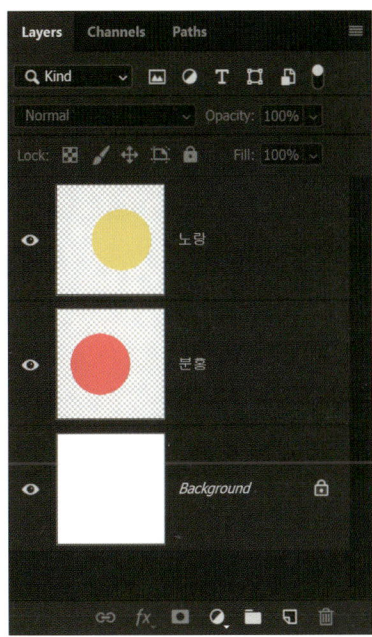 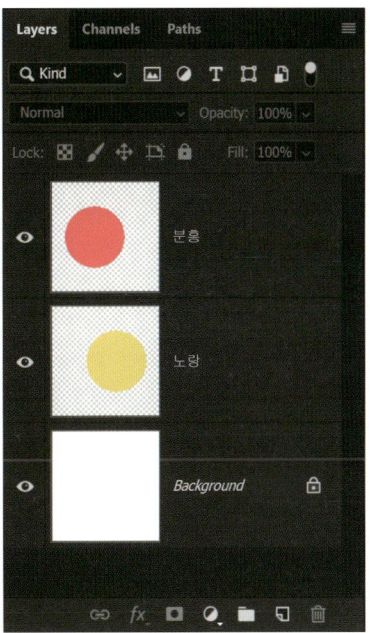

레이어 관리하는 방법

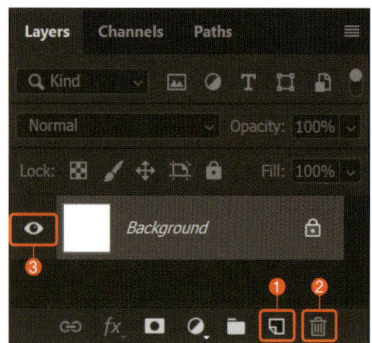

- 새 레이어 만들기 : ❶ 버튼 클릭
- 레이어 삭제하기 : ❷ 버튼 클릭 or Delete 키 누르기
- 레이어 표시/숨기기 : ❸ 버튼 클릭
- 레이어 이름 바꾸기 : 레이어 이름을 더블 클릭
- 레이어 순서 바꾸기 : 해당 레이어를 드래그해서 원하는 층에 놓기

> **Tip** 작업을 하다 보면 필요 없는 빈 레이어가 생성된 경우가 종종 있어요. 그러면 나중에 작업 시 혼란을 줄 수 있으니 레이어의 눈을 껐다 켰다 하면서 필요한 레이어인지 확인해주세요. 필요한 레이어라면 알아보기 편하게 이름을 바꿔주고, 필요 없는 레이어는 삭제하면 된답니다.

미리 알고가기

굿즈 제작 업체 사이트에 있는 작업 사이즈, 재단 사이즈, 안전 사이즈는 각각 무엇일까요? 업체에서 일반 인쇄를 할 때에는 큰 종이에 인쇄 후 재단 작업을 거쳐 제품을 만들게 되는데요. 이때 실수로 재단이 조금 밀리면 디자인의 일부가 잘려 나갈 수 있기 때문에 여유 있게 큰 사이즈로 작업해줘야 한답니다. 이 때문에 생긴 개념이 바로 작업 사이즈, 재단 사이즈, 안전 사이즈입니다. 그럼 각 개념을 정확히 알아볼까요?

❶ 작업 사이즈(작업선)
❷ 재단 사이즈(재단선)
❸ 안전 사이즈(안전선)

❶ **작업 사이즈** 재단 시 이미지에 여백이 생기거나, 일부가 잘려나가는 것을 대비해 넉넉하게 작업하기 위한 사이즈예요. 일반적으로 재단 사이즈보다 사방으로 1~2mm씩 크게 설정합니다. 포토샵에서 새 창을 만들 때에는 이 작업 사이즈로 만들어주어야 해요. 배경으로 사용할 색이나 이미지는 작업 사이즈에 꽉 차게 배치해주셔야 합니다.

❷ **재단 사이즈** 실제 인쇄물의 사이즈예요. 재단이 많이 밀리지 않는 이상 이 영역은 인쇄가 잘 되는 곳이라고 생각하면 됩니다. 포토샵에서는 새 창을 작업 사이즈로 열기 때문에 재단 사이즈에 맞게 안내선을 만들고 작업하는 것이 좋아요. 이 책에서 다루는 대부분의 인쇄용 굿즈들에서 안내선을 만들어 작업해볼 거예요.

❸ **안전 사이즈** 혹시나 재단이 많이 밀리더라도 디자인이 잘리지 않고 안전하게 나올 수 있도록 도와주는 사이즈예요. 인쇄물에 꼭 나와야 하는 중요한 내용은 이 안전 사이즈 안쪽으로 배치해주어야 합니다. 요즘은 인쇄 기술이 좋아져서 업체에 따라 안전 사이즈가 없는 경우도 많이 있어요. 하지만 혹시 모를 상황을 대비해 재단 사이즈보다 사방 2mm 안쪽으로 작업하는 것이 좋습니다.

덕통사고로 처음 덕질을 시작하는 것처럼
포토샵도 차근차근 시작해 보는 파트입니다.
초보자도 하기 쉬운 단순한 디자인과,
간단한 포토샵 작업부터 시작할 수 있도록
순서를 배치하였습니다. 아무것도 몰랐던
초보자라도 앞부분부터 따라하다보면
어느새 포토샵에 능숙해 질 수 있어요.

덕통사고 일으키는
굿즈 만들기

CLASS

01
양면 포토카드

최애의 귀엽고 멋진 모습을 늘 가지고 다니고 싶다면? 포토카드를 만드는 방법을 배워봅시다.
나의 인생샷부터 최애의 리즈샷까지 내 손에 소장하고 싶은 사진으로 포토카드를 만들어보세요.
카드지갑이나 핸드폰 케이스에 넣으면 소지품을 예쁜 굿즈로 변신시켜주고,
포토카드에 이름과 연락처를 추가하면 특별한 명함으로 사용할 수도 있어요.

완성작

앞면   뒷면

포토카드 포토면 제작하기

01 먼저 [File]-[New]([파일]-[새로 만들기])를 눌러 다음과 같이 설정해주세요.

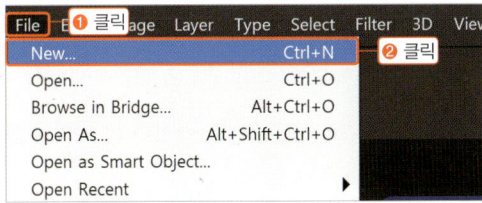

Width(폭) : 54 Millimeters
Height(높이) : 88 Millimeters
Resolution(해상도) : 300 Pixels/Inch
Color Mode(색상모드) : CMYK color

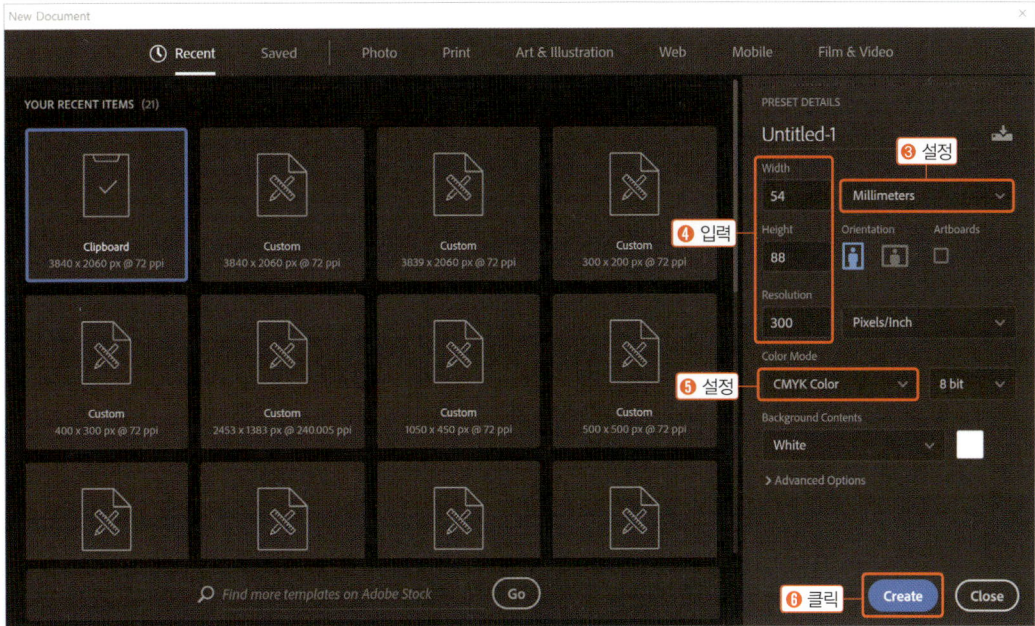

> **Tip** 숫자 입력 전에 오른쪽의 단위(mm)부터 설정해야 입력한 숫자가 환산되지 않아요!

02 [View] - [New Guide Layout]([보기] - [새 안내선 레이아웃])를 눌러 업체에 명시되어 있는 재단 사이즈를 기준으로 안내선을 만들어주세요. 여기에서는 1mm를 기준으로 해줄 거예요.

Margin(여백) 체크 – Top(위쪽), Left(왼쪽), Bottom(아래쪽), Right(오른쪽) : 1mm

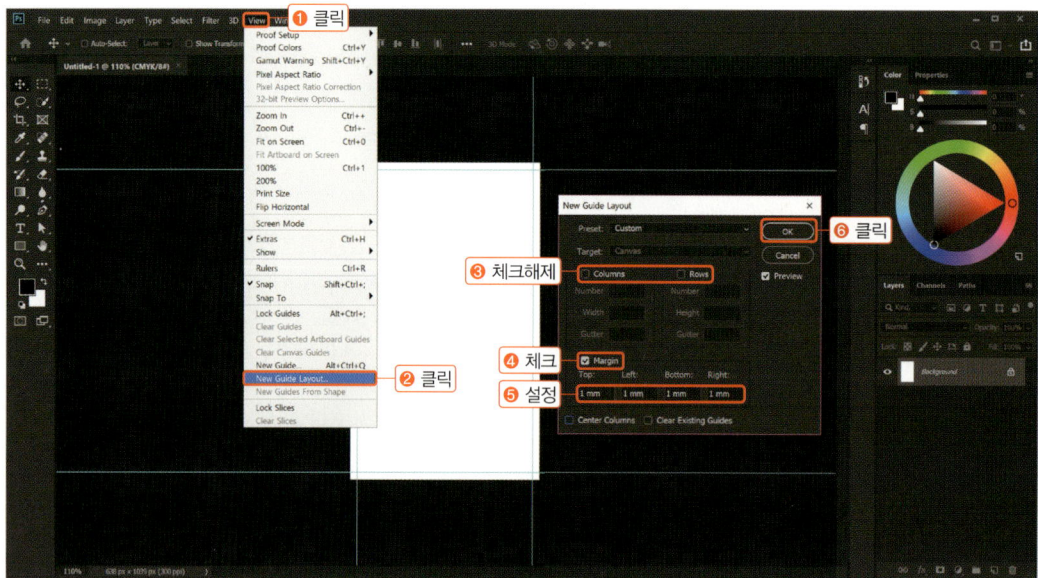

Tip 민트색으로 표시된 안내선(guide) 바깥쪽 영역은 인쇄 시 잘려 나가는 공간입니다.

03 [File] - [Place Embedded]([파일] - [포함 가져오기])를 눌러 넣을 사진을 가져와주세요.

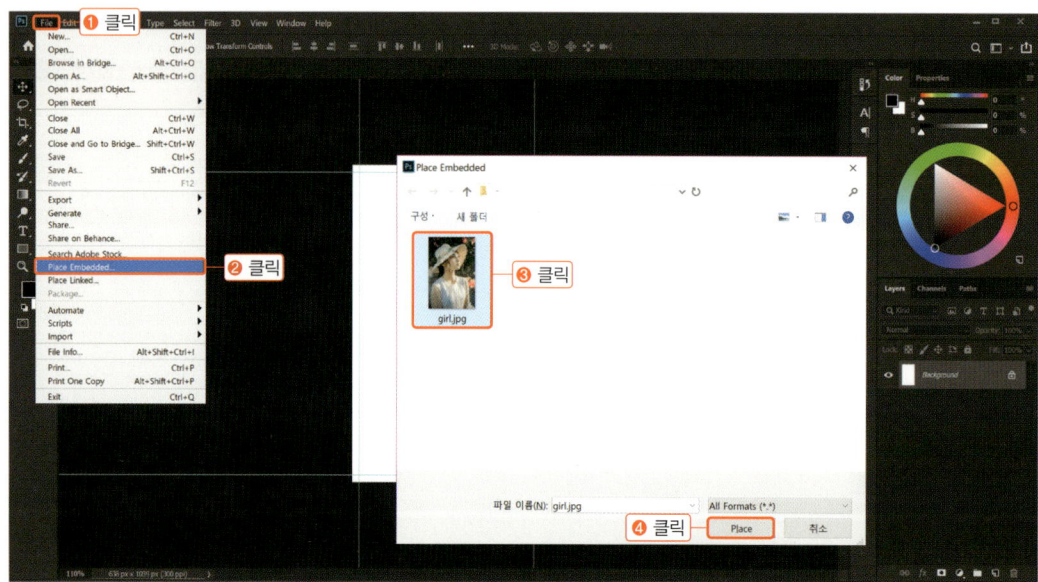

Tip Photoshop CC 2014 이후 버전에서는 사진을 가져오는 메뉴가 위 화면처럼 'Place Embedded(포함 가져오기)'와 'Place Linked(연결 가져오기)'로 나뉘었어요! 이전 버전(Photoshop CS 시리즈 혹은 CC 2013)에서는 'Place(가져오기)' 메뉴를 눌러주세요.

04 X자형 변형 상자의 테두리에 있는 흰색 점들 중 하나를 클릭해 ❶ `Alt`+드래그해서 크기를 키우고, ❷ 변형 상자의 안쪽을 드래그해서 위치를 조정한 후 ❸ `Enter`를 눌러주세요.

Tip
- Photoshop CC 2019 이후 버전에서는 크기를 조정할 때 자동으로 비율이 고정되고, 이전 버전(Photoshop CS 시리즈와 Photoshop CC 2013~2018)에서는 `Shift`를 누르면서 조정해야 비율이 고정됩니다.
- 변형 상자의 테두리를 `Alt`+드래그하면 이미지의 중심은 고정하고 상하좌우로 크기를 빠르게 조정할 수 있어요!

05 ❶ [Image] – [Adjustments] – ❷ [Curves]([이미지] – [조정] – [곡선])을 누른 다음 곡선 그래프를 다음과 같이 ❸ 드래그하여 밝기를 올려주세요.

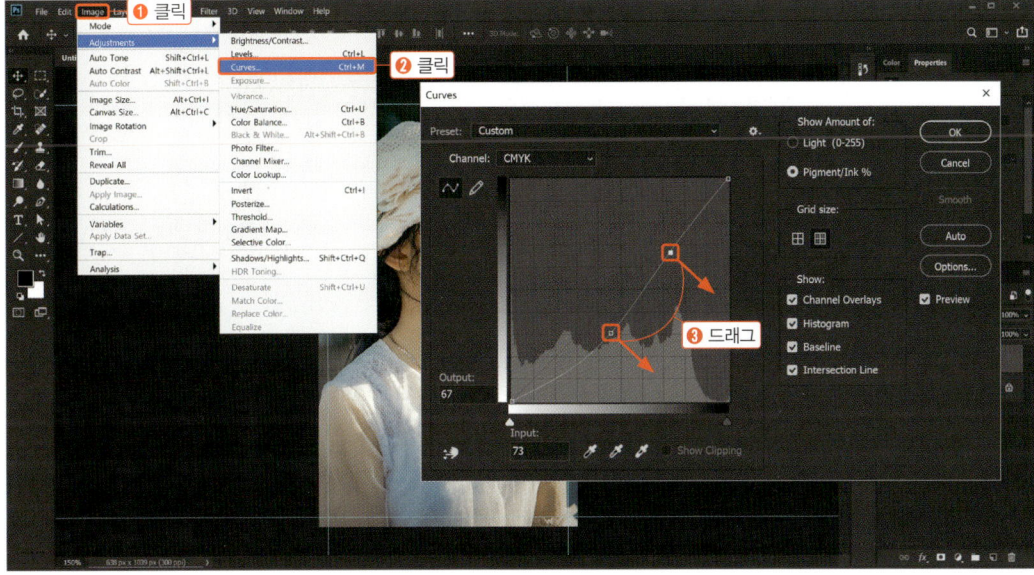

Tip Photoshop CS 시리즈 버전에서는 Adjustments(조정)메뉴가 활성화 되지 않을 거예요. 사진 레이어에 오른쪽 마우스 클릭 – Rasterize Layer(레이어 래스터화)를 눌러주면 Adjustments(조정)메뉴가 활성화됩니다.

06 맑고 청량한 색감을 위해 노란 끼를 빼줄 거예요. ❶ Channel(채널)을 ❷ Yellow(노랑)으로 바꿔 다음과 같이 ❸ 아래쪽으로 드래그해주세요. 사진의 전체적인 노란 끼가 제거된답니다.

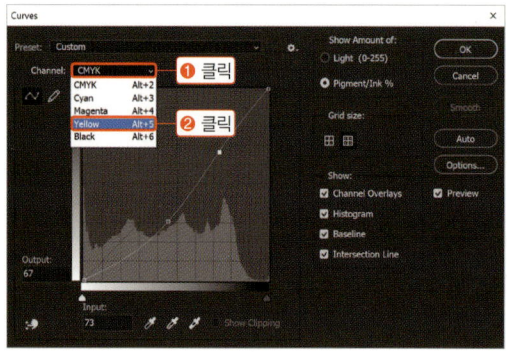 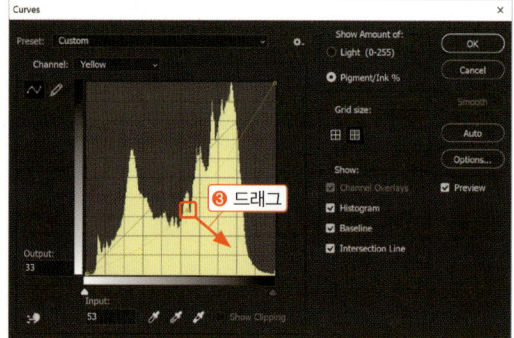

고수가 되고 싶다면 보너스 TIP

밝기와 색감을 조정하는 Curves(곡선)

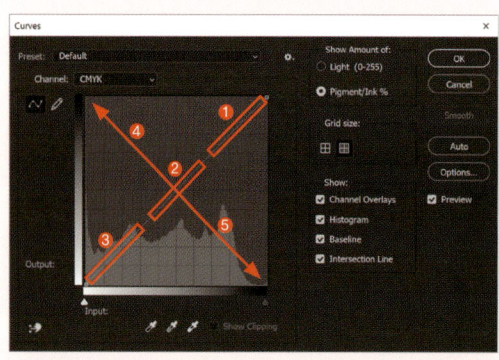

각 영역은 이미지의 톤을 담당하고 있어요.
❶ 이미지의 어두운 영역
❷ 이미지의 중간 톤 영역
❸ 이미지의 밝은 영역
❹ 방향으로 올리면 어둡게,
❺ 방향으로 내리면 밝게 바뀝니다.

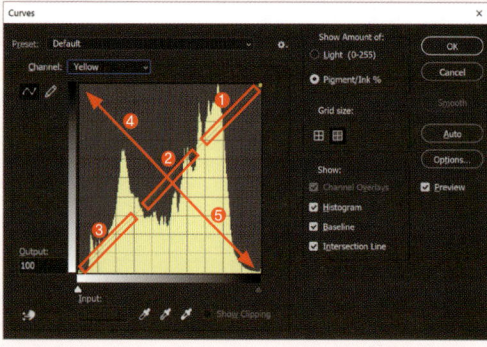

각 조정하고 싶은 색을 'Channel(채널)'에서 설정해 해당 색상만 조정할 수도 있어요. Channel(채널)을 'Yellow(노랑)'으로 바꾸고
❹ 방향으로 올리면 노란색을 추가,
❺ 방향으로 내리면 노란색을 제거한답니다.

07 ❶ [Image] - [Adjustments] - ❷ [Selective Color]([이미지] - [조정] - [선택 색상])을 눌러 주세요.

08 ❶ Colors(색상)을 ❷ Yellows(노랑)으로 바꾸고 하단의 ❸ Yellow(노랑) 수치를 음수로 낮추어 남아있는 노란 끼를 제거해주세요.

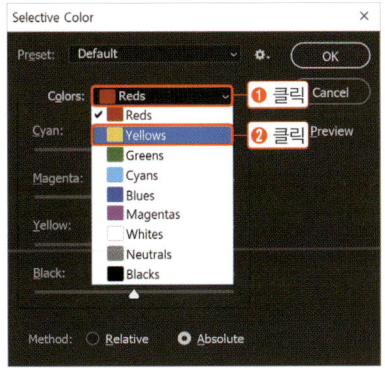 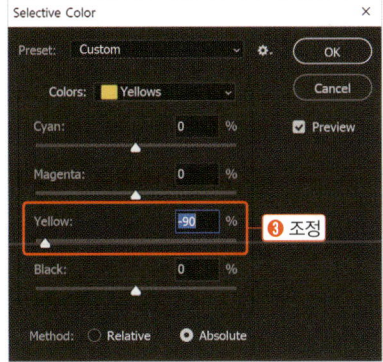

> **Tip** 이미지의 노란색(❷)에서 노란 끼(❸)를 제거하는 과정이에요. 이미지의 파란색에서 노란 끼를 없애고 싶다면, ❷에서 Blues(파랑)로 바꾸고 똑같이 ❸ Yellow(노랑)를 낮추면 된답니다.

09 지금까지 주었던 Curves(곡선)과 Selective Color(선택 색상) 효과를 수정하고 싶다면 레이어 패널의 각 메뉴를 더블 클릭하여 수정해주세요.

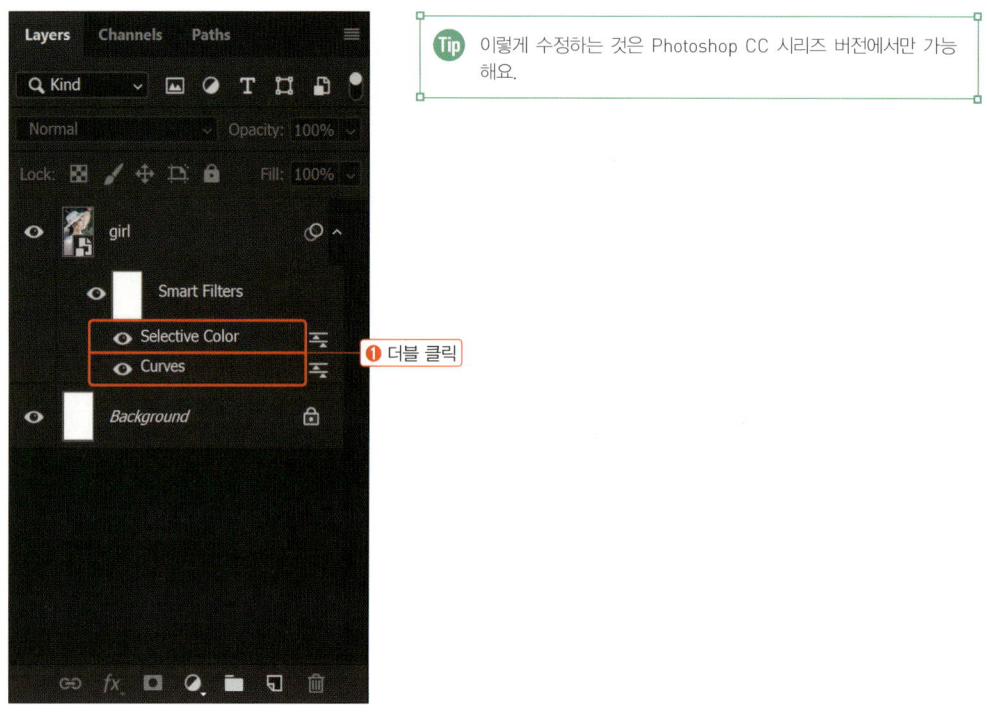

Tip 이렇게 수정하는 것은 Photoshop CC 시리즈 버전에서만 가능해요.

10 [File] - [Save]([파일] - [저장])을 눌러 포토샵 파일 형식 PSD로 저장해줍니다.

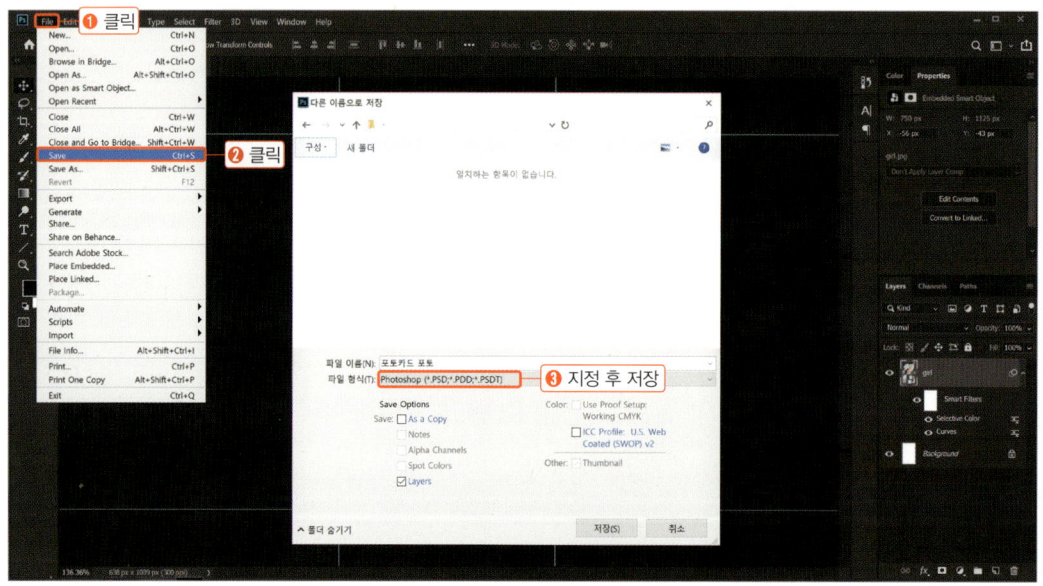

Tip 파일이 중간에 날아가지 않도록 저장 단축키 Ctrl + S 를 수시로 눌러주세요!

11 [File] - [Save As]([파일] - [다른 이름으로 저장])을 눌러 이미지 파일 형식 JPEG로 저장해 줍니다. JPEG Options(옵션)창이 뜨면 Quality(품질)를 12, Maximum(맥시멈)으로 설정하여 OK 해주세요.

포토카드 문구면 제작하기

01 앞서 제작했던 포토면 제작방법의 **01**번과 **02**번을 똑같이 한 번 더 실행하여 안내선을 만들어 주세요. 그 다음 도구 상자에 있는 ❶ 전경색을 클릭하고, Color Picker(색상 피커)창에서 ❷ 원하는 색을 골라주세요.

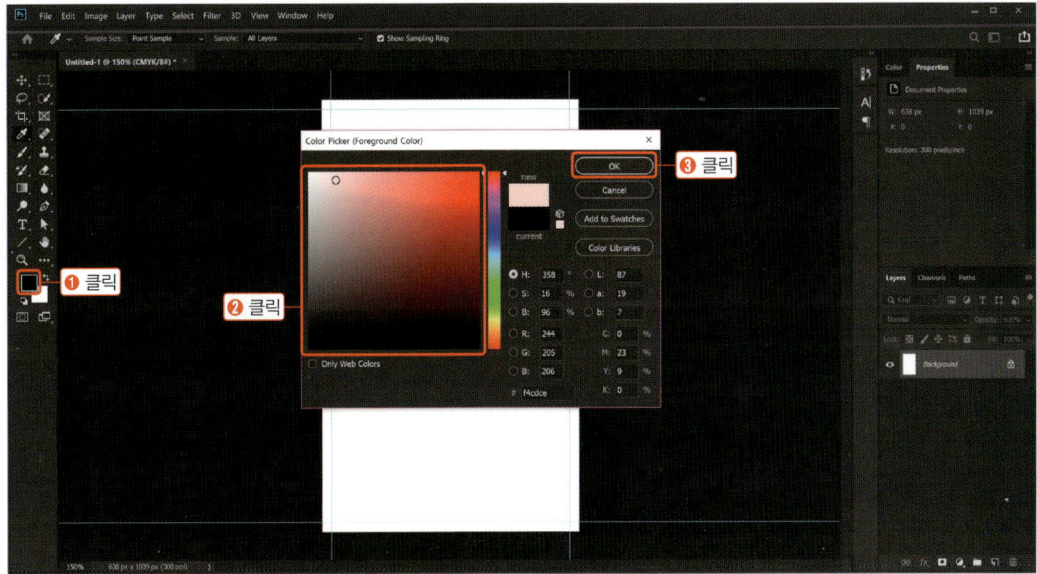

02 도구 상자에 있는 ❶ Gradient Tool(그레이디언트 도구) 을 2초 정도 클릭하여 ❷ Paint Bucket Tool(페인트 통 도구) 을 눌러주세요. ❸ 화면을 한 번 클릭하여 색을 입혀주세요.

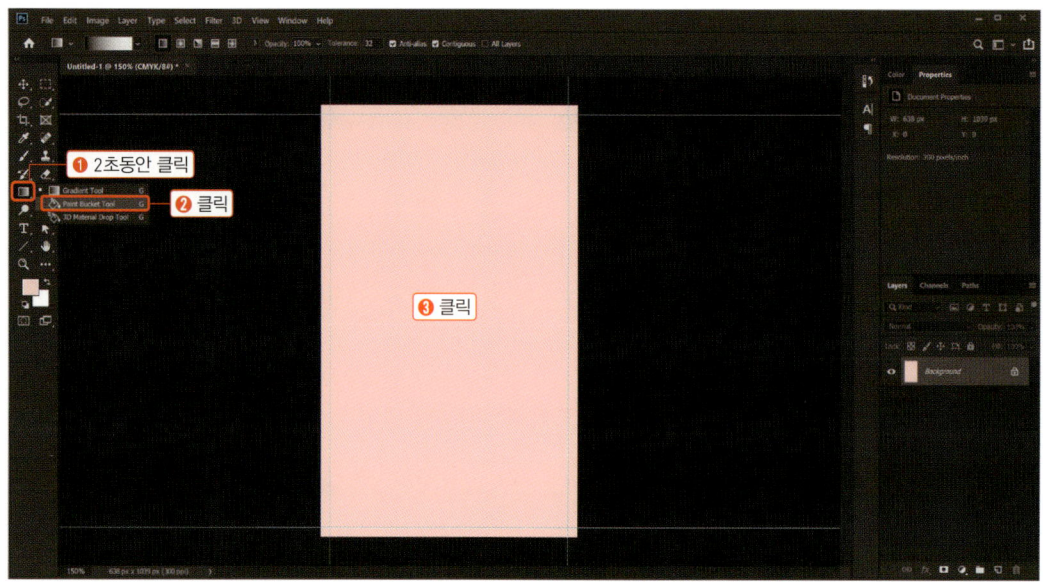

> **Tip** 각 도구를 2초 동안 누르고 있으면 안에 숨어있는 도구들을 더 꺼낼 수 있어요!

03 도구 상자에서 ❶ Horizontal Type Tool(수평 문자 도구) 을 클릭하고, ❷ 옵션바에서 원하는 서체와 문자 색상을 설정해주세요.

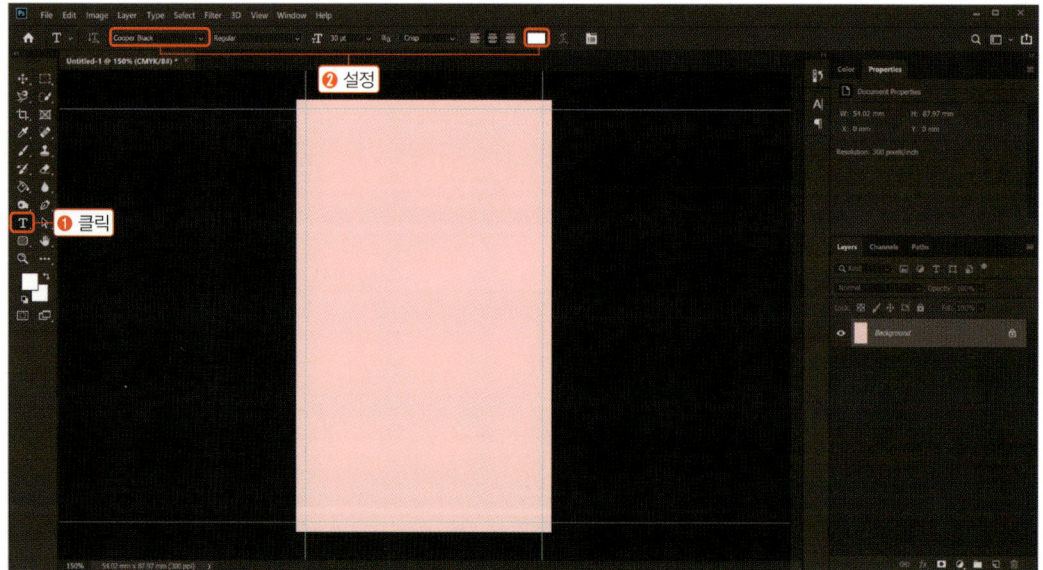

04 화면을 ❶ 한 번 클릭하여 글씨를 입력하고 ❷ Ctrl + Enter 를 눌러 마무리해주세요.

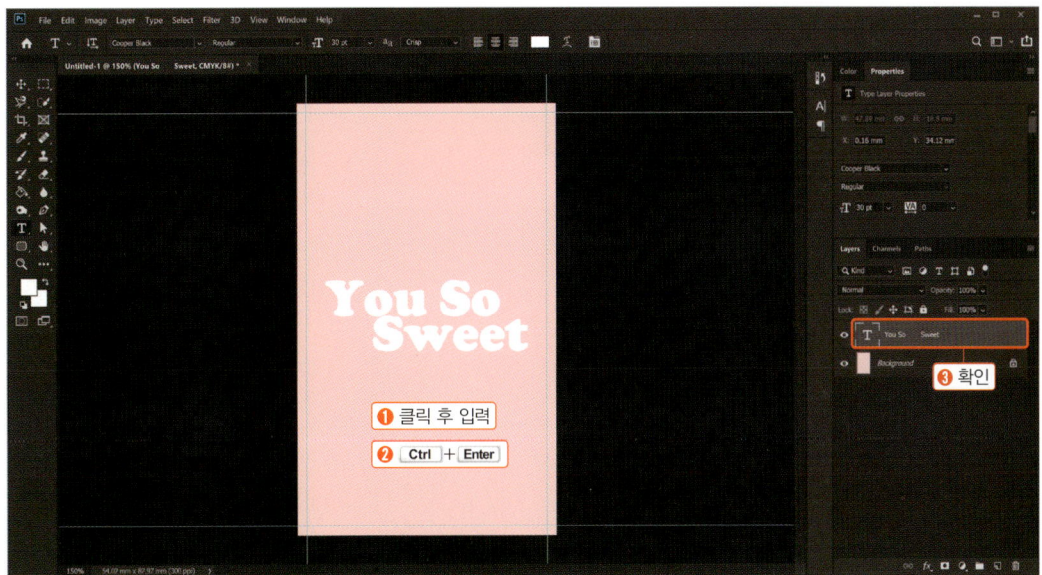

Tip 글씨가 정상적으로 입력되면 문자 레이어 이름이 해당 글씨로 바뀌어 있을 거예요.

05 ❶ Ctrl + T (변형 단축키)를 눌러줍니다. ❷ 이때 생기는 변형 상자의 모서리를 드래그해서 크기를 수정하고, ❸ Enter 를 눌러주세요.

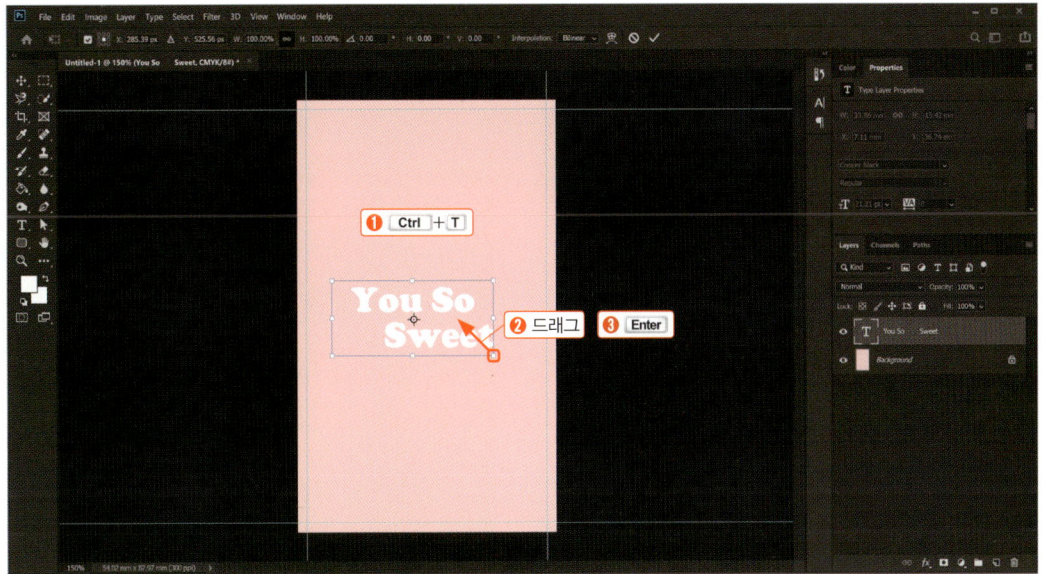

Tip 문자의 크기를 조정할 때는 비율이 깨지지 않게 해주시는 게 좋아요. CC 2018 이전 버전에서는 Shift 를 누른 채 크기를 조정해주세요.

06 문자 레이어 옆부분을 ❶ 더블 클릭하여 레이어 스타일 창을 꺼내주세요. 왼쪽의 효과 메뉴 중 ❷ 'Stroke(획)'을 클릭하고 창의 오른쪽에서 ❸ 획의 색상과 두께를 지정해주세요.

 Tip
- 레이어 스타일은 레이어에 여러 효과를 줄 수 있는 메뉴에요! 효과를 세부 조정하려면, 체크박스가 아닌 효과의 이름 부분을 클릭하세요.
- 레이어 이름을 더블 클릭하면 이름이 바뀌고, 이름 옆을 더블 클릭하면 레이어 스타일 창이 나와요.

07 ❶ Rectangle Tool(사각형 도구) ▢ 을 2초 정도 클릭하여 ❷ Ellipse Tool(원형 도구) ● 을 클릭해주세요.

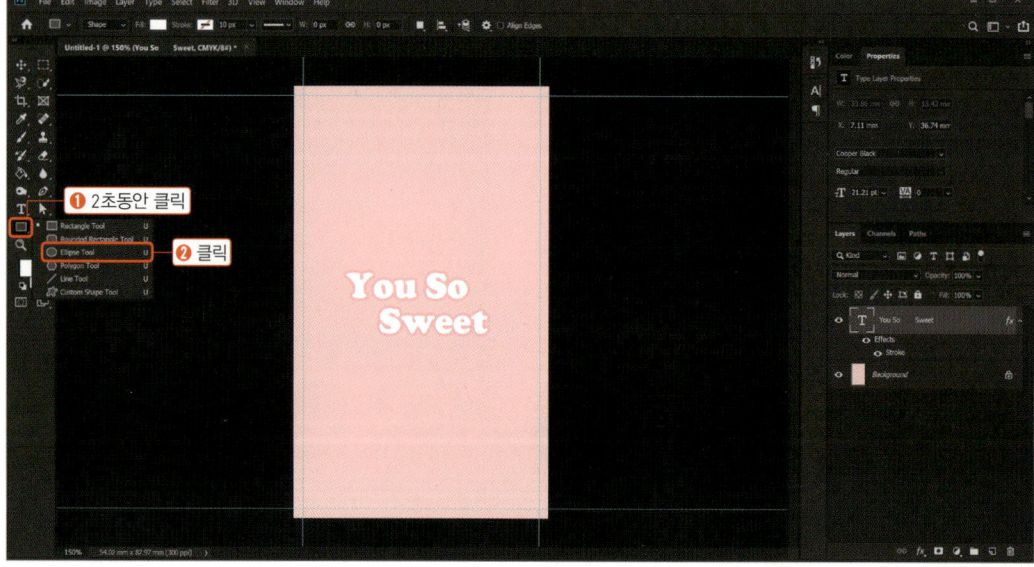

08 ① 옵션바에서 'Fill(칠)'은 흰색으로, 'Stroke(획)'은 없음으로 설정해주세요. 배경 위에 ② 여러 번 드래그하여 원하는 구름 모양으로 원형을 여러 개 그려주세요.

※ 도형의 색 지정하기 : 도형의 면색은 'Fill(칠)'에서, 선색은 'Stroke(획)'에서 각각 설정할 수 있어요.

Tip Shift +드래그하면 찌그러지지 않은 도형을 그릴 수 있어요.

09 ① Ellipse Tool(원형 도구) 을 2초 정도 클릭하여 ② Rounded Rectangle Tool(둥근 사각형 도구) 을 클릭해주세요. ③ 옵션바의 'Radius(반경)'을 50으로 설정하고 둥근 직사각형을 만들어주세요. 이때 원형 위쪽으로 비어 있는 부분이 없도록 ④ 화면 바깥쪽부터 드래그해줍니다.

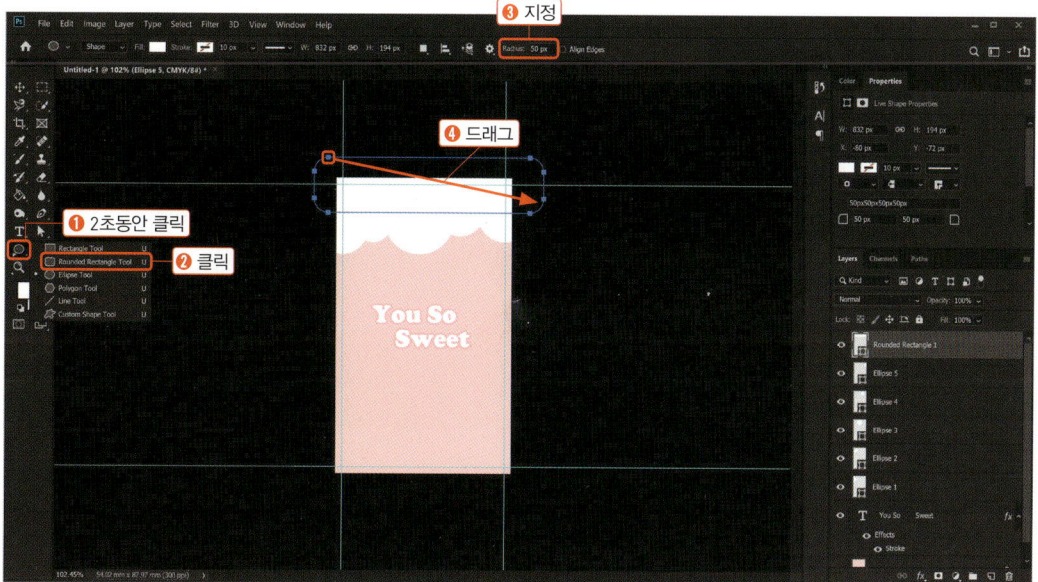

10 ❶ 맨 위에 있는 둥근 사각형 레이어를 클릭하고, ❷ Shift 를 누른 상태에서 맨 밑에 있는 원형 레이어를 클릭하여 모든 도형 레이어를 선택해주세요. ❸ Ctrl + G (그룹 단축키)를 눌러 선택된 레이어들을 하나의 그룹으로 묶어주세요.

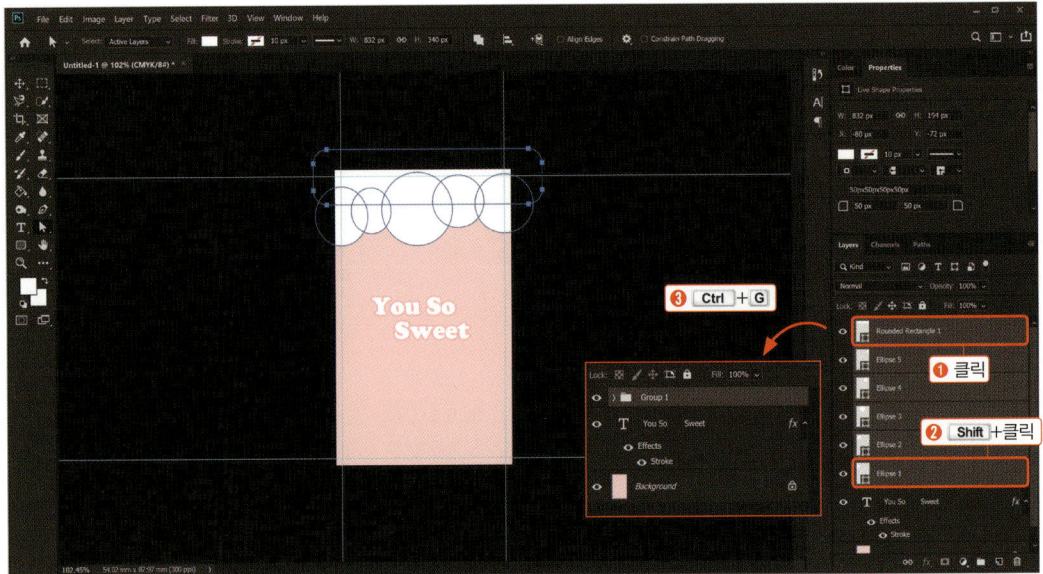

11 레이어 패널에서 그룹의 옆을 더블 클릭하여 레이어 스타일 창을 꺼내주고, 06번과 비슷한 방법으로 획을 만들어줍니다.

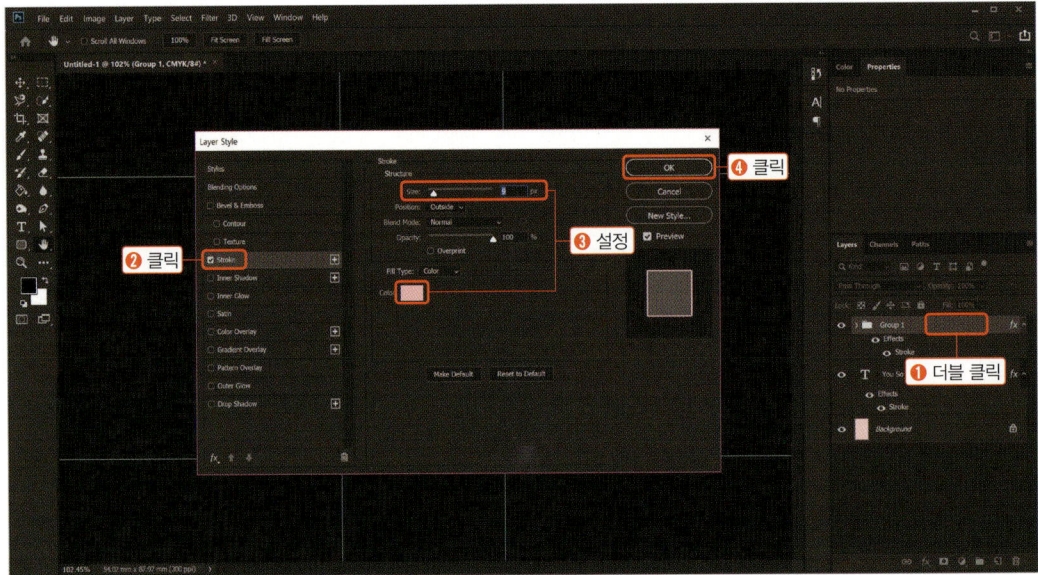

12 'Group1'을 선택한 후 `Ctrl` + `J` (복제 단축키)를 눌러 복사해주세요.

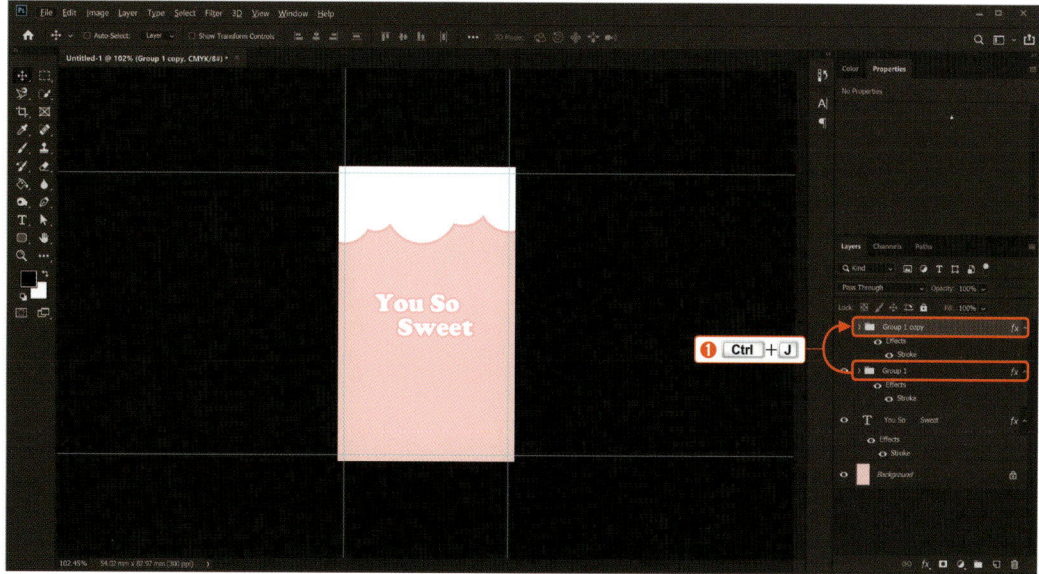

13 ❶ `Ctrl` + `T`를 누른 후, ❷ 오른쪽 마우스를 클릭하고 ❸ 'Flip Vertical(세로로 뒤집기)'를 클릭해주세요.

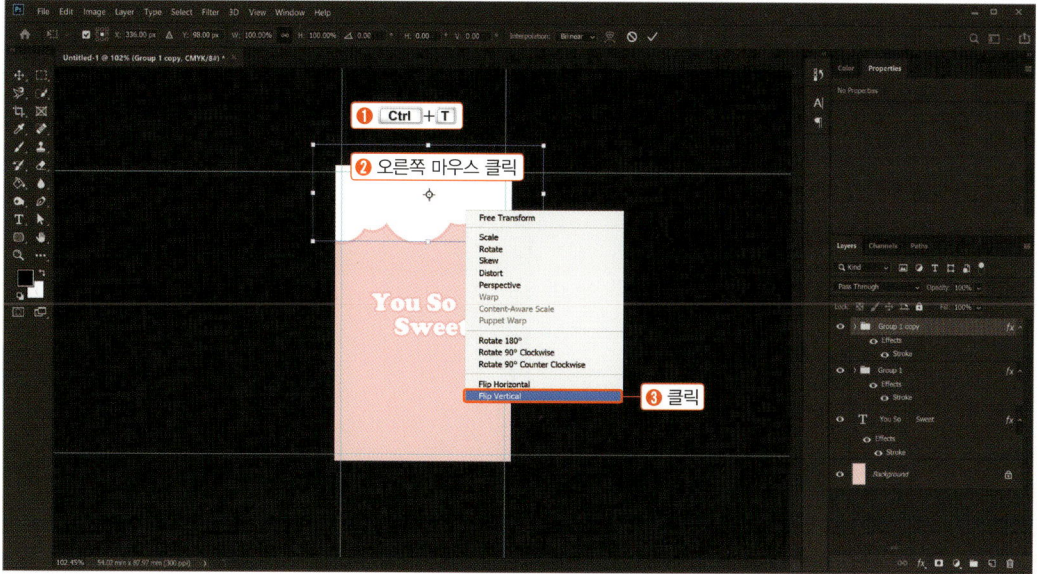

14 ❶ 변형 상자 안쪽을 드래그하여 아래로 이동 시킨 후 ❷ `Enter`를 누릅니다.

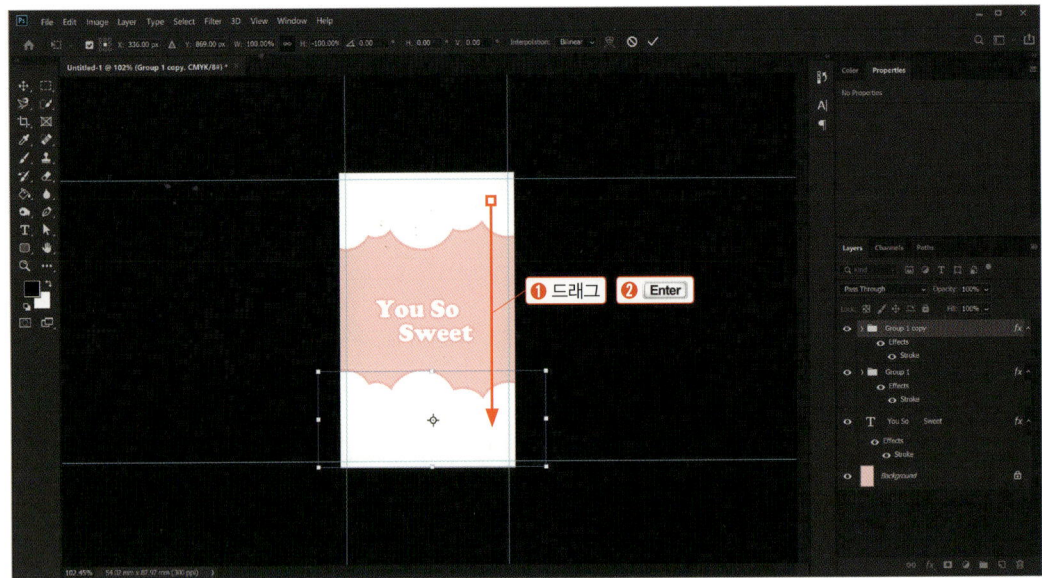

15 ❶ Rounded Rectangle Tool(둥근 사각형 도구) 을 클릭하고 ❷ 옵션바에서 'Fill(칠)'색을 지정합니다. ❸ 화면 위에 드래그하여 도형을 그려주세요.

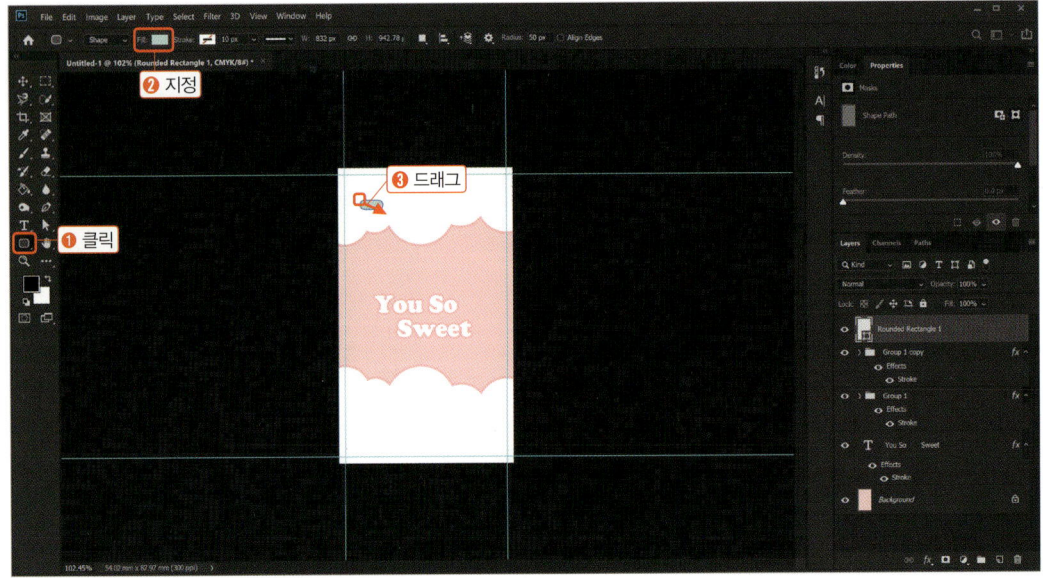

> **Tip** 옵션바의 'Radius(반경)'이 높을수록 모서리가 더 둥근 사각형을 만들 수 있어요. 여기에서는 **09**번에서 설정했던 50px을 그대로 두었고, 도형을 상대적으로 작게 그렸기 때문에 지금처럼 도형의 양쪽이 아주 둥글게 보이는 거랍니다.

16 ❶ Ctrl + T 를 누르고 ❷ 변형 상자 바깥쪽을 이리저리 드래그하여 회전하고 ❸ Enter 를 눌러주세요. **15~16**번과정을 여러 번 반복하여 도형을 다양하게 그려 꾸며줍니다.

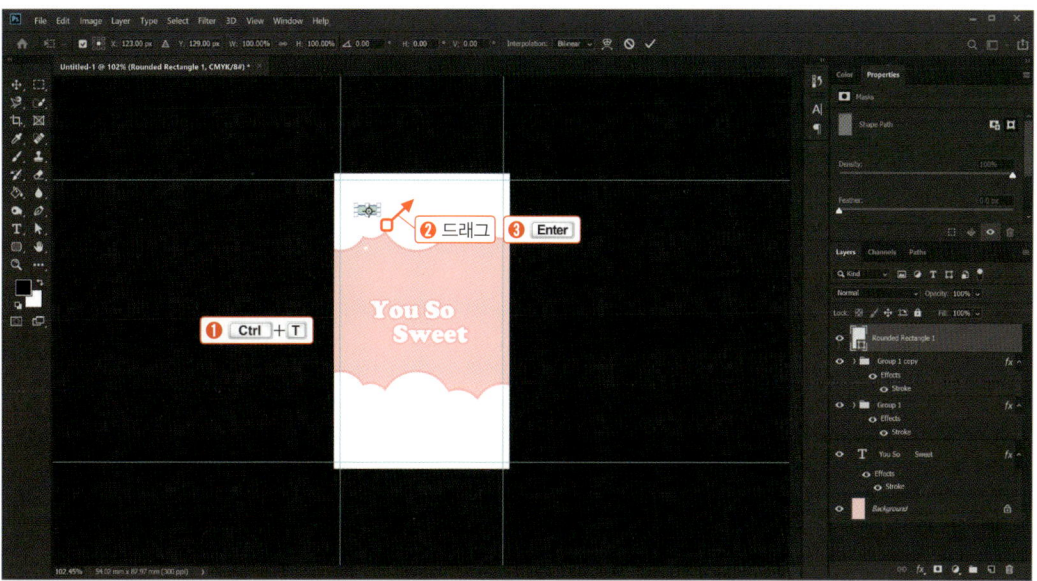

Tip 둥근 사각형 도구로 짧게 드래그하면 원형도 그릴 수 있어요!

17 ❶ 맨 위에 있는 둥근 사각형 레이어를 클릭하고, ❷ Shift 를 누른 채로 맨 밑에 있는 둥근 사각형 레이어를 클릭하여 모든 둥근 사각형 레이어를 선택합니다. 그 다음 ❸ Ctrl + G 를 눌러 선택된 레이어들을 하나의 그룹으로 묶어주세요.

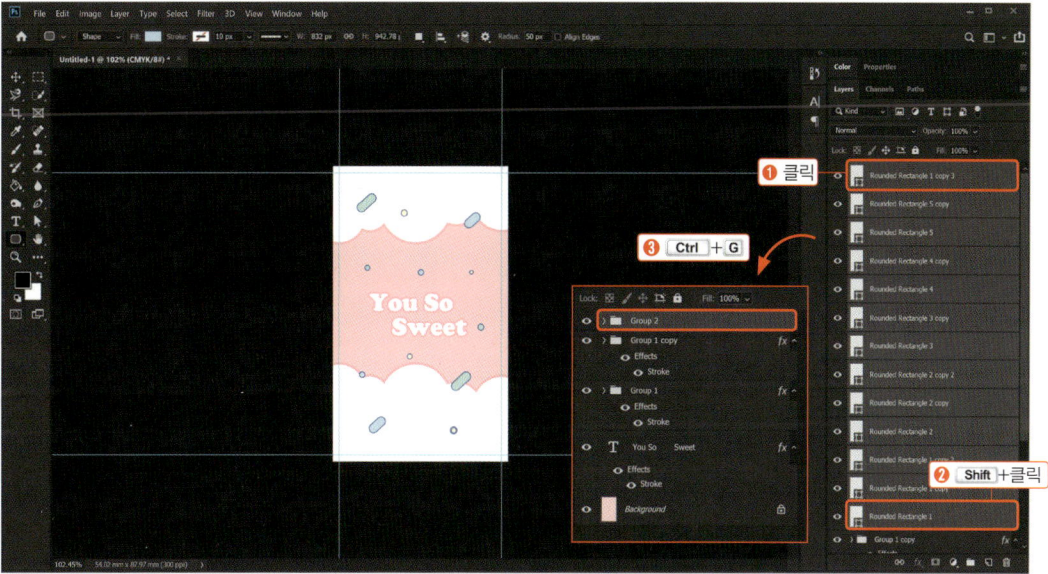

18 문자 레이어에 있는 레이어 스타일인 'Stroke(획)' 효과를 복사해올 거예요. 문자 레이어에 있는 'fx'를 `Alt` + 드래그하여 'Group2(그룹2)'에 놓아주세요.

19 디자인이 완성되었습니다. `Ctrl` + `S` 를 눌러 PSD와 JPEG 파일로 각각 저장해주세요.(포토면의 10~11번 저장 부분 참고) 업체에 기재되어 있는 파일 유형과 맞는지 확인하신 후 주문하면 됩니다.

내 디자인을 굿즈로, 직접 주문 넣기

01 인터넷에서 '포토카드 제작' 혹은 '명함 제작'을 검색한 후 제작을 원하는 업체에 접속합니다.

02 접속한 업체에서 '명함' 카테고리로 들어갑니다.

03 제작을 원하는 재단 사이즈를 입력합니다.

※ 주로 많이 제작하는 포토카드 사이즈는 가로(폭) 52mm 세로(높이) 86mm와 가로 55mm 세로 85mm(신용카드 사이즈)이니 참고하세요.

04 재단 사이즈에 맞는 작업 사이즈를 확인합니다.

05 제작한 도안의 사이즈가 작업 사이즈가 맞는지, 업체에 기재되어 있는 안전 사이즈 안으로 원하는 이미지가 모두 들어와 있는지 확인합니다.

06 업체의 안내문에 기재되어 있는 제작방법 및 파일 유형이 맞는지 확인합니다.

07 제작하고 싶은 용지를 선택합니다. 업체마다 다르지만 용지 부분에서 광택(유광/무광)을 설정하도록 되어 있을 수 있어요. 또한 종이 두께가 너무 얇으면 이미지가 뒷면에 비칠 수 있으니 고급스러운 느낌이 필요하면 두꺼운 용지를 선택하세요.

※ 유광·무광 선택하기 어려울 때 골라보세요.
  유광 – 선명한 색감의 결과물이 필요한 경우
  무광 – 고급스럽고 차분한 색감의 결과물이 필요한 경우

08 인쇄 도수를 선택합니다. 양면 컬러로 디자인했으므로 양면 8도를 추천합니다. 흑백은 양면 2도로 해주세요.

※ 도수·양면·단면 어떤 것으로 선택해야 할까요?
  단면 1도 – 한 면만 흑백 인쇄
  양면 2도 – 양면 흑백 인쇄
  단면 4도 – 한 면만 컬러 인쇄
  단면 5도 – 한 면은 컬러, 반대쪽 면은 흑백 인쇄
  양면 8도 – 양면 컬러 인쇄

09 제작할 수량을 입력합니다. 수량을 많이 할수록 개당 가격은 내려가지만 처음 제작할 땐 신중하게 결정해주세요.

10 후가공이 필요한 경우 후가공의 종류를 선택한 후 추가하면 되는데요. 업체에 기재되어 있는 후가공의 종류를 확인해준 후 필요한 경우 추가합니다.

※ 포토카드의 후가공 중 가장 많이 추가하는 종류는 '귀도리'입니다. 포토카드의 각 모서리를 둥글게 제작할 수 있는 후가공이며 업체에 따라 꼭 네 모서리 모두가 아닌, 원하는 모서리만 둥글게 처리되도록 제작할 수도 있어요!

11 저장한 파일을 업로드합니다.

12 제목을 입력한 후 주문하기를 클릭하면 완료입니다. 인쇄가 시작되면 수정할 수 없으니, 가능한 곳은 업체에 시안을 꼭 확인해보는 것이 좋습니다.

13 제작 기간은 굿즈 종류마다, 업체마다 모두 다르니 미리 확인하세요.

※ 명함은 대체적으로 빨리 제작 가능한 편이에요.(금속 배지류는 제작이 2주 이상 오래 걸리는 종류입니다.)

14 배송이 시작되면 굿즈를 기다리는 일만 남았어요!

CLASS

02
투명 포토카드

여행지에서 멋진 인증샷을 찍어 추억으로 남길 수 있는 투명 포토카드를 만들어 볼까요?
일반 포토카드보다 더욱 스페셜한 반짝반짝 투명 포토카드! 명함, 책갈피 등 활용범위가 넓다는 장점이 있어요.
화이트 인쇄가 가능한 업체에 따라 혹은 파일 형식에 따라 인쇄의 투명도를 조절하여 제작할 수 있습니다.
투명 포토카드를 만들어 멋진 풍경이나 여행지에서 특별한 인증샷을 남겨보세요!

완성작

01 [File] – [Open]([파일] – [열기])를 눌러 다음과 같이 설정해주세요.

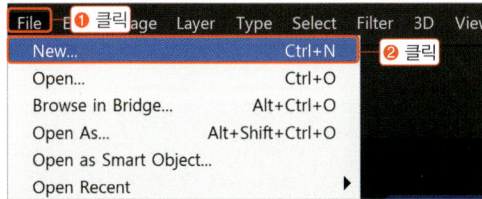

Width(폭) : 90 Millimeters
Height(높이) : 58 Millimeters
Resolution(해상도) : 300 Pixels/Inch
Color Mode(색상모드) : CMYK color

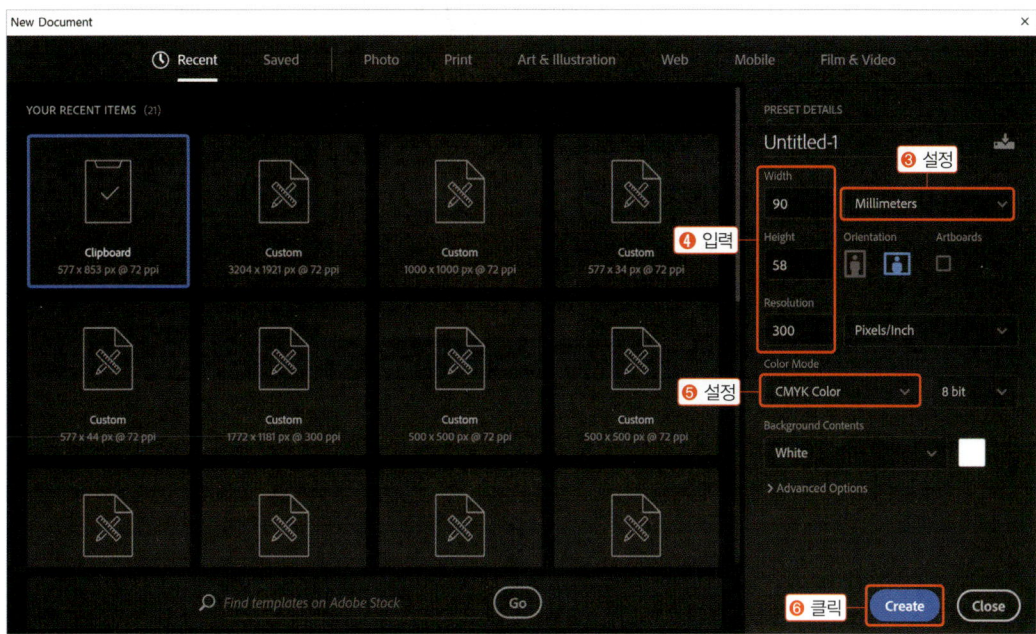

02 [View] - [New Guide Layout]([보기] - [새 안내선 레이아웃])를 눌러 업체에 명시되어 있는 재단 사이즈를 기준으로 안내선을 만들어주세요. 여기에서는 2mm를 기준으로 해줄 거예요.

Margin(여백) 체크 - Top(위쪽), Left(왼쪽), Bottom(아래쪽), Right(오른쪽) : 2mm

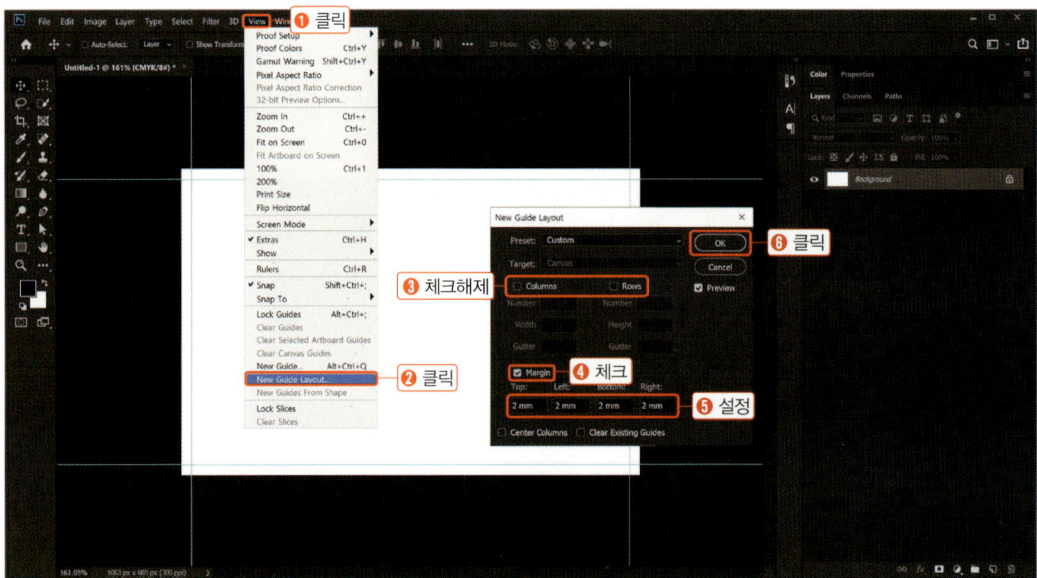

Tip 민트색으로 표시된 안내선(guide) 바깥쪽 영역은 인쇄 시 잘려나가는 공간입니다.

03 포토카드에 넣을 이미지를 ❶ [File] - ❷ [Place Embedded]([파일] - [포함 가져오기])를 눌러 각각 가져오세요. ❸ 크기와 ❹ 위치, ❺ 회전 값을 조정하고 ❻ Enter 를 눌러줍니다.

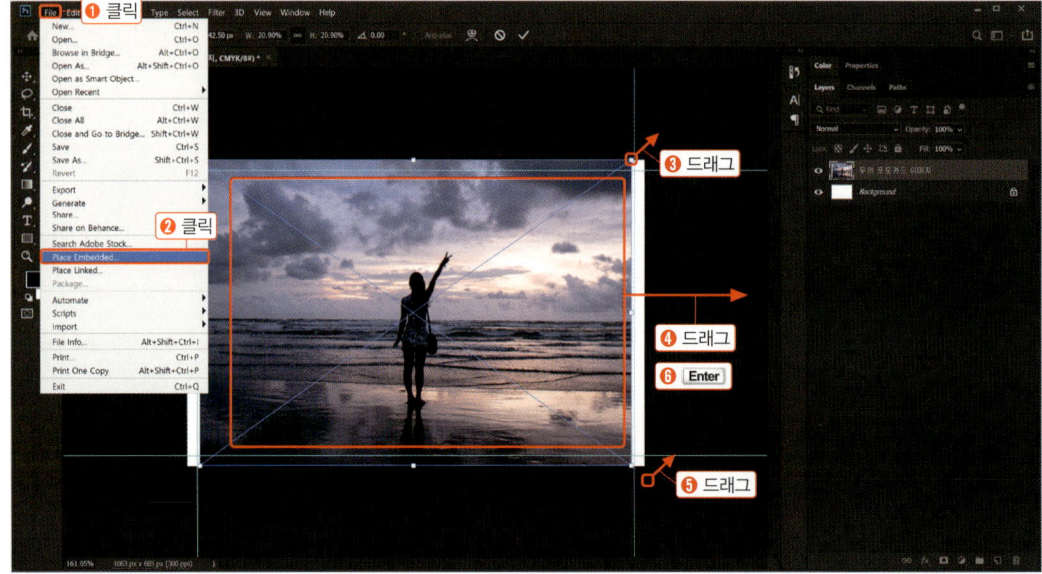

Tip 사진은 하늘에 구름이 없고 단순할수록, 수평선과 하늘의 경계선이 또렷한 사진일수록 작업하기 쉬워요.

04 이미지의 하늘 부분을 없애줄 거예요. 레이어 패널의 ❶ 이미지 레이어를 오른쪽 마우스로 클릭하여 ❷ 'Rasterize Layer Style(레이어 스타일 래스터화)'를 클릭해주세요.

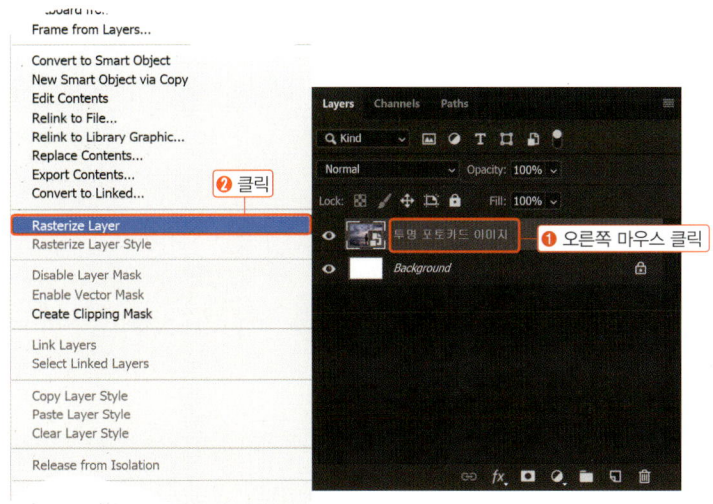

05 도구 상자의 ❶ Quick Selection Tool(빠른 선택 도구) 을 클릭하고 단축키 [와] 를 눌러 마우스 크기를 조정해주세요. ❷ 하늘 부분을 클릭 혹은 드래그하여 선택해주고 나머지 선택이 안된 부분은 Shift +드래그를, 선택에서 제외할 부분은 Alt +드래그를 이용해 선택 영역을 수정해주세요.

 Shift +드래그할 때의 마우스 모양   Alt +드래그할 때의 마우스 모양

 Shift 를 누른 채로 선택하면 선택 영역 추가, Alt 를 누른 채로 선택하면 선택 영역 빼기가 됩니다.

06 손가락, 옆구리 등 면적이 좁은 부분은 세부적인 수정이 필요해요. ❶ Lasso Tool(올가미 도구) 을 클릭해주세요. 같은 방법으로 나머지 선택이 안된 부분은 Shift +드래그를, 선택에서 제외할 부분은 Alt +드래그를 이용해 선택 영역을 수정해주세요.

Shift +드래그할 때의 마우스 모양   Alt +드래그할 때의 마우스 모양

Tip Alt 를 누른 채로 마우스 휠을 올리거나 내리면 확대/축소를 할 수 있어요. 세밀한 수정은 확대해서 작업해주세요.

07 Delete 키를 눌러 선택 영역을 지워주세요. Ctrl + D 를 눌러 선택 영역을 해제해주세요.

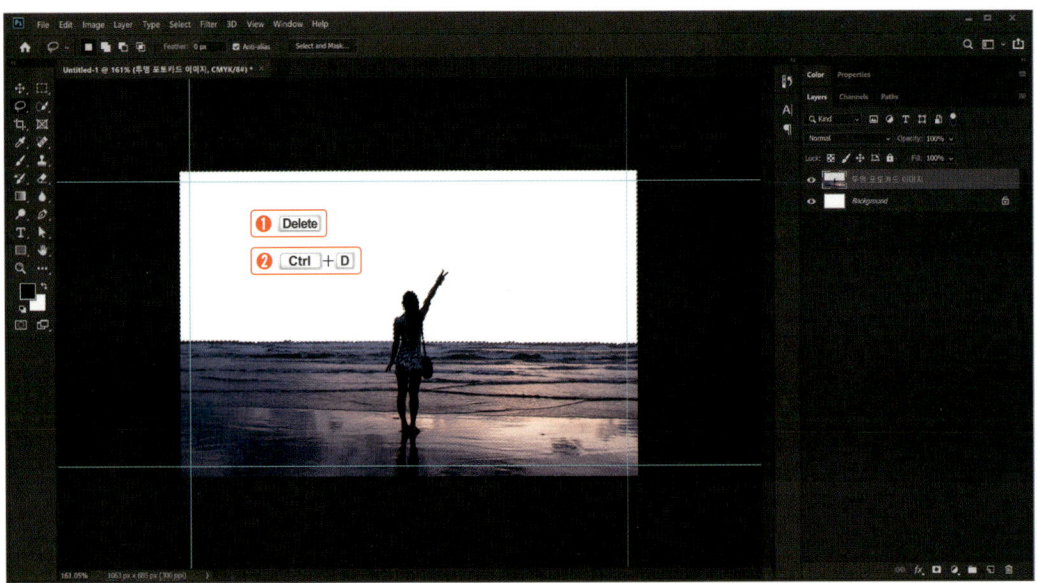

08 밝기를 보정하기 위해 ❶ [Image] − [Adjustments] − ❷ [Curves]([이미지] − [조정] − [곡선])을 클릭해주세요. 곡선 그래프를 다음과 같이 ❸ 드래그하여 밝기를 올려주세요.

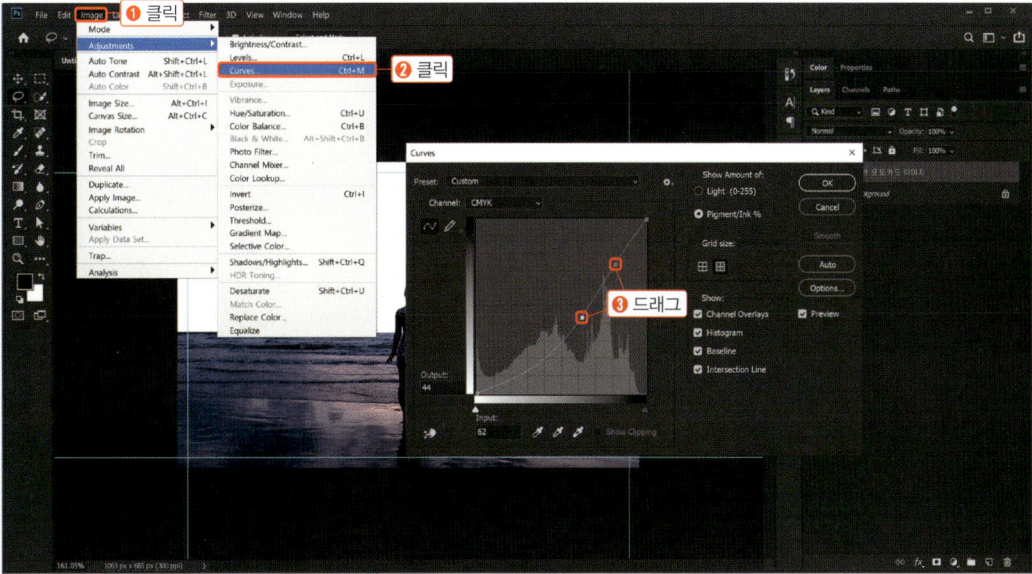

09 색감을 보정하기 위해 ❶ [Image] − [Adjustments] − ❷ [Color Balance]([이미지] − [조정] − [색상 균형])을 클릭해주세요. 전체적으로 보랏빛을 추가하기 위해 다음과 같이 ❸ 드래그해주세요.

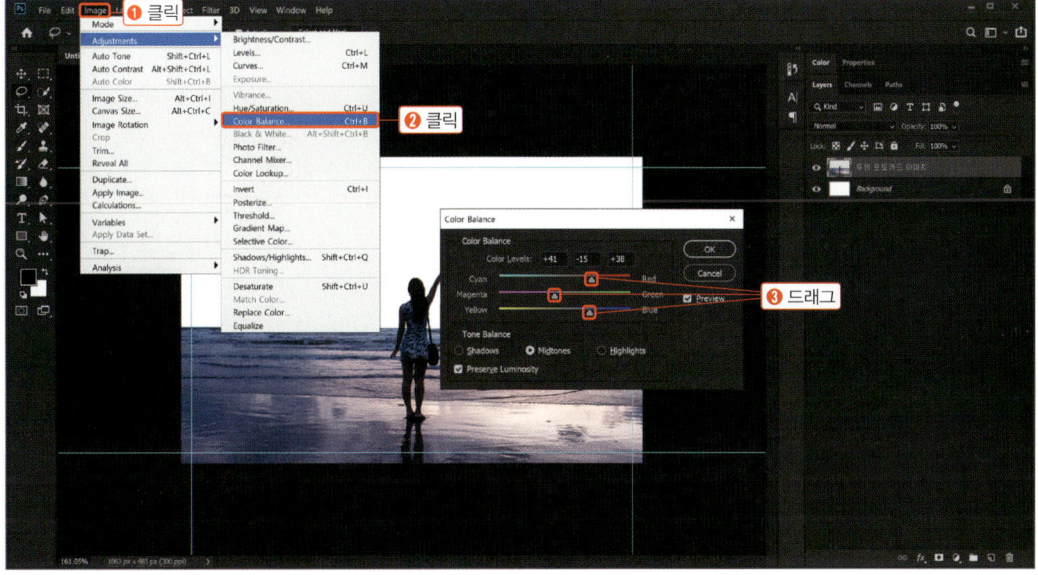

고수가 되고 싶다면 보너스 TIP

원하는 색을 추가하거나 뺄 수 있는 Color Balance(색상 균형)

양쪽에 있는 색상들은 서로 반대 색상이에요. Red(빨강)색을 추가하면 Cyan(녹청)색은 자연스럽게 빠지게 되어 있어요. 원하는 색을 추가하거나 빼서 색감을 조정할 수 있답니다.

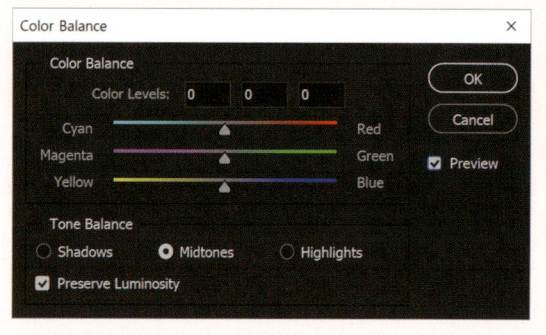

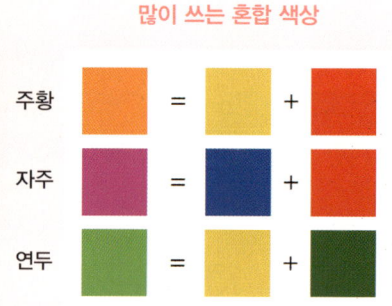

많이 쓰는 혼합 색상

10 배경 레이어의 눈을 클릭해서 꺼주세요. 회색과 흰색의 체크무늬로 보이는 곳이 투명한 영역이 될 부분이에요.

11 Ctrl + S 를 눌러 PSD로, Ctrl + Shift + S 를 눌러 PNG로 각각 파일을 저장해주세요. 업체에 기재되어 있는 파일 유형과 맞는지 확인하신 후 주문하시면 됩니다.

내 디자인을 굿즈로, 직접 주문 넣기

01 인터넷에서 '투명 포토카드 제작'을 검색한 후 제작을 원하는 업체에 접속합니다.

02 접속한 업체에서 '투명 포토카드' 카테고리로 들어갑니다.
※ 투명 포토카드 카테고리가 없다면, '투명 하이브리드 명함'으로 제작하면 됩니다.

03 제작을 원하는 재단 사이즈를 입력합니다.
※ 투명 포토카드로 주로 많이 제작하는 사이즈는 가로(폭) 54mm 세로(높이) 86mm와 가로 55mm 세로 85mm(신용카드 사이즈)이니 참고하세요.

04 재단 사이즈에 맞는 작업 사이즈를 확인합니다.

05 제작한 도안의 사이즈가 작업 사이즈가 맞는지, 업체에 기재되어 있는 안전 사이즈 안으로 원하는 이미지가 모두 들어와 있는지 확인합니다.

06 업체의 안내문에 기재되어 있는 제작방법 및 파일 유형이 맞는지, 용지가 투명이 맞는지 확인합니다.

07 백색 인쇄 파일이 필요한 경우 해당 파일이 업체에 기재되어 있는 제작방법 및 파일 유형이 맞는지 확인합니다.
※ 특히 백색 파일은 업체마다 색상과 제작방법(특정 업체는 컬러파일에서 축소한 후 제작하기도 함)이 다를 수 있기 때문에 꼭 유의해서 확인합니다.

08 제작할 수량을 입력합니다.

09 업체에 기재되어 있는 후가공의 종류를 확인해준 후 필요한 경우 추가합니다.
※ 백색 인쇄를 후가공으로 선택해야 하는 업체가 있을 수 있으니 잘보고 선택하여 주세요!

백색 인쇄(화이트 배경)가 뭔가요?
❶ **백색 인쇄 추가 X** : 전체적으로 반투명하며 이미지가 들어간 부분에도 뒷배경이 비칩니다.
❷ **백색 인쇄 추가 O** : 배경이 투명하고, 이미지가 들어간 부분만 뒷배경이 비치지 않습니다.
따라서 백색 인쇄를 이용하면 전체적으로 반투명하지 않고, 원하는 부분은 선명하게 제작할 수 있습니다.

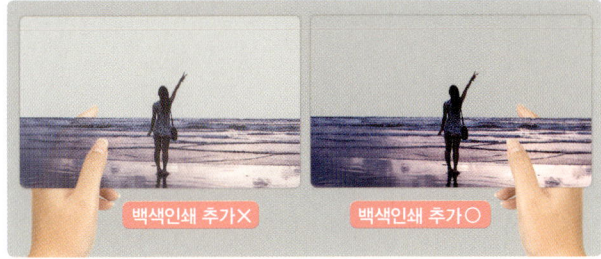

10 파일을 업로드하고, 제목을 입력한 후 주문하기를 클릭하면 완료입니다. 인쇄가 시작되면 수정할 수 없으니, 가능한 곳은 업체에 시안을 꼭 확인해보는 것이 좋습니다. 배송이 시작되면 굿즈를 기다리는 일만 남았어요!

CLASS

03
종이 슬로건

나의 스타를 응원하고, 벽면에 부착해 방을 장식할 수도 있는 슬로건을 만들어 볼까요? 응원 도구나 이벤트에도 만능으로 사용할 수 있는 굿즈예요. 공연이나 팬미팅에서 슬로건 이벤트를 할 때 많이 보셨을 거예요. 좋아하는 문구 또는 사진을 넣어 손쉽게 슬로건을 제작해보세요.

완성작

앞면

뒷면

슬로건의 포토면 제작하기

01 먼저 [File] – [New]([파일] – [새로 만들기])를 눌러 다음과 같이 설정해주세요.

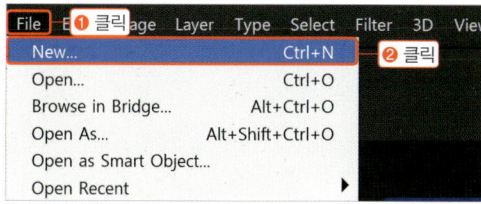

Width(폭) : 352 Millimeters
Height(높이) : 102 Millimeters
Resolution(해상도) : 300 Pixels/Inch
Color Mode(색상모드) : CMYK color

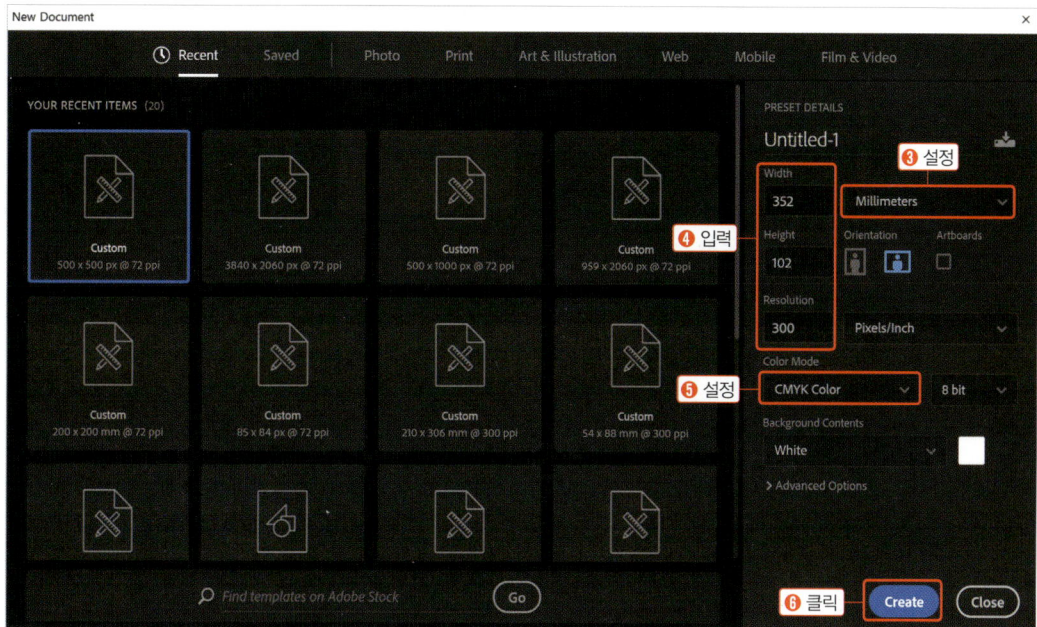

02 [View] – [New Guide Layout]([보기] – [새 안내선 레이아웃])를 눌러 업체에 명시되어 있는 재단 사이즈를 기준으로 안내선을 만들어주세요. 여기에서는 1mm를 기준으로 해줄 거예요.

Margin(여백) 체크 – Top(위쪽), Left(왼쪽), Bottom(아래쪽), Right(오른쪽) : 1mm

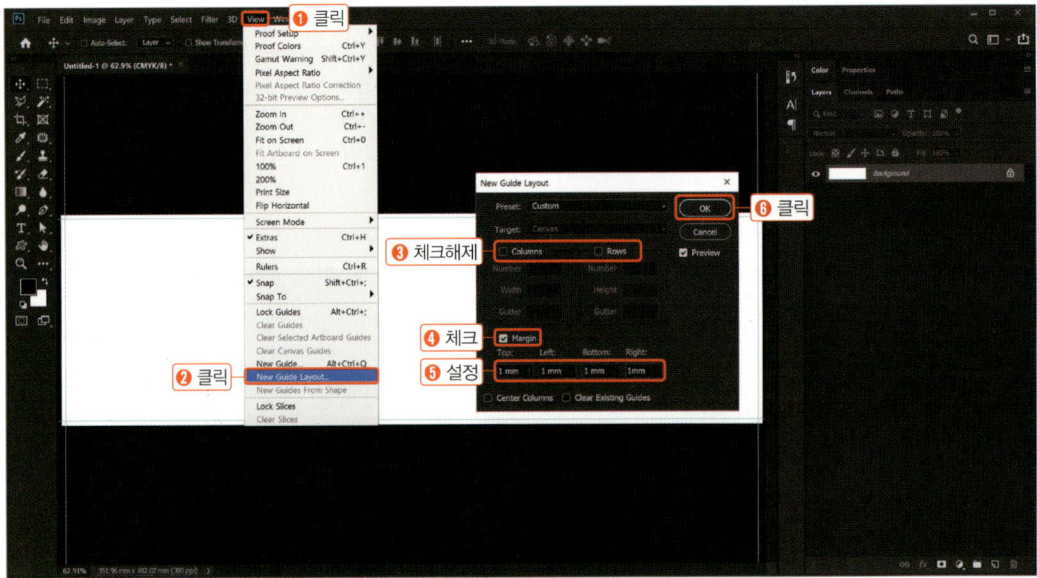

03 도구 상자에 있는 ❶ 전경색을 클릭하고, Color Picker(색상 피커)창에서 ❷ 원하는 색을 골라주세요.

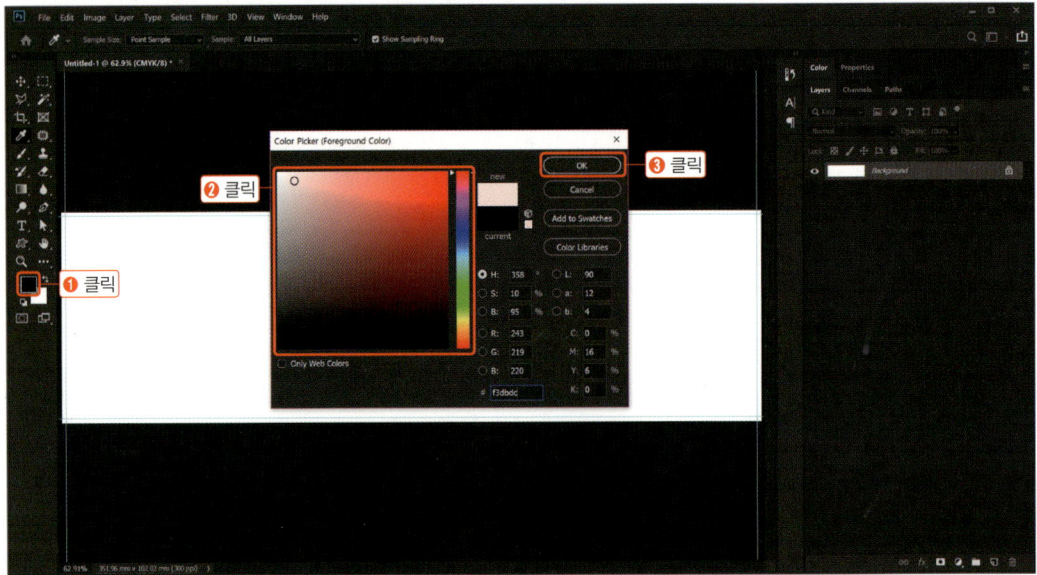

042 포토샵 처음 켜본 똥손도 할 수 있다! 내가 만드는 최애 굿즈

04 도구 상자에 있는 ❶ Gradient Tool(그레이디언트 도구)을 2초 정도 클릭하여 ❷ Paint Bucket Tool(페인트 통 도구)을 클릭하고, ❸ 화면을 한 번 클릭하여 색을 입혀주세요.

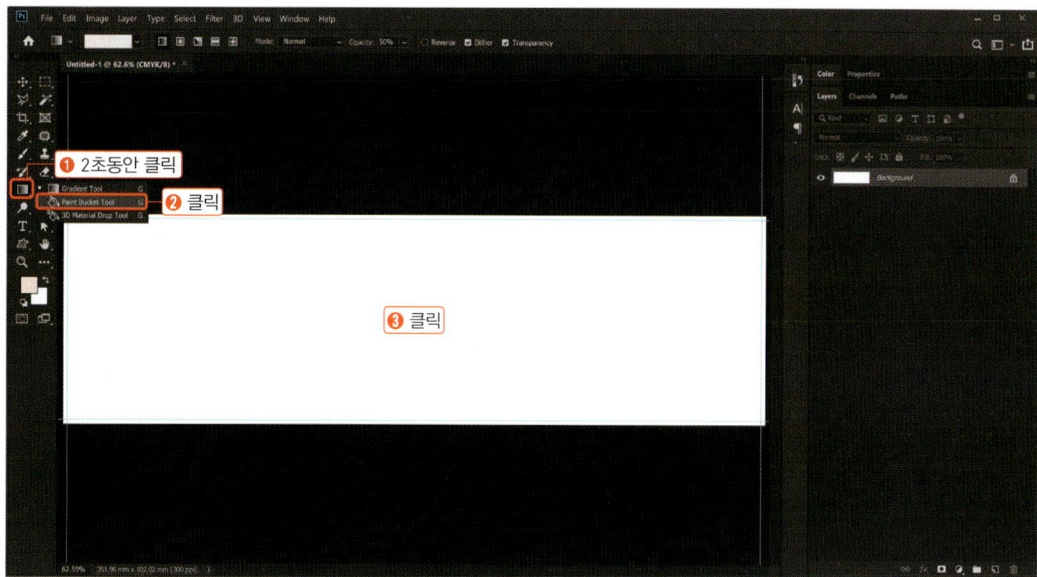

05 사각형을 깔끔하게 그리기 위한 안내선을 추가로 꺼내줄 거예요. [View] – [New Guide Layout]([보기] – [새 안내선 레이아웃])를 눌러 다음과 같이 ❶번부터 ❻번까지 순서대로 설정해주세요. Margin(여백) 체크 – Top(위쪽), Left(왼쪽), Bottom(아래쪽), Right(오른쪽) : 8mm

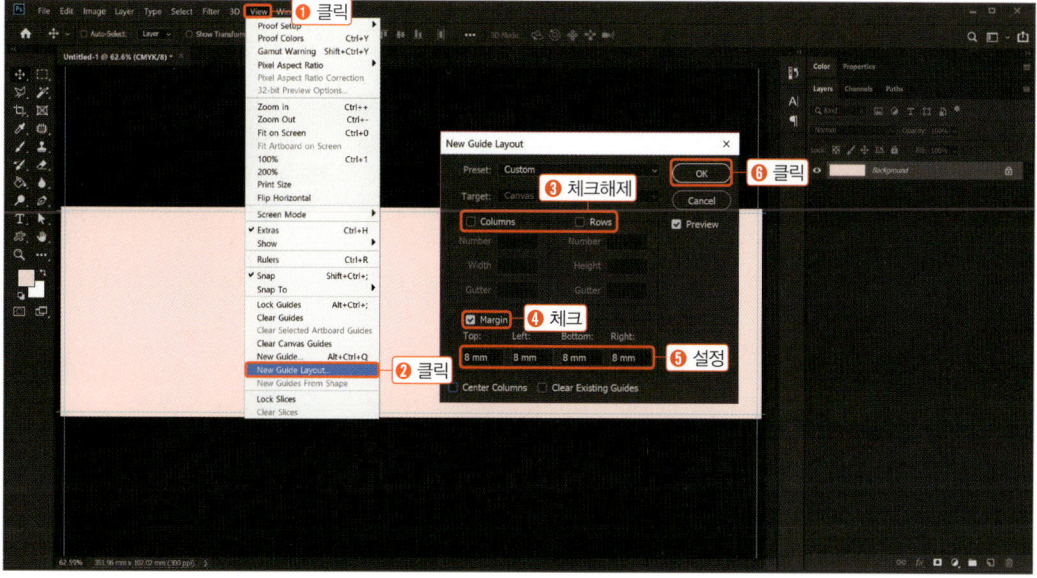

06 ❶ Rectangle Tool(사각형 도구) ▢을 클릭하고 ❷ 옵션바에서 Fill(칠)색을 '없음', Stroke(획) 색을 흰색, 획의 두께는 30px로 지정해주세요. 05에서 만든 안내선을 기준으로 ❸ 화면을 드래그하여 사각형을 만들어주세요.

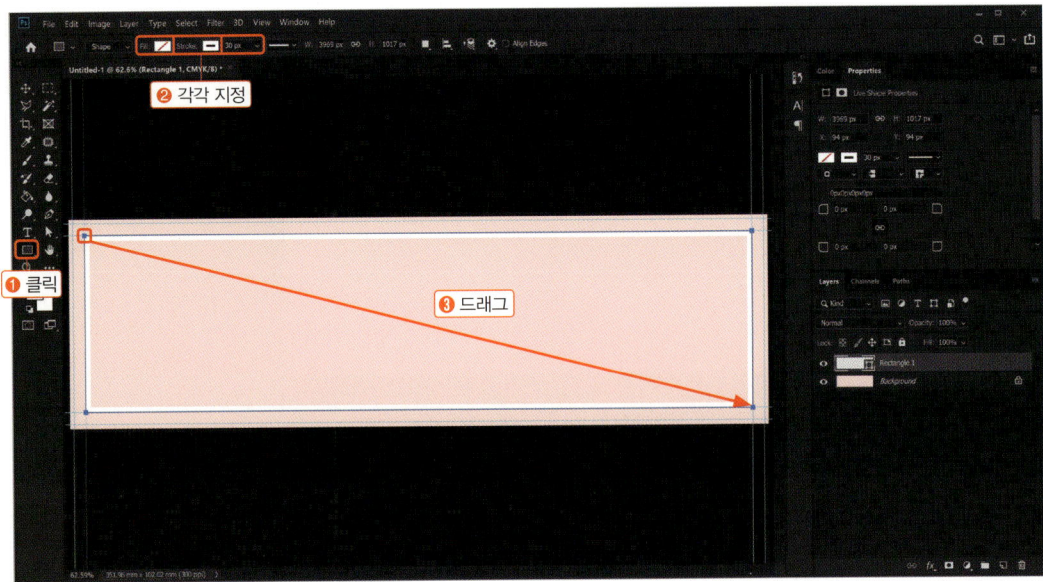

07 ❶ 사각형 레이어 옆부분을 더블 클릭하여 레이어 스타일 창을 꺼내주세요. 왼쪽의 효과 메뉴 중 ❷ 'Stroke(획)'을 클릭하고 창의 오른쪽에서 ❸ 획의 색상과 두께를 지정해주세요.

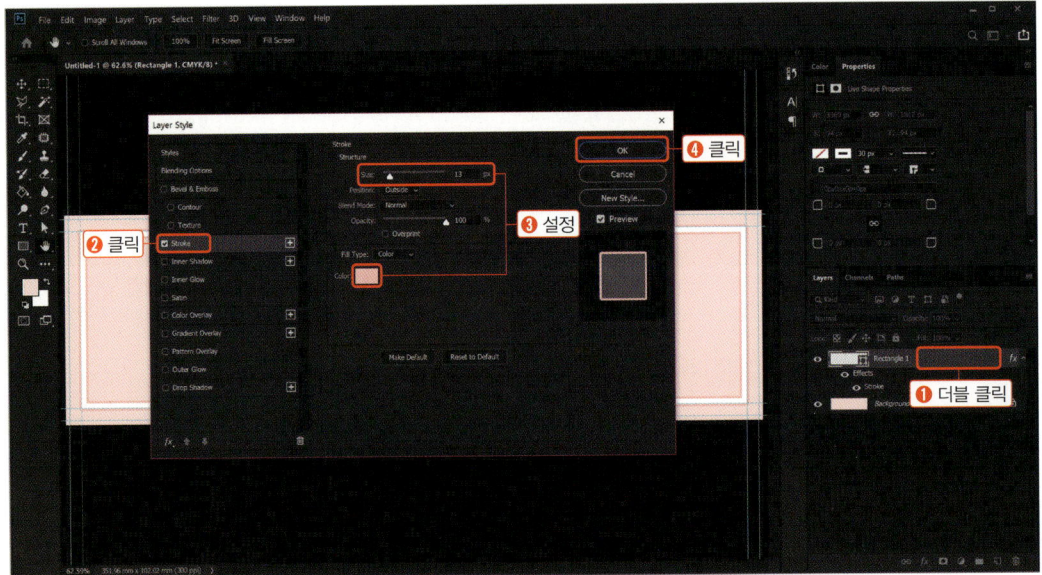

08 [File] - [Place Embedded]([파일] - [포함 가져오기])를 눌러 넣을 사진을 가져오고 Enter 를 눌러주세요.

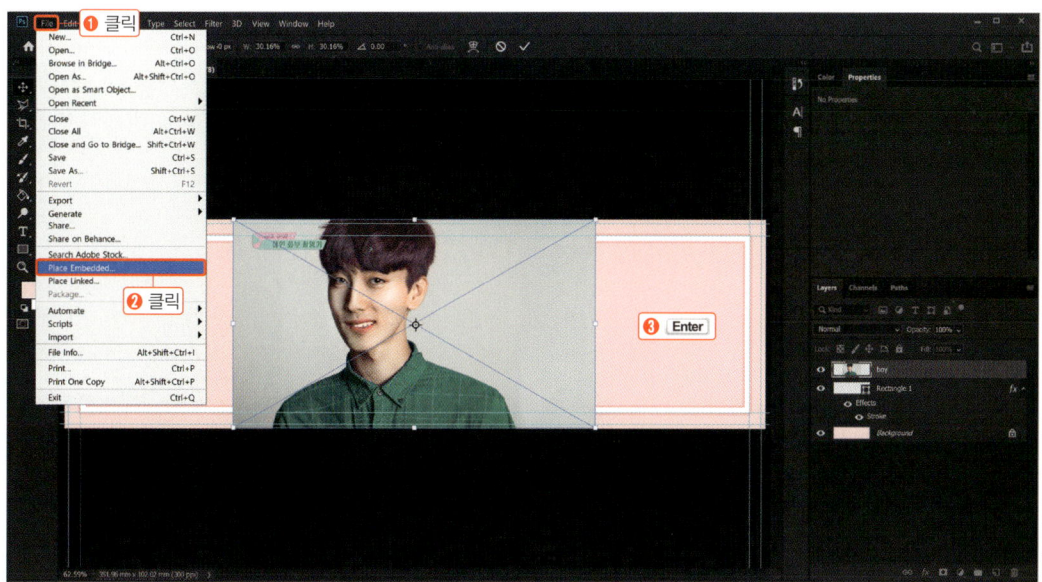

09 ❶ Quick Selection Tool(빠른 선택 도구) 을 클릭하고 단축키 [와] 를 눌러 마우스 크기를 조정해주세요. ❷ 인물 부분을 클릭 혹은 드래그하여 선택해주고, 나머지 선택 안된 부분은 Shift +드래그, 선택에서 제외할 부분은 Alt +드래그를 이용해 영역을 수정해주세요.

Tip 마우스의 크기는 인물보다 작게 해주셔야 인물만 선택됩니다.

10 ❶ Ctrl + J 를 눌러 선택 영역을 복제한 후, ❷ 밑에 있는 사진 레이어의 눈을 클릭해 화면에서 안 보이게 숨겨주세요.

Tip 숨긴 레이어는 나중에 수정이 필요할 때 다시 눈을 클릭해서 수정할 수 있어요.

11 ❶ Ctrl + T 를 눌러 ❷ 크기와 위치를 조정한 후 ❸ Enter 를 눌러주세요.

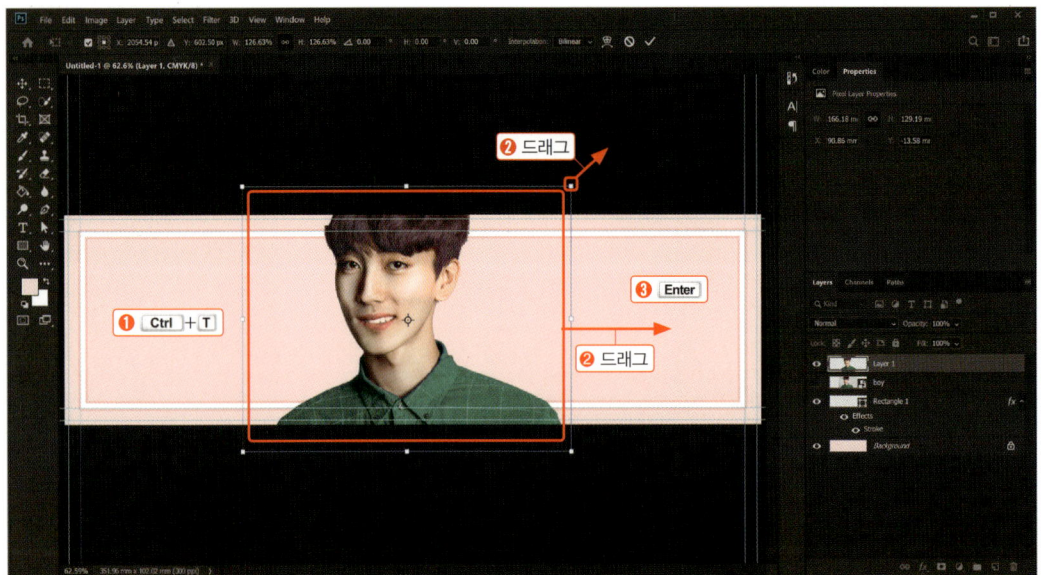

12 `Alt`를 누른 채로 마우스 휠을 올려 화면을 확대하고, ❶ Eraser Tool(지우개 도구) 을 클릭해주세요. 단축키 `[`와 `]`를 눌러 마우스 크기를 조정하고, ❷ 인물의 외곽을 드래그 하여 깔끔하게 지워줍니다.

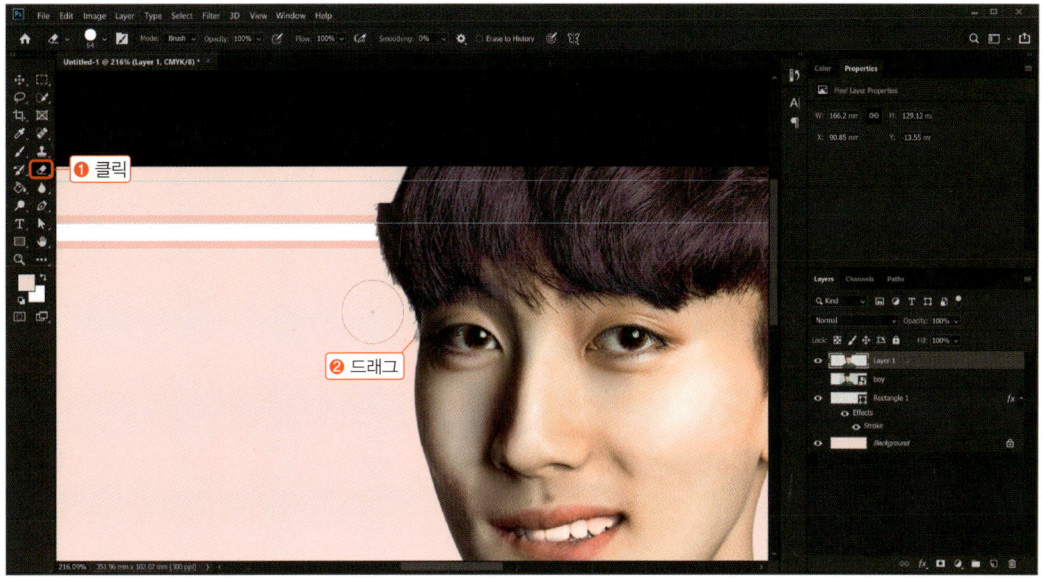

고수가 되고 싶다면 보너스 TIP

지우개가 다음과 같이 올록볼록하게 지워진다면 `F5`를 눌러 Brush Setting(브러시 설정) 패널을 열어주세요. Spacing(간격)을 1%로 낮춰서 사용하시면 매끄럽게 지울 수 있답니다.(Photoshop CC 2017 이하 버전에서는 패널 이름이 Brush(브러시)예요.)

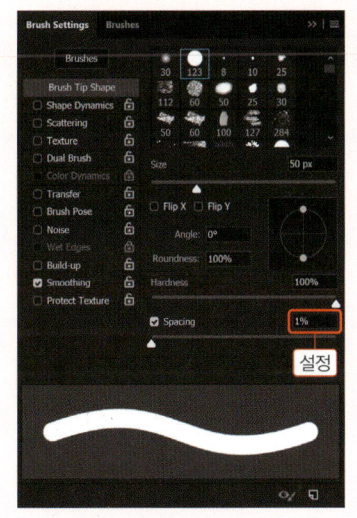
설정

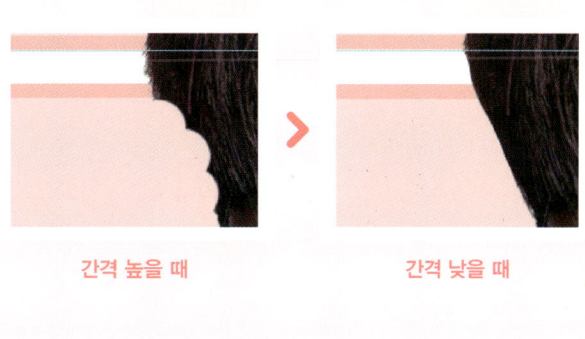
간격 높을 때 　　　　　간격 낮을 때

13 인물의 일부분을 가리고 있었던 로고 때문에 없어져 버린 머리카락 부분을 채워줄 거예요. ❶ Clone Stamp Tool(복제 도장 도구) 을 클릭해주세요. ❷ 옵션바의 'Sample(샘플)'을 'Current Layer(현재 레이어)'로 설정하고 인물의 ❸ 머리카락 외곽을 Alt +클릭해주세요. 채워줄 부분과 가까운 부분을 클릭해주시면 됩니다.

> **Tip** Clone Stamp Tool(복제 도장 도구)은 Alt 클릭하여 복사하고, Alt 를 뗀 후 클릭이나 드래그하여 복사한 곳을 붙여 넣을 수 있어요. 지금처럼 없어져 버린 부분을 채우거나, 불필요한 장애물을 가려주는 용으로 많이 쓰인답니다.

14 비어있는 부분에 클릭 혹은 드래그하여 붙여 넣어주세요. 만약 머리카락의 각도가 맞지 않는다면 ❶ [Window] - ❷ [Clone Source]([창] - [복제 원본])을 클릭하여 패널을 열고 ❸ 각도를 조정해줍니다.

각도 0도일 때 　　　　　각도 20도일 때 　　　　　복제 도장 완료 후 이미지

15 ❶ [Image] – [Adjustments] – ❷ [Curves]([이미지] – [조정] – [곡선])을 눌러주세요. 곡선 그래프를 다음과 같이 ❸ 드래그하여 밝기를 올려주세요.

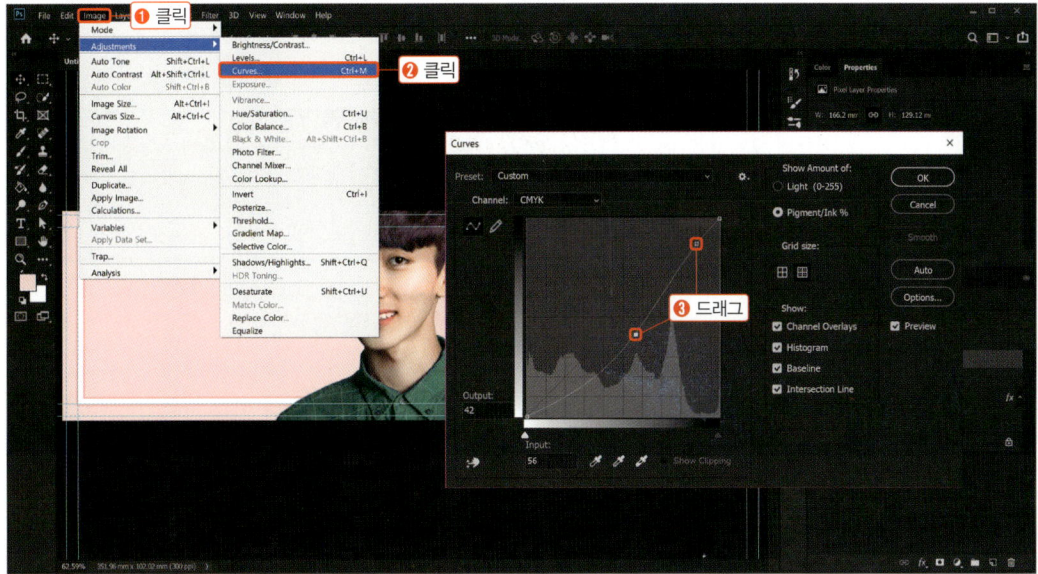

16 노란 끼 제거를 위해 ❶ Channel(채널)을 Yellow(노랑)으로 바꿔 다음과 같이 ❷ 아래쪽으로 드래그해주세요.

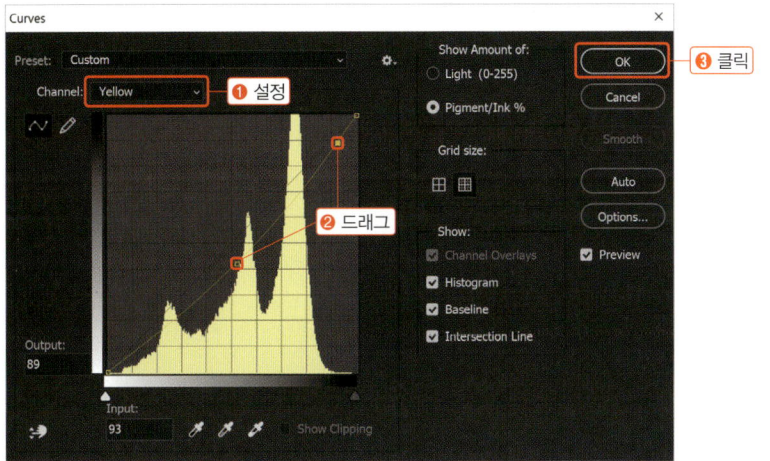

17 도구 상자에서 ❶ Horizontal Type Tool(수평 문자 도구) 을 클릭하고, 옵션바에서 ❷ 서체와 문자 색상, 크기를 각각 설정해주세요. ❸ 화면을 한 번 클릭하여 글씨를 입력하고 ❹ Ctrl + Enter 를 눌러 글씨를 마무리해주세요. 같은 방법으로 두 개의 문자 레이어를 만들어주세요.

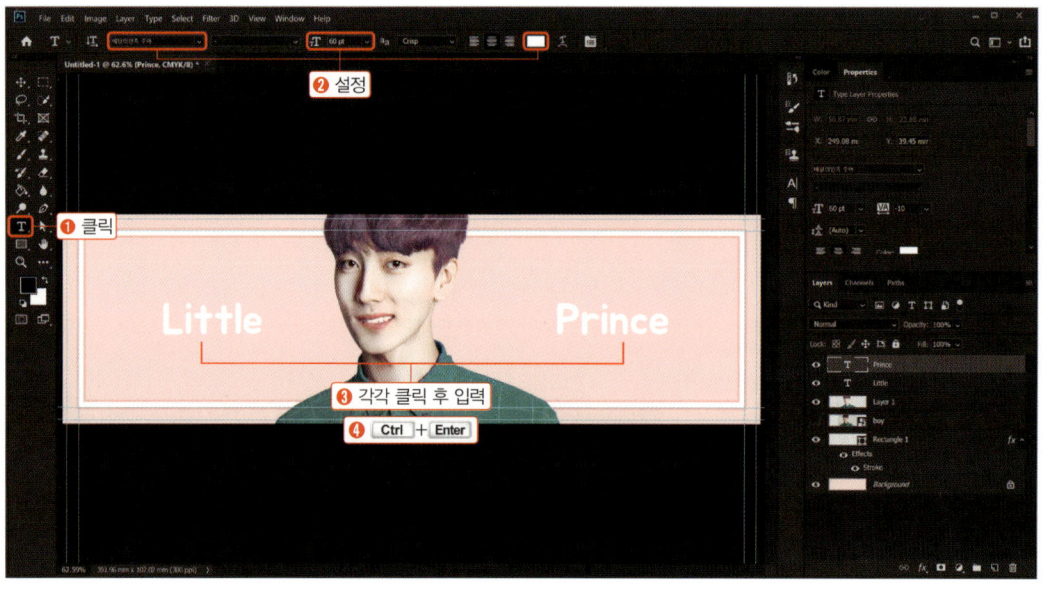

Tip 화면에 있는 폰트는 '배달의민족 주아'체입니다.

18 ❶ Rectangle Tool(사각형 도구) 을 2초 정도 클릭하여 ❷ Custom Shape Tool(사용자 정의 모양 도구) 을 클릭해주세요. 옵션바의 ❸ 'Shape(모양)' 메뉴를 클릭하고, ❹ 톱니바퀴 아이콘 – ❺ 'All(모두)'를 클릭하여 모든 도형을 꺼내주세요.

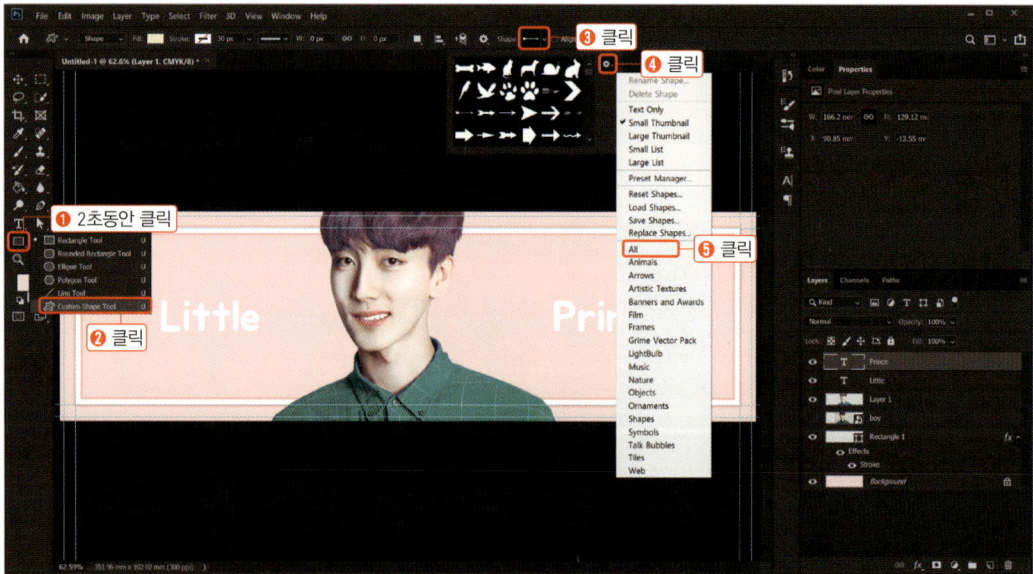

19 ❶ 말풍선 모양과 하트 모양을 각각 클릭하고 ❷ 화면에 드래그하여 그려주세요. ❸ 옵션바의 Fill(칠)색을 원하는 색으로, Stroke(획)색을 '없음'으로 지정해주세요.

Tip
- Shift +드래그하면 비율이 깨지지 않은 도형을 그릴 수 있어요.
- Ctrl + T 를 눌러 회전과 크기 조정을 각각 해주면 보다 다양한 느낌으로 배치할 수 있어요. Ctrl + T 로 조정이 끝난 다음에는 Enter 를 꼭 눌러주셔야 한답니다.

20 ❶ Custom Shape Tool(사용자 정의 모양 도구) 을 2초 정도 클릭하여 ❷ Ellipse Tool(타원 도구) 을 클릭해주세요.

21 ❶ `Shift`+드래그하여 원형을 그려주고, 이전과 같은 방법으로 ❷ 색을 설정해주세요.

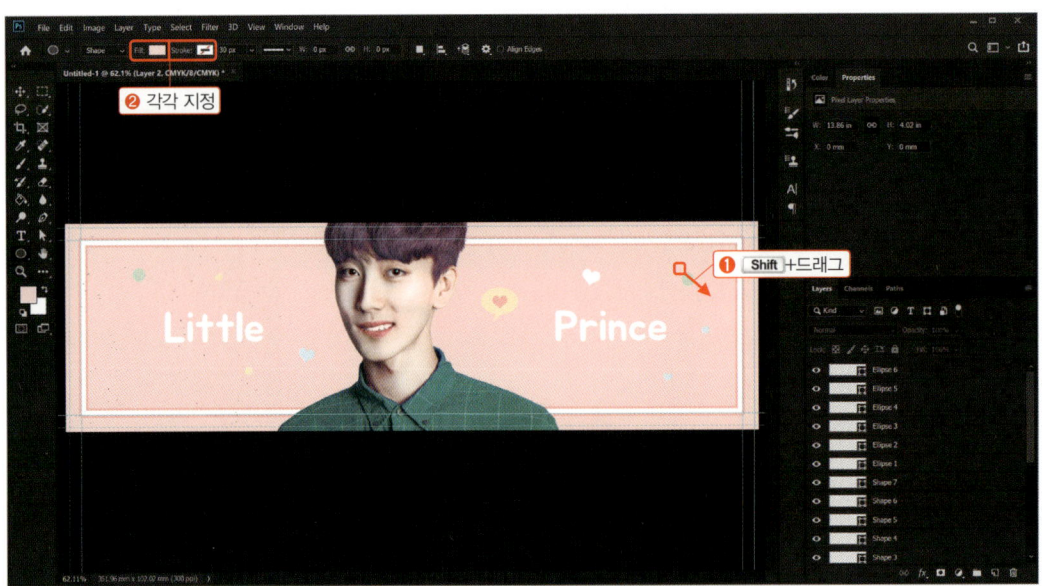

22 지금까지 만든 도형 레이어들과 문자 레이어를 모두 하나의 그룹으로 묶어줄 거예요. ❶ 맨 위에 있는 도형 레이어를 클릭하고, ❷ 맨 밑에 있는 문자 레이어를 `Shift`+클릭해주세요. ❸ `Ctrl`+`G`를 눌러 그룹을 만들어줍니다.

23 07번에서 만든 사각형 레이어에 있는 레이어 스타일인 'Stroke(획)' 효과를 복사해올 거예요. 사각형 레이어에 있는 ❶ 'fx'를 `Alt`+드래그하여 'Group1(그룹1)'에 놓아주세요.

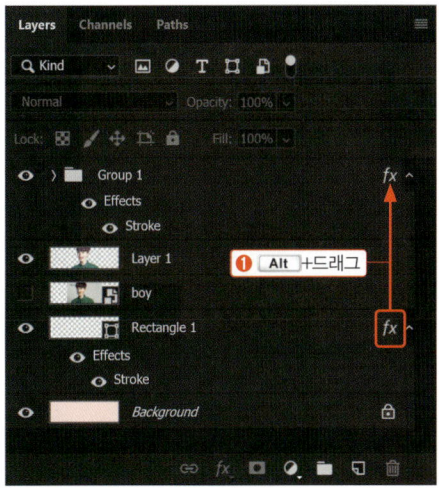

24 `Ctrl`+`S`를 눌러 PSD로, `Ctrl`+`Shift`+`S`를 눌러 JPEG로 각각 저장해주세요.

슬로건의 문구면 제작하기

01 앞서 만든 포토면 제작 과정의 **01~05** 과정을 똑같이 한 번 더 진행해주세요. 도구 상자에서 ❶ Horizontal Type Tool(수평 문자 도구) `T`을 클릭하고, 옵션바에서 ❷ 서체와 문자 색상을 설정해주세요. ❸ 화면을 한 번 클릭하여 글씨를 입력하고 ❹ `Ctrl`+`Enter`를 눌러 글씨를 마무리해주세요.

02 포토면에서 만들었던 사각형과 도형들을 가져올 거예요. 포토면 파일의 레이어 패널에서 ❶ 'Group1(그룹1)'을 클릭하고 ❷ 사각형 레이어를 Ctrl +클릭하여 중복 선택한 후 ❸ 문구면 파일명이 있는 탭으로 드래그해주세요. 탭에 2초 정도 드래그한 상태로 있으면 문구면 창이 열리고 ❹ 화면에 마우스를 놓아 배치하면 됩니다.

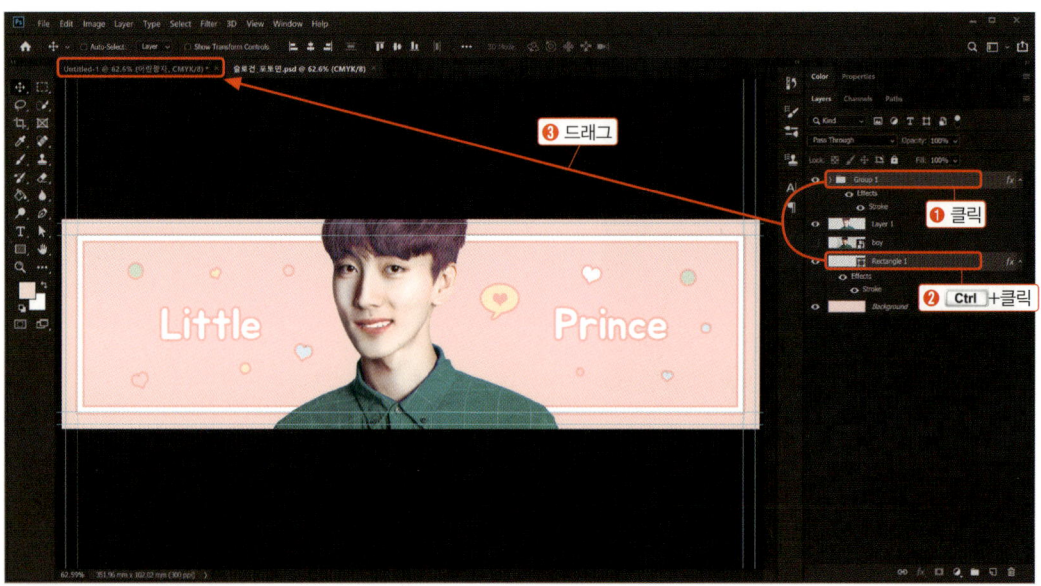

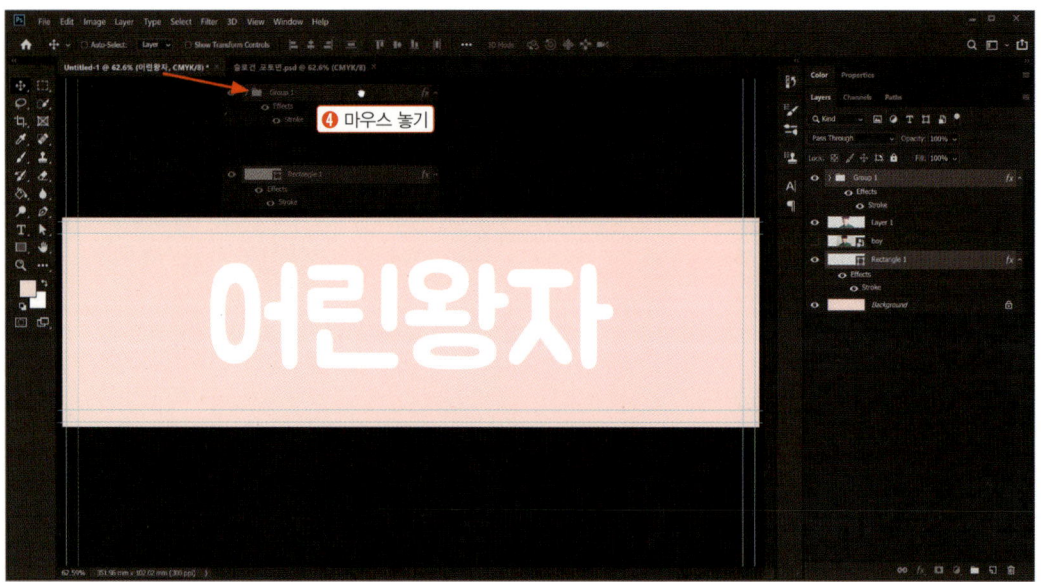

> **Tip** 위 화면처럼 캔버스 바깥 영역에 마우스를 놓으면 포토면에서 만들었던 도형의 위치와 같은 곳에 복사할 수 있어요. 캔버스 안에 마우스를 놓으면 마우스 지점에 복사된답니다.

03 사각형 레이어에 있는 레이어 스타일을 문자 레이어로 복사해 올 거예요. 사각형 레이어에 있는 ❶ 'fx'를 Alt +드래그하여 문자 레이어에 놓아주세요.

04 레이어 패널의 'Group1(그룹1)'에 있는 ❶ 화살 괄호를 클릭하여 그룹을 열고, ❷ 문자 레이어는 Delete 를 눌러 삭제하고, ❸ 도형 레이어들을 하나씩 클릭하고 ❹ Move Tool(이동 도구) 로 각각 이동시켜주세요.

05 밋밋한 글씨에 입체감을 줄 거예요. 문자 레이어를 클릭하고 ❶ Ctrl + J 를 눌러 레이어를 복제해주세요. ❷ Move Tool(이동 도구) 을 클릭하고 ❸ Shift +드래그하여 위쪽으로 이동시켜줍니다.

> Tip 이동 도구에서 상하좌우 방향 키를 눌러 1px씩, Shift +방향 키를 눌러 10px씩 이동할 수도 있어요.

06 Ctrl + S 를 눌러 PSD로, Ctrl + Shift + S 를 눌러 JPEG로 각각 저장해주세요. 저장한 전체 파일들이 업체에 기재되어 있는 파일 유형과 맞는지 확인하신 후 주문하시면 됩니다.

내 디자인을 굿즈로, 직접 주문 넣기

01 인터넷에 '슬로건 제작'을 검색한 후 제작을 원하는 업체에 접속합니다.

02 접속한 업체에서 '슬로건' 카테고리로 들어갑니다.

03 제작을 원하는 재단 사이즈를 입력합니다.
  ※ 주로 많이 제작하는 슬로건 사이즈는 가로(폭) 350mm 세로(높이) 100mm이니 참고하세요.

04 재단 사이즈에 맞는 작업 사이즈를 확인합니다.

05 제작한 도안의 사이즈가 작업 사이즈가 맞는지, 업체에 기재되어 있는 안전 사이즈 안으로 원하는 이미지가 모두 들어와 있는지 확인합니다.

06 업체의 안내문에 기재되어 있는 제작방법 및 파일 유형이 맞는지 확인합니다.

07 인쇄 도수를 선택합니다.
  ※ 31p 포토카드의 도수 선택 TIP을 참고하세요!

08 제작하고 싶은 용지를 선택합니다.
  ※ 슬로건 제작에 가장 많이 사용하는 용지는 스노우지입니다. 슬로건은 주로 나눔 용도로 제작되기 때문에 부담이 없도록 저렴한 용지를 선택해 대량으로 제작하는 경우가 많기 때문이에요.

09 제작할 수량을 입력합니다.

10 후가공이 필요한 경우 업체에 기재되어 있는 후가공의 종류를 확인하여 선택합니다.
  ※ 필수 선택이 아니기 때문에 꼭 후가공을 추가하지 않아도 됩니다. 슬로건은 일반적으로 후가공이 없이 제작하는 경우가 많아요.

11 파일을 업로드합니다.

12 제목을 입력한 후 주문하기를 클릭하면 완료입니다. 인쇄가 시작되면 수정할 수 없으니, 가능한 곳은 업체에 시안을 꼭 확인해보는 것이 좋습니다. 배송이 시작되면 굿즈를 기다리는 일만 남았어요!

CLASS

04
부채

스타의 응원 도구로 많이 쓰이고, 브랜드 혹은 각종 행사의 홍보물로도 쓸 수 있는 시원한 부채를 만들어 봅시다. 앞면에는 사진을 넣고, 뒷면에는 글씨를 써서 제작해볼 거예요. 우선 시작하기 전에 부채 템플릿이 필요합니다. 부채를 제작할 업체 홈페이지에 들어가서 원하는 부채 종류와 사이즈를 설정해 템플릿을 다운로드해주세요. 다운로드한 폴더의 압축을 풀어주고 시작해주시면 됩니다.

완성작

앞면   뒷면

부채 앞면 제작하기

01 업체에서 다운로드 한 템플릿 파일을 열어주세요. ❶ [File] – ❷ [Place Embedded]([파일] – [포함 가져오기])를 눌러 배경으로 사용할 사진과 인물 사진을 각각 가져와주세요. 파일은 하나씩 가져올 수 있고 ❸ 크기와 위치, 회전 값을 조정한 후 ❹ Enter 를 눌러줍니다.

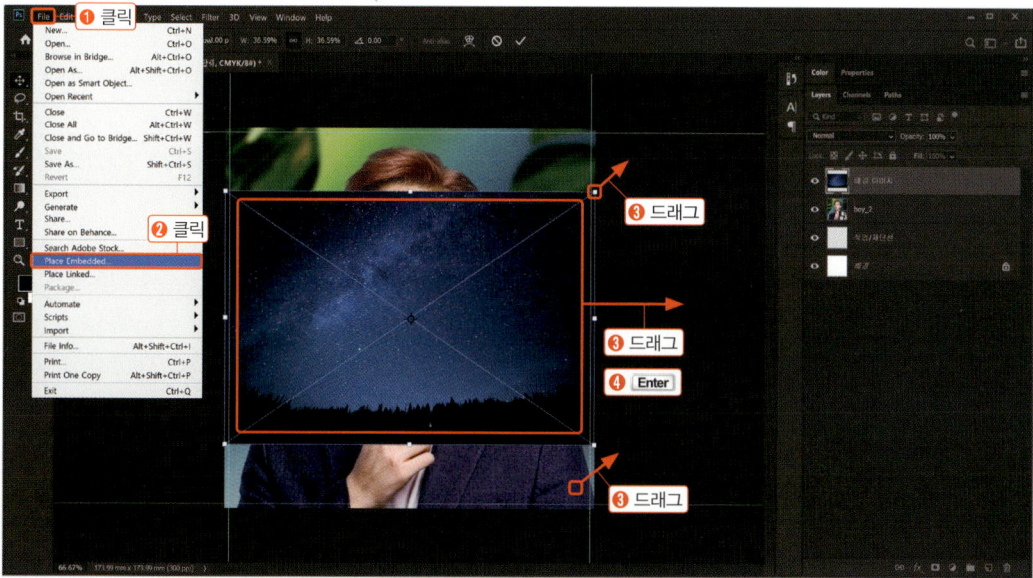

02 레이어 패널의 ❶ 새 레이어 버튼을 눌러주세요. 도구 상자에 있는 ❷ 전경색을 클릭하고, Color Picker(색상 피커)창에서 ❸ 원하는 색을 골라주세요.

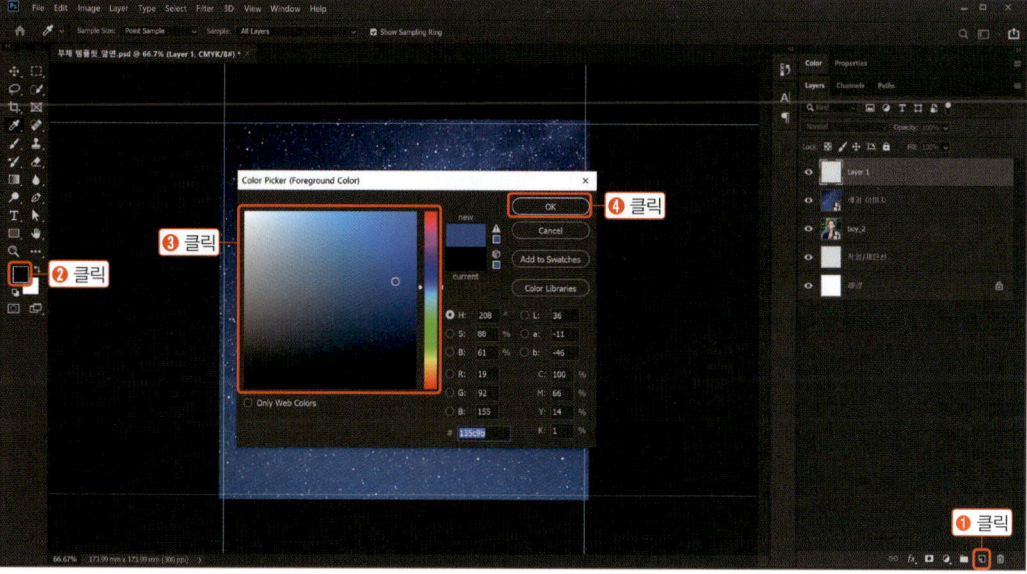

03 도구 상자에 있는 ❶ Gradient Tool(그레이디언트 도구)을 2초 정도 클릭하여 ❷ Paint Bucket Tool(페인트 통 도구)을 클릭하고, ❸ 화면을 한 번 클릭하여 색을 입혀주세요.

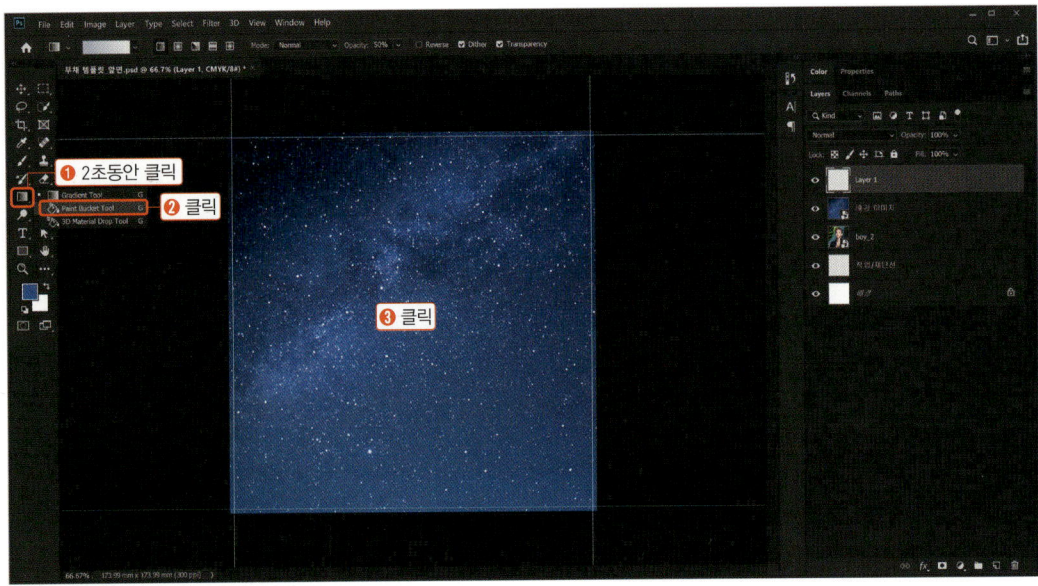

04 ❶ 레이어를 각각 드래그해서 순서를 다음과 같이 바꾸어주세요. ❷ 배경 이미지 레이어를 클릭한 후 레이어 패널의 ❸ 'Normal(표준)'을 클릭하여 'Linear Dodge(Add)(선형 닷지(추가))'로 설정하고, ❹ 'Opacity(불투명도)'를 50%로 설정해주세요.

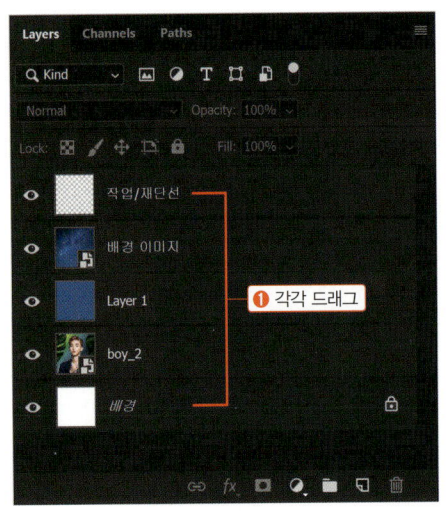 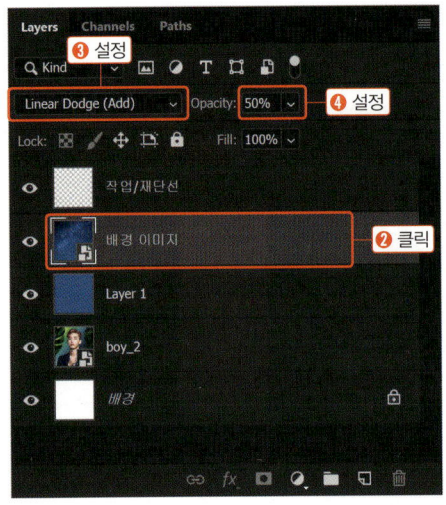

> **Tip** Blend Mode(혼합 모드)는 꼭 Linear Dodge(선형 닷지)가 아니어도 돼요. 메뉴 중 하나를 클릭하고 위/아래 방향 키를 눌러 이미지에 어울리는 것으로 골라주시면 된답니다.

고수가 되고 싶다면 보너스 TIP

'Normal(표준)'이라고 되어 있는 것은 'Blend Mode(혼합 모드)' 기능이에요. 두 장 이상의 이미지를 자연스럽게 합성할 때 쓸 수 있는 기능이랍니다. 모든 기능을 외울 필요는 없고, 각 표시선 별로 구분해서 알아두시면 좋아요.

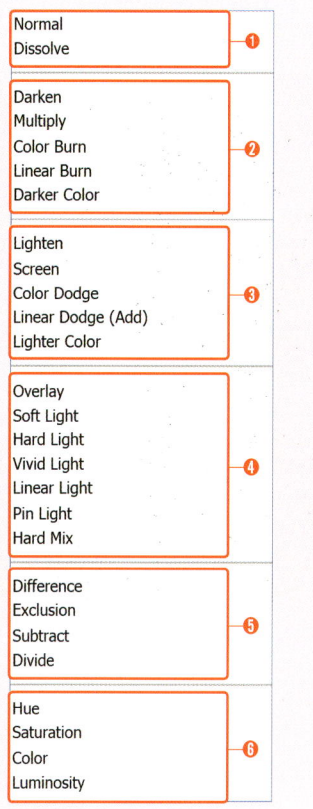

❶ 기본값
❷ 어두운 느낌으로 합성
❸ 밝은 느낌으로 합성
❹ 대비시켜 강렬한 느낌으로 합성
❺ 색상을 반전시켜 합성
❻ 요소를 가지고 합성

지금은 이미지의 밝은 부분(별빛)을 합성하기 위해서 밝은 느낌으로 합성하는 'Linear Dodge(Add)(선형 닷지(추가))'로 해주었어요.

---

05 색상이 들어있는 ❶ 'Layer(레이어) 1'을 클릭한 후 레이어 패널의 ❷ 'Normal(표준)'을 클릭하여 'Linear Dodge(Add)(선형 닷지(추가))'로 설정하고, ❸ 'Opacity(불투명도)'를 20%로 설정해주세요. 색상이 사진에 자연스럽게 합성된답니다.

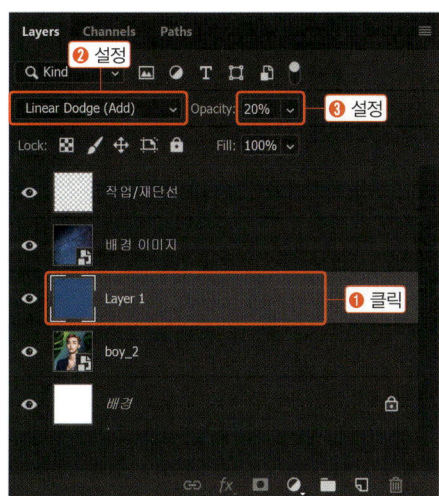

06 배경 이미지가 인물을 덮고 있어서 일부분을 가려줄 거예요. ❶ 배경 레이어가 선택된 상태로 레이어 패널의 ❷ 새 레이어 마스크 버튼 을 클릭하고, ❸ Brush Tool(브러시 도구) 를 클릭해주세요.

07 ❶ 옵션바의 브러시 모양 버튼을 클릭하고, ❷ Hardness(경도)를 0%로 낮춰주세요. ❸ 전경색을 검정색으로 설정하고 ❹ 인물 부분을 드래그해주세요.

> **Tip** 해당 레이어 썸네일 옆에 생긴 흰색의 썸네일이 레이어 마스크(Layer Mask)예요. 레이어 마스크가 흰색인 부분은 캔버스에서 보이고, 검은색인 부분은 보이지 않는답니다. 지금은 인물 부분에 배경 이미지 레이어가 보이면 안되기 때문에 검은색을 칠해준 거예요.

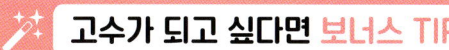

Hardness(경도)란 브러시의 선명한 정도를 뜻해요!

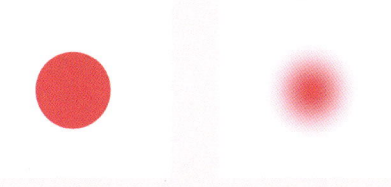

Brush Tool(브러시 도구)뿐만 아니라, Eraser Tool(지우개 도구), Quick Selection Tool(빠른 선택 도구) 등 마우스가 원형으로 나오면 모두 조정 가능해요!

Hardness(경도) 100%   Hardness(경도) 0%

08 `Ctrl` + `Shift` + `S` 를 눌러 다른 이름의 PSD 파일로 저장해주세요. 업체에 다른 파일 유형이 명시되어 있다면, 해당 유형에 맞춰 저장해주시면 됩니다.

부채 뒷면 제작하기

01 다운로드했던 템플릿 파일 중 뒷면 PSD 파일을 열어주세요. 부채 앞면에서 만들었던 레이어들을 가져올 거예요. 앞면 파일의 레이어 패널에 있는 ❶ 배경 이미지 레이어를 클릭, ❷ 'Layer (레이어) 1'을 Ctrl +클릭하여 중복 선택한 후 ❸ 뒷면 파일명이 있는 탭으로 드래그해주세요. 탭에 2초 정도 드래그한 상태로 있으면 뒷면 창이 열리고 ❹ 화면에 마우스를 놓아 배치하면 됩니다.

02 ❶ 가져온 'Layer(레이어) 1'의 Blend Mode(혼합 모드)를 ❷ 'Normal(표준)'으로, ❸ 'Opacity (불투명도)'를 100%로 설정해주세요.

03 가져온 배경 이미지 레이어의 레이어 마스크를 ❶ 오른쪽 마우스 클릭하여 ❷ 'Delete Layer Mask(레이어 마스크 삭제)'를 클릭해주세요.

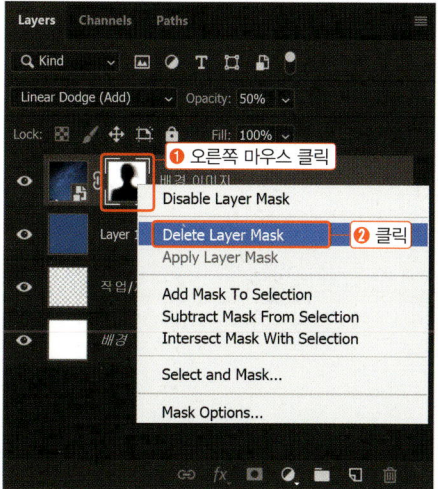

04 도구 상자에서 ① Horizontal Type Tool(수평 문자 도구) T 을 클릭하고, 옵션바에서 ② 서체와 문자 색상, 크기를 각각 설정해주세요. ③ 화면을 한 번 클릭하여 글씨를 입력하고 ④ Ctrl + Enter 를 눌러 글씨를 마무리해줍니다.

Tip 화면에 있는 폰트는 '에스코어 드림'체입니다.

05 ① 문자 레이어를 클릭한 후, ② '배경' 레이어를 Ctrl +클릭하여 중복 선택해주세요. ③ Move Tool(이동 도구) 을 클릭하고 옵션바의 ④ 가운데 정렬 버튼을 눌러 화면의 한 가운데로 이동시켜줍니다.

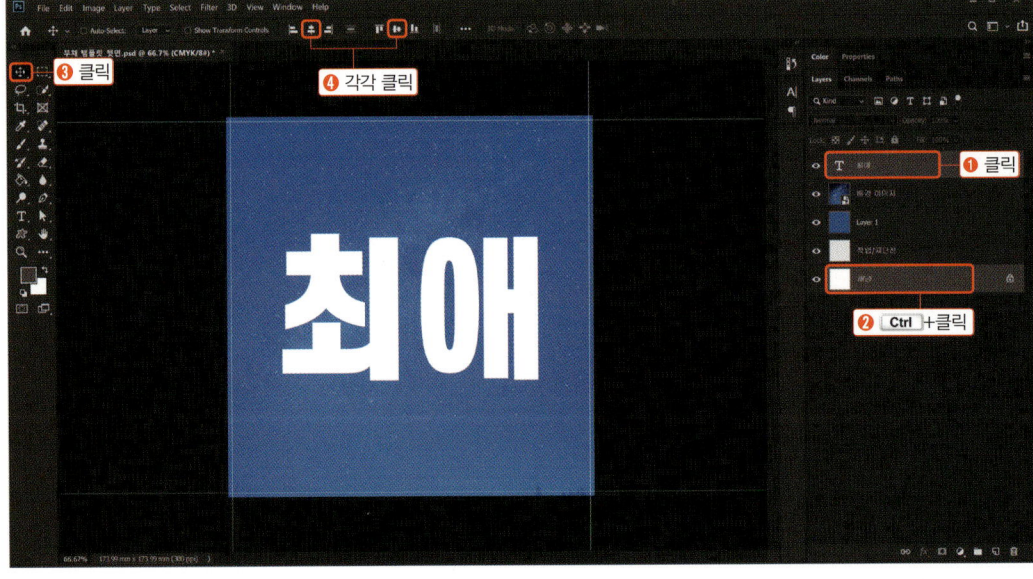

06 문자 레이어를 클릭하고 Ctrl + J 를 눌러 복제해주세요.

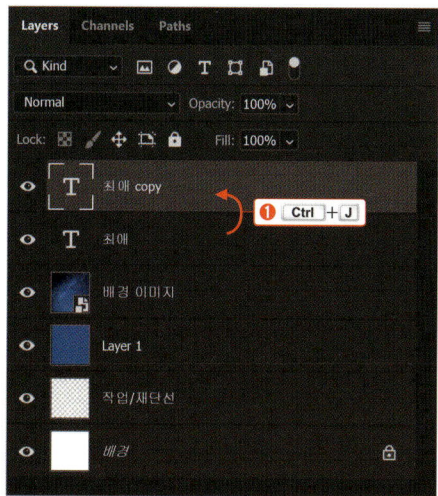

07 ❶ 복제된 문자 레이어 옆을 더블 클릭하여 레이어 스타일 창을 꺼내주세요. 왼쪽의 효과 메뉴 중 ❷ 'Stroke(획)'을 클릭한 후 창의 오른쪽에서 ❸ 획의 두께와 색상을 지정하고 'Position (위치)'은 'Outside(바깥)'로 설정해주세요.

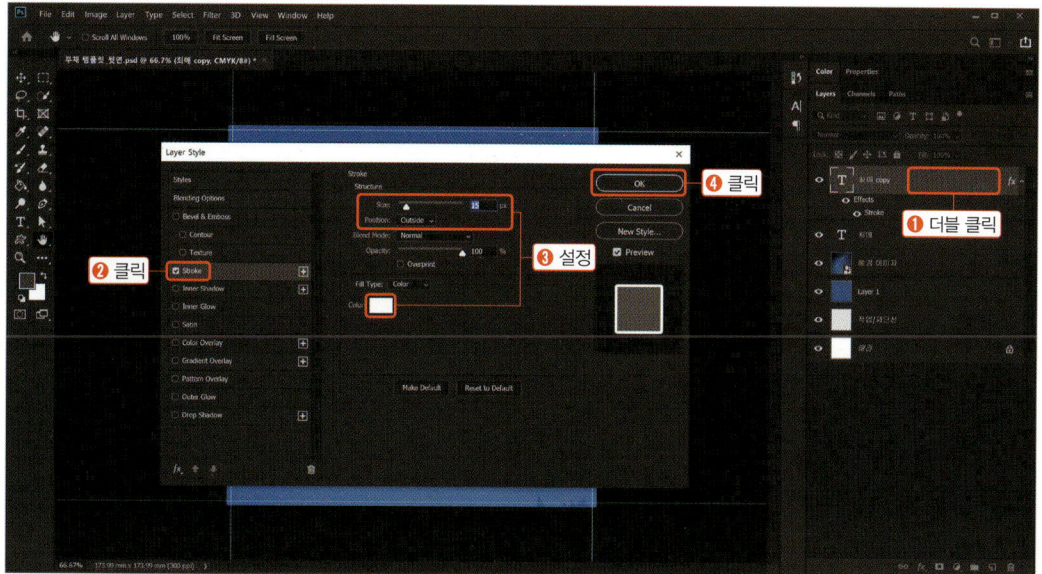

08 레이어 패널의 ❶ 'Fill(칠)'을 0%로 설정하고, ❷ 레이어를 오른쪽 마우스로 클릭하여 ❸ 'Rasterize Layer Style(레이어 스타일 래스터화)'를 클릭해주세요.

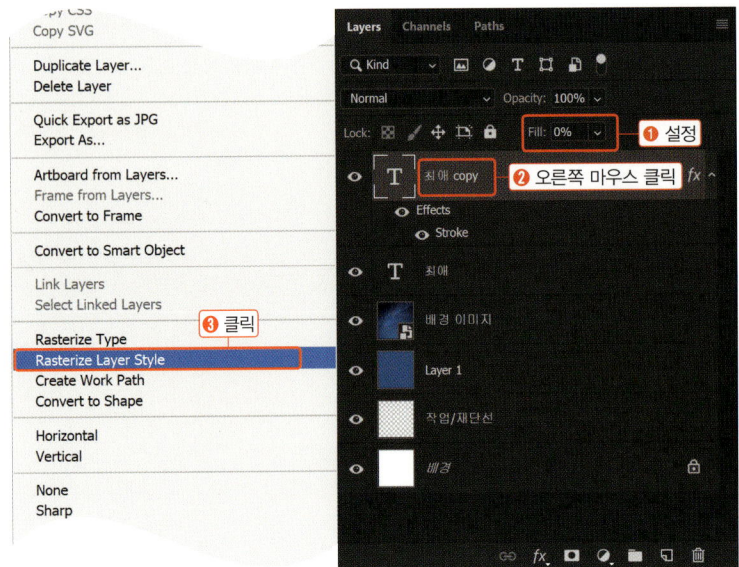

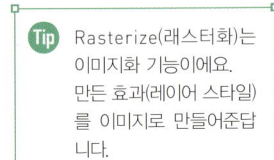

Tip Rasterize(래스터화)는 이미지화 기능이에요. 만든 효과(레이어 스타일)를 이미지로 만들어준답니다.

09 다시 레이어를 옆을 ❶ 더블 클릭하여 레이어 스타일 창을 꺼내주세요. 왼쪽의 효과 메뉴 중 ❷ 'Stroke(획)'을 클릭한 후 창의 오른쪽에서 ❸ 획의 색상과 두께를 지정하고 'Position(위치)'은 'Outside(바깥)'로 설정해주세요.

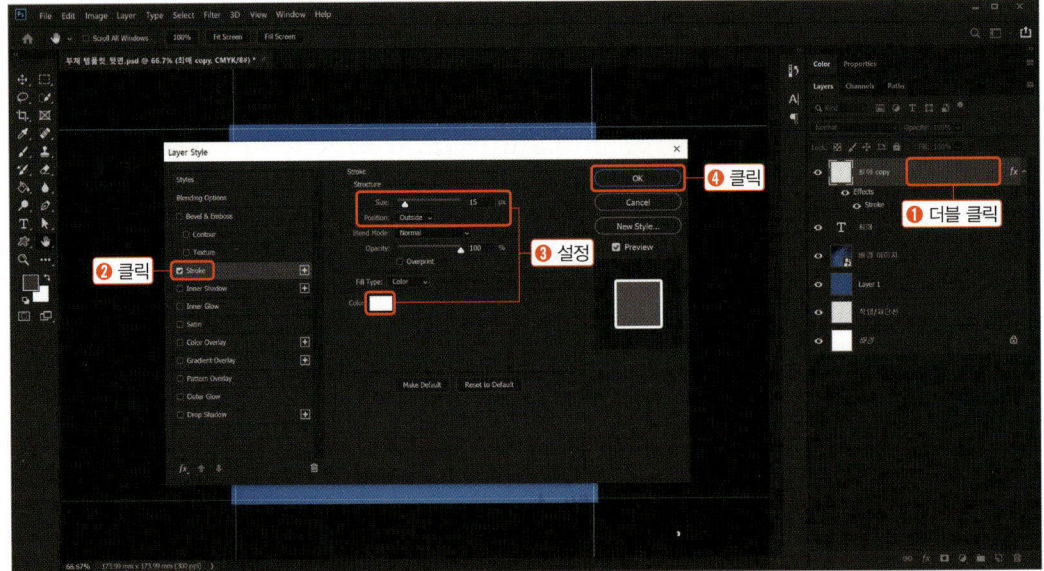

Tip 획의 색상은 글씨와 같은 색으로, 두께는 **07**에서 지정했던 것과 똑같이 하시면 더욱 깔끔하게 만들 수 있답니다.

10 레이어 패널의 'Fill(칠)'을 0%로 설정해주세요.

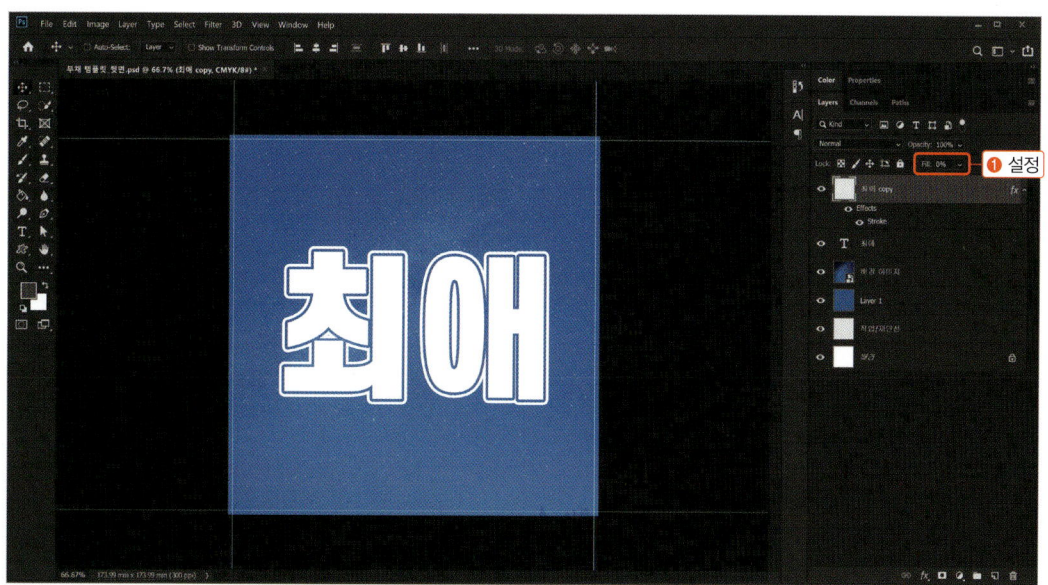

❶ 설정

✨ 고수가 되고 싶다면 보너스 TIP

레이어 패널의 'Opacity(불투명도)'와 'Fill(칠)'의 차이점을 알아볼까요?

Opacity(불투명도)는 레이어 스타일 등 효과를 포함한 레이어 전체의 진한 정도를 조정하고, Fill(칠)은 레이어 스타일을 제외한 오직 레이어의 진한 정도만을 조정해요.

Opacity(불투명도) : 100%
Fill(칠) : 100%

Opacity(불투명도) : 0%
Fill(칠) : 100%

Opacity(불투명도) : 50%
Fill(칠) : 100%

Opacity(불투명도) : 100%
Fill(칠) : 0%

Opacity(불투명도) : 100%
Fill(칠) : 50%

11 ❶ Rectangle Tool(사각형 도구)▭을 2초 정도 클릭하여 ❷ Custom Shape Tool(사용자 정의 모양 도구)✦을 클릭해주세요.

12 옵션바의 ❶ 'Shape(모양)'을 하트 모양으로 설정하고 화면에 ❷ 드래그하여 그려주세요.
❸ 옵션바의 Fill(칠)색을 흰색으로, Stroke(획)색을 '없음'으로 지정해주세요.

13 ❶ `Ctrl`+`J`를 눌러 하트 레이어를 복제하고, ❷ Move Tool(이동 도구)로 ❸ 드래그하여 위치를 이동시켜주세요. 입력한 글자 수만큼 이 과정을 반복해주시면 됩니다.

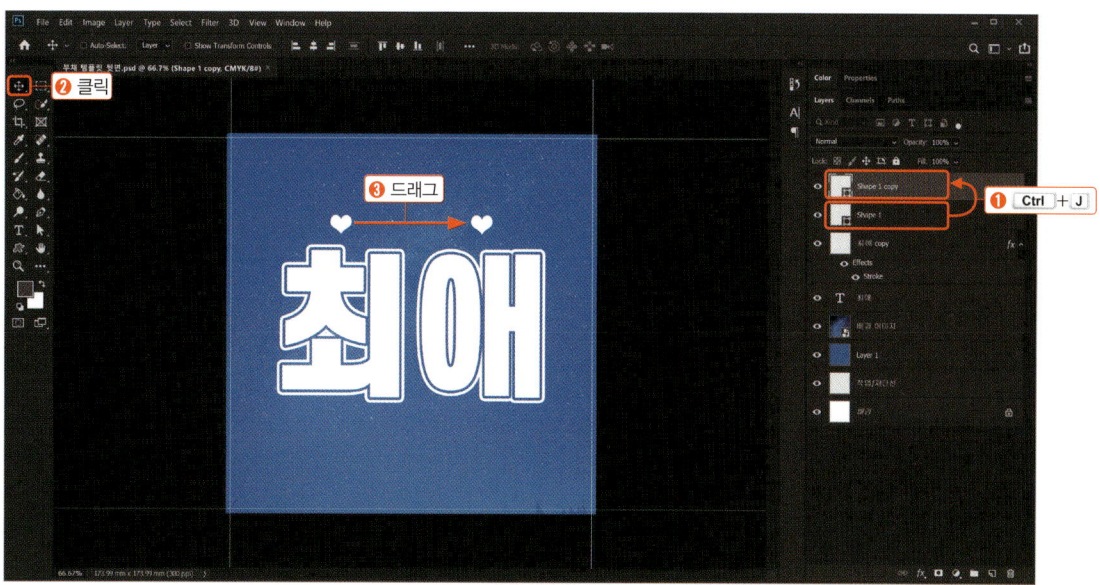

14 칼선(실제 재단선)을 업체 사이트 설명에 명시되어 있는 방법으로 변경해주세요.

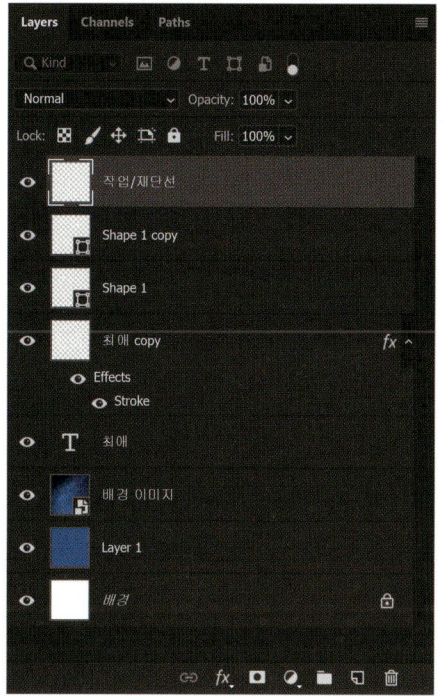

15 `Ctrl`+`Shift`+`S`를 눌러 다른 이름의 PSD 파일로 저장해주세요. 업체에 다른 파일 유형이 명시되어 있다면, 해당 유형에 맞춰 저장해주시면 됩니다.

내 디자인을 굿즈로, 직접 주문 넣기

01 인터넷에 '양면 부채 제작' 혹은 '부채 제작'을 검색한 후 원하는 업체에 접속합니다.

02 접속한 업체에서 '부채' 카테고리로 들어갑니다.

03 부채 종류와 사이즈를 선택합니다.

04 재단 사이즈에 맞는 작업 사이즈를 확인합니다. 업체에서 제공하는 템플릿이 있는 경우 원하는 종류와 사이즈의 템플릿을 다운로드해 작업합니다.

※ **템플릿이란?**
템플릿이란 업체에서 제공하는 제작틀입니다. 실제 칼선(재단선)은 작업선까지 표시되어 있기 때문에 템플릿을 이용해 작업하게 되면 어느 부분까지 부채의 손잡이로 가려지는지 확인하며 작업할 수 있습니다.

05 제작한 도안의 사이즈가 작업 사이즈가 맞는지, 업체에 기재되어 있는 안전 사이즈 안으로 원하는 이미지가 모두 들어와 있는지 확인합니다.

06 업체의 안내문에 기재되어 있는 제작방법 및 파일 유형이 맞는지 확인합니다.

※ 양면부채의 경우 앞면 PSD 파일, 뒷면 PSD 파일, 칼선 파일 총 세 가지로 이루어진 압축파일로 발주해야 하는 경우도 있으니 유의하세요!

※ **PSD 파일이란?**
PSD 파일은 포토샵 확장자 파일입니다. 작업 레이어를 분리해서 해당 파일 유형으로 저장하면 나중에 원하는 부분을 수정할 수 있습니다. 업체에서 요구하는 PSD 파일형식 및 칼선 파일형식이 다르기 때문에 확인 후 해당 부분을 유의하여 작업해야 합니다.

07 원하는 제작 수량을 입력합니다.

08 만든 시안 파일을 업로드합니다.

09 제목을 입력한 후 주문하기를 클릭하면 완료입니다. 인쇄가 시작되면 수정할 수 없으니, 가능한 곳은 업체에 시안을 꼭 확인해보는 것이 좋습니다. 배송이 시작되면 굿즈를 기다리는 일만 남았어요!

CLASS 05
홈마의 사진 보정법

원래도 예쁜 내 최애를 더 예쁘게 만들어주는 '보정'은 사랑과 정성이 필요한 작업이죠.
일명 '아이돌 보정', '홈마 보정'을 통해 많은 분들이 인생짤을 남기는 경우를 보셨을 텐데요.
홈마들은 보정을 어떻게 하는 건지 궁금했던 분들! 이번에 함께 배워봅시다.

완성작

보정 후

보정 전

잡티 없애고 생기 불어넣기

01 먼저 [File] - [Open]([파일] - [열기])를 눌러 보정할 사진을 열어주세요.

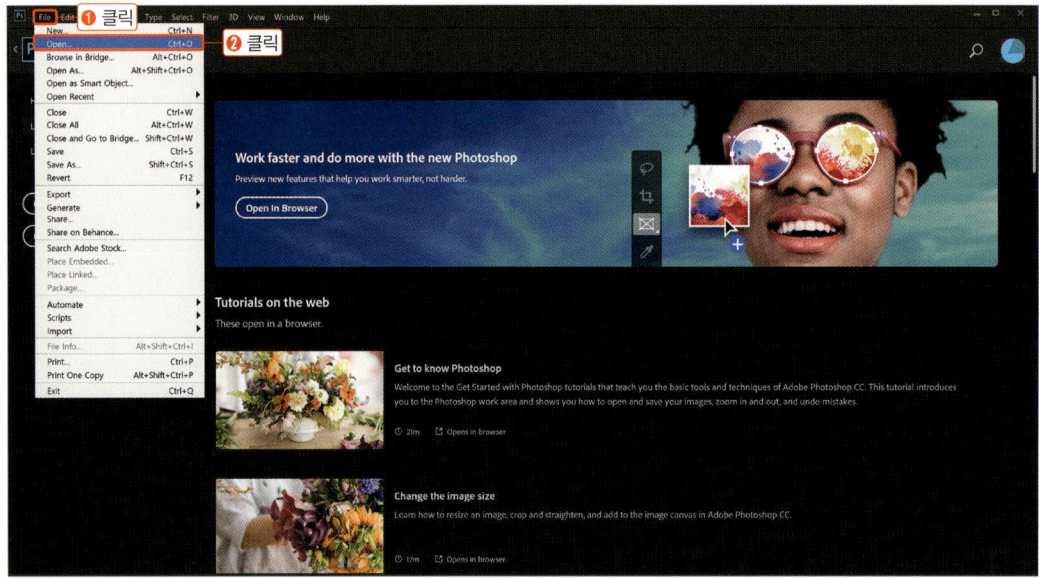

02 밝고 화사한 느낌을 만들어줄 거예요. ❶ [Image] - [Adjustments] - ❷ [Curves]([이미지] - [조정] - [곡선])을 클릭하고 ❸ 다음과 같이 조정하여 밝기를 올려주세요.

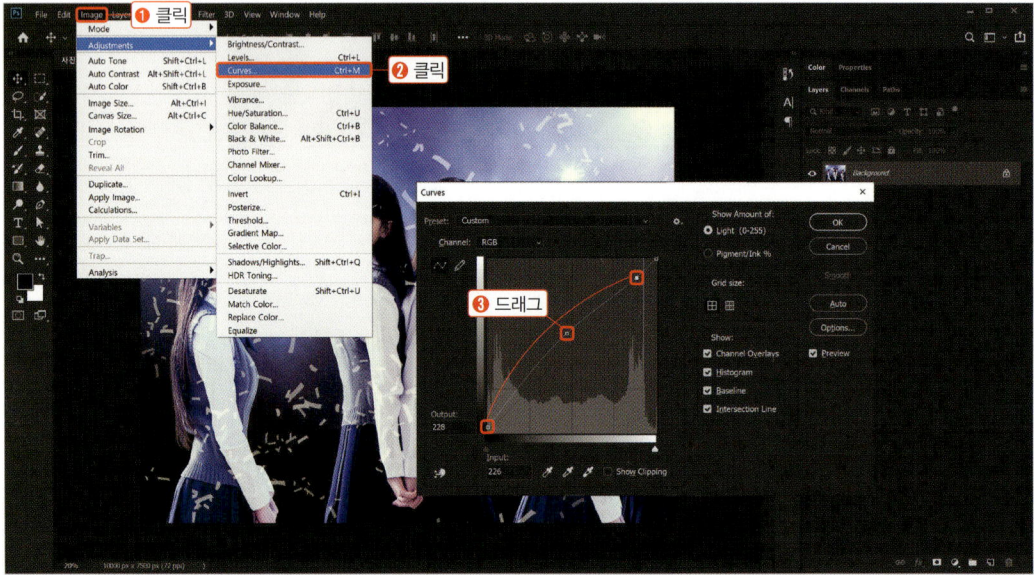

고수가 되고 싶다면 보너스 TIP

CMYK(인쇄용)의 곡선과 RGB(웹용)의 곡선

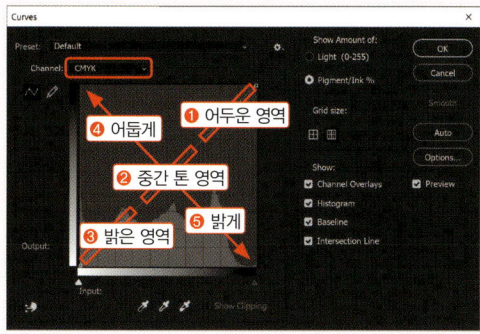 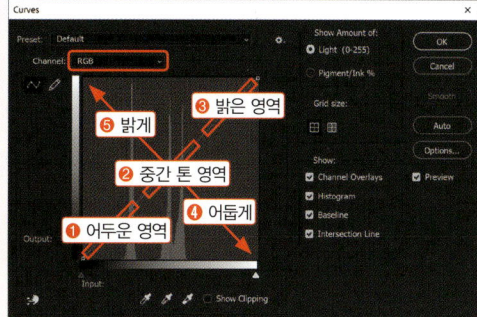

CMYK와 RGB의 곡선은 서로 반대의 톤을 담당하고 있어요.
❶ 이미지의 어두운 영역　　❷ 이미지의 중간 톤 영역　　❸ 이미지의 밝은 영역
❹ 방향으로 드래그하면 어둡게,　❺ 방향으로 드래그하면 밝게 바뀝니다.

03 맑고 깨끗한 색감을 위해 노란 끼를 빼줄거예요. ❶ [Image] − [Adjustments] − ❷ [Selective Color]([이미지] − [조정] − [선택 색상])을 눌러주세요. ❸ Colors(색상)을 Yellows(노랑)으로 바꾸고 하단의 ❹ Yellow(노랑) 수치를 음수로 낮추어 노란 끼를 제거해주세요.

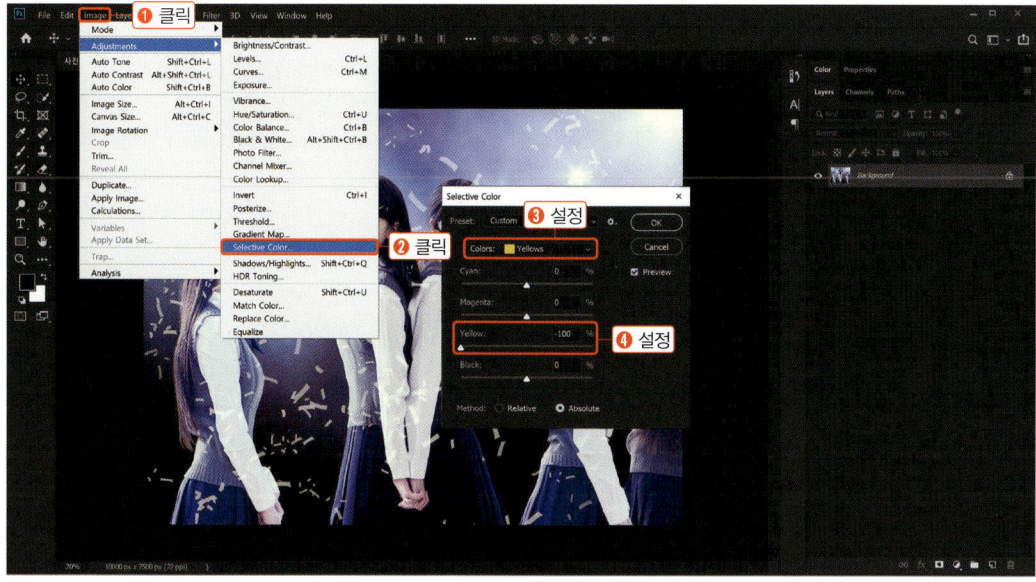

04 ❶ Colors(색상)을 White(흰색)으로 바꾸고 하단의 ❷ Yellow(노랑)과 Black(검정) 수치를 음수로 낮추어 남아있는 노란 끼를 제거하고, 밝기를 올려주세요.

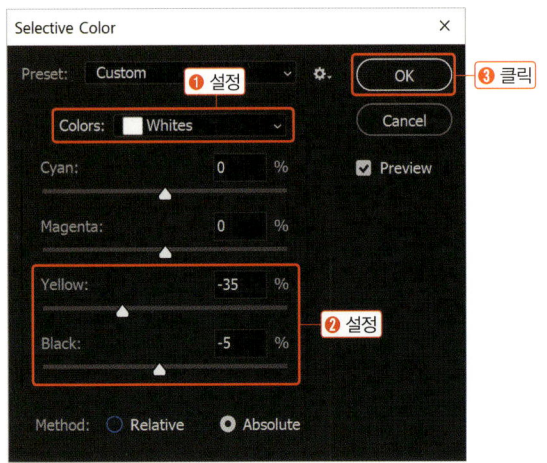

> **Tip** 지금처럼 Black(검정)을 빼면 더 밝게 만들 수 있어요.

05 ❶ [Image] - [Adjustments] - ❷ [Hue/Saturation]([이미지] - [조정] - [색조/채도])를 클릭하고, ❸ Saturation(채도)를 올려주세요.

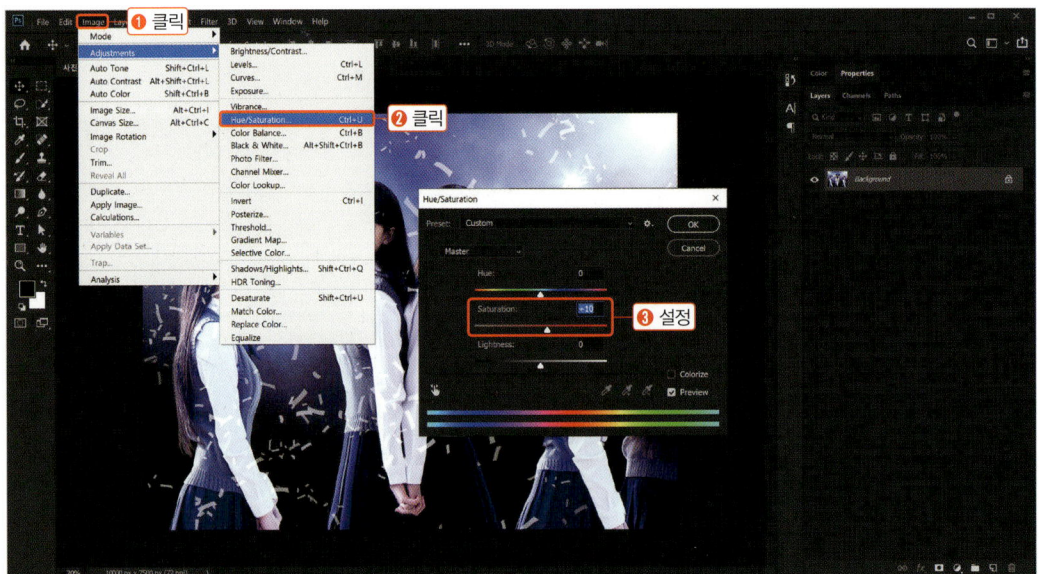

> **Tip** Saturation(채도)를 살짝 올리면 생기 있는 느낌을 줄 수 있어요. 하지만 너무 올리면 촌스러워 보일 수 있으니 주의하세요.

06 ❶ [Image] – [Adjustments] – ❷ [Photo Filter]([이미지] – [조정] – [포토 필터])를 눌러주세요. ❸ Filter(필터)를 Blue(파랑)로 변경 후, ❹ Density(농도)를 조절해서 노란 끼를 없애주세요.

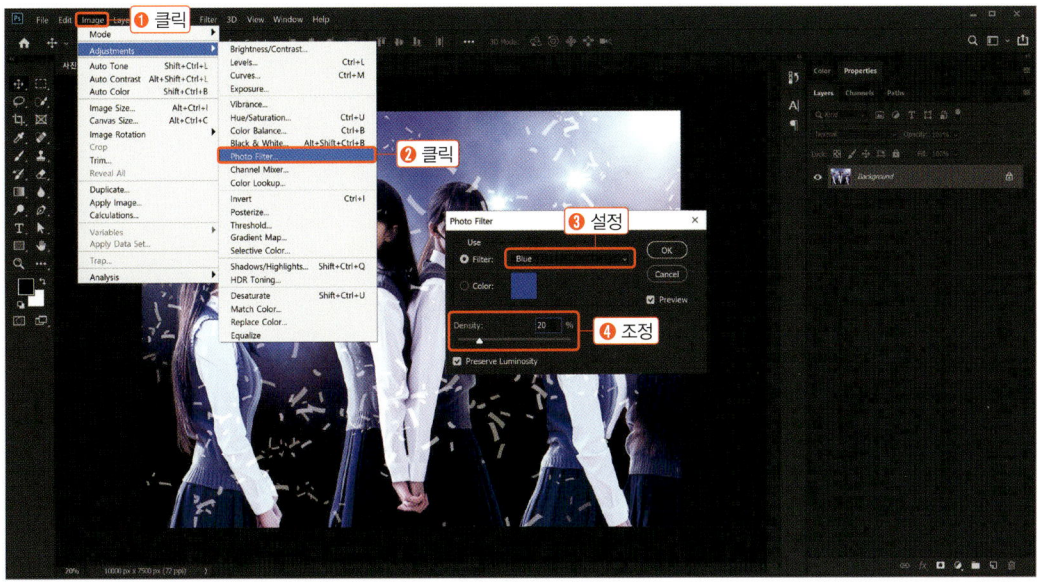

> Tip 노란 끼를 없애기 위해 노란색의 반대색인 파란색을 넣어주는 거예요. 이렇게 하면 보다 청량한 느낌을 만들 수 있어요.

보정 전

보정 후

07 이제 입술색을 넣어 볼 거예요. ❶ 새 레이어 버튼 을 누르고 ❷ Brush Tool(브러시 도구) 을 클릭해주세요.

08 ❶ 옵션바의 브러시 모양 버튼을 클릭하고, ❷ Hardness(경도)를 0%로 낮춰주세요. ❸ 단축키 [와] 를 눌러 마우스 크기를 입술 크기와 비슷하게 조정해주세요.

09 도구 상자의 ❶ 전경색을 클릭하고 ❷ 붉은색 계열로 설정해주세요.

10 입술 부분을 클릭 혹은 드래그하여 칠해주세요.

11 'Layer(레이어) 1'의 'Opacity(불투명도)'를 40%가 넘지 않도록 낮춰 자연스럽게 만들어주세요. 여기에서는 35%로 설정했어요.

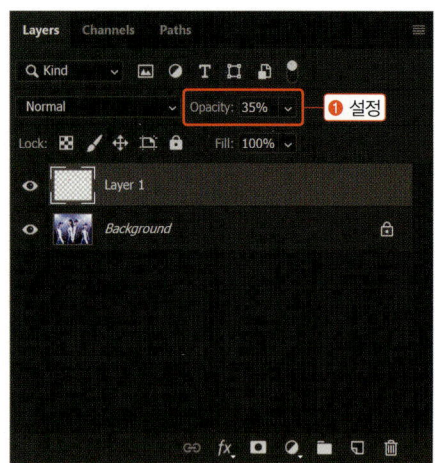

12 ❶ Eraser Tool(지우개 도구) 을 클릭해주세요. ❷ 옵션바의 지우개 모양 버튼을 클릭하고, ❸ Hardness(경도)를 0%로 낮춰주세요.

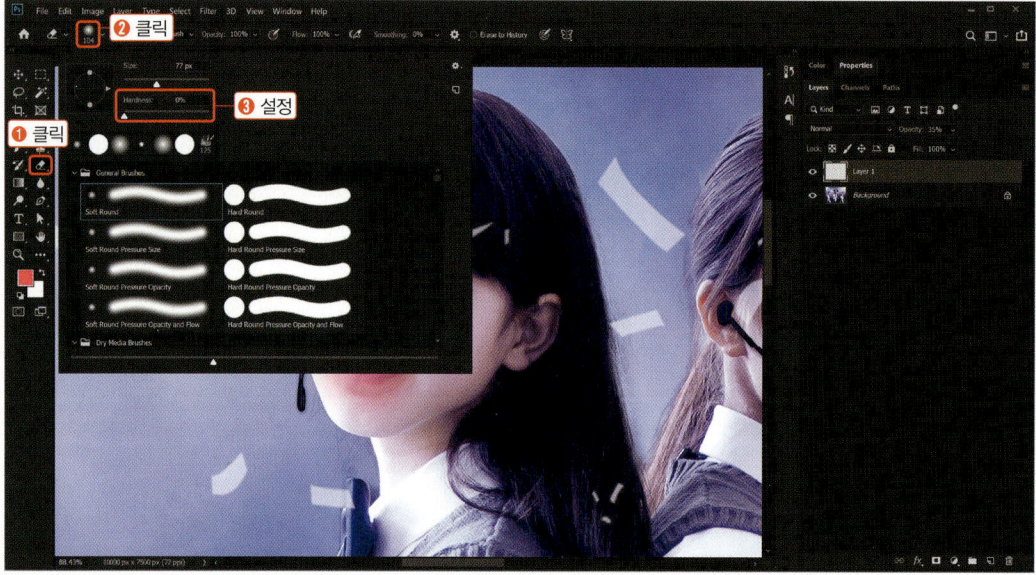

13 단축키 `[`와 `]`를 눌러 마우스 크기를 조정하고, ❶ 입술의 바깥쪽 부분을 드래그하여 깔끔하게 지워줍니다.

14 이제 잡티를 없애줄 거예요. ❶ Spot Healing Brush Tool(스팟 복구 브러시 도구)을 2초 정도 클릭하여 ❷ Patch Tool(패치 도구)을 클릭해주세요.

15 ❶ 'Background(배경)' 레이어를 클릭하고, ❷ 잡티 부분을 드래그하여 선택해주세요.

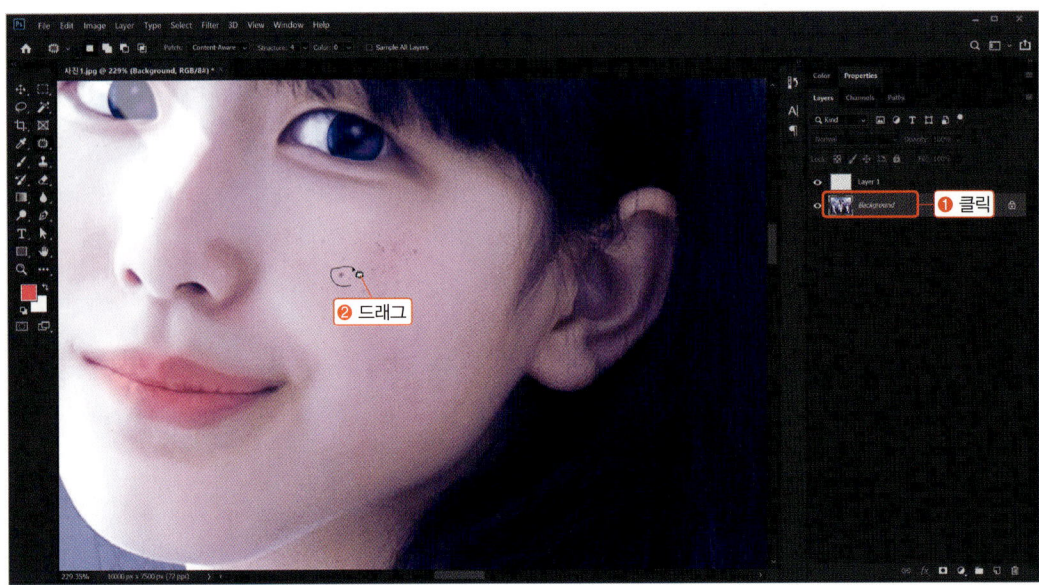

> Tip 너무 크게 드래그하면 사진이 다 뭉개져 버릴 수 있으니, 작게 선택하여 여러 번 반복해주는 게 좋아요.

16 선택 부분을 ❶ 잡티가 없는 쪽으로 드래그해주세요. 같은 방법으로 얼굴과 목 등 전체적인 잡티를 없애고, ❷ Ctrl + D 를 눌러 선택을 해제해주세요.

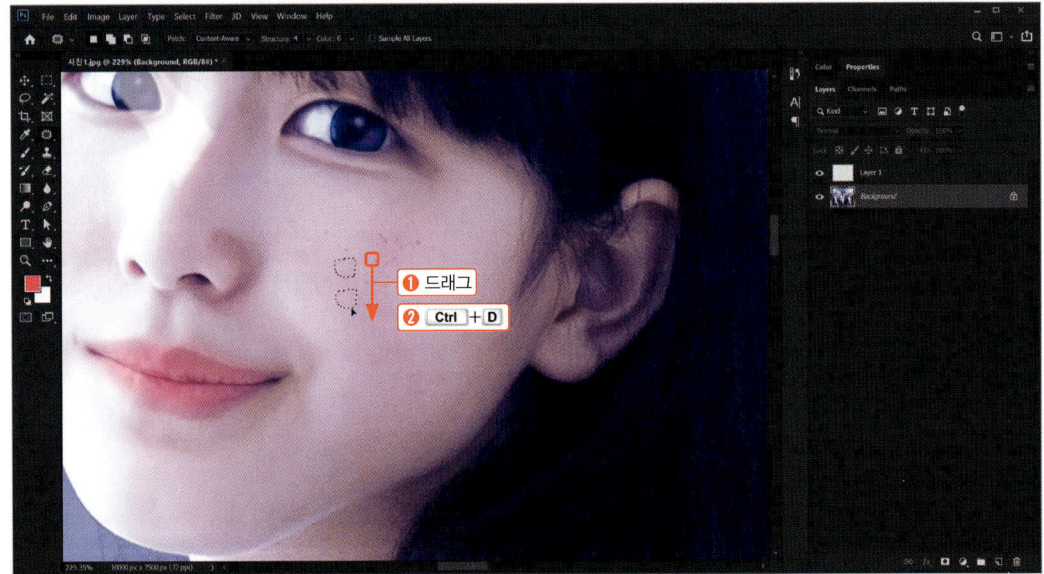

> Tip
> - 잡티가 없는 부분(도착 지점)이 잡티가 있는 부분(출발 지점)에 자연스럽게 합성돼요.
> - 점이나 주근깨, 피부 요철 등을 같은 방법으로 없애주시면 된답니다.
> - Alt 를 누른 채로 마우스 휠을 올리거나 내리면 확대/축소를 할 수 있어요. 세밀한 수정은 확대해서 작업해주세요.

배경 흐리게 하기

01 (같은 사진으로) 지금까지 만든 레이어들을 하나의 레이어로 만들어줄 거예요. ❶ 'Layer(레이어) 1' 레이어를 클릭, 사진이 있는 ❷ 'Background(배경)' 레이어를 `Ctrl`+클릭하여 중복 선택해주세요.

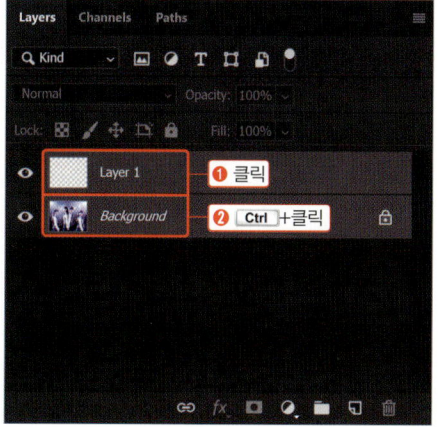

02 ❶ `Ctrl`+`J`를 눌러 복제하고, ❷ `Ctrl`+`E`를 눌러 하나의 레이어로 합쳐주세요.

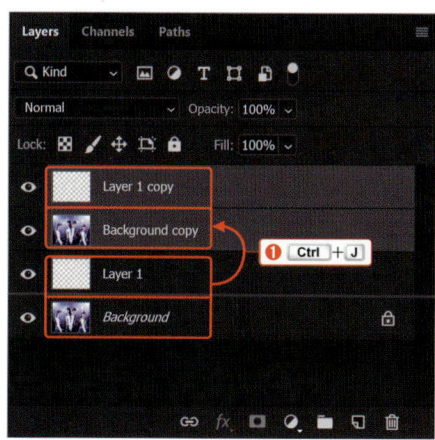 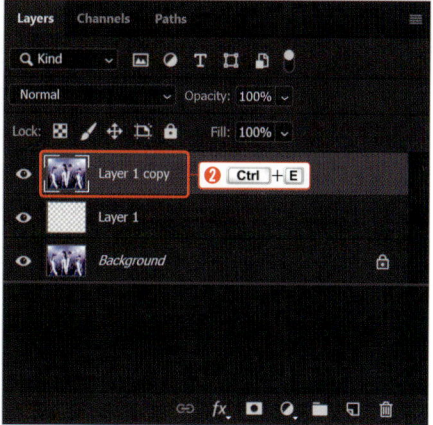

> **Tip** `Ctrl`+`E`는 두 개 이상의 레이어를 하나로 만드는 Merge Layers(레이어 병합) 기능이에요. Merge의 두 번째 글자를 따온 단축키랍니다.

03 ❶ [Filter] – [Blur] – ❷ [Lens Blur]([필터] – [흐림 효과] – [렌즈 흐림 효과])을 클릭해주세요.

04 창이 나오면 ❶ Radius(반경)을 조정해주세요. 반경이 클수록 더 많이 흐리게 할 수 있어요. 여기에서는 85로 설정했어요.

05　❶ Eraser Tool(지우개 도구)　을 클릭해주세요. ❷ 옵션바의 지우개 모양 버튼을 클릭하고, ❸ Hardness(경도)를 0%로 낮춰주세요.

06　단축키 [와] 를 눌러 마우스 크기를 조정하고, 선명하게 할 인물 부분을 드래그하여 지워줍니다.

07　Ctrl + S 를 눌러 PSD로, Ctrl + Shift + S 를 눌러 JPEG로 각각 저장해주세요.

08　보정이 끝난 사진들은 그대로 소장할 수도 있지만, 보정된 사진으로 예쁜 굿즈 제작도 가능하답니다. 보정은 어디에든 활용 가능한 기능이니 기억해두면 유용하게 쓸 수 있어요!

간단한 것부터 배워보았다면 이제 내가 만들고
싶었던 것들을 실현해볼 차례입니다!
"저런건 어떻게 만들지?"하고 궁금했던 것들을
포토샵의 실속만 쏙쏙 배워 직접 원하는 이미지로
응용하여 만들어보세요. 세상에 하나밖에 없는
굿즈를 내 손으로 만들 수 있어요.

PART 02

덕심 폭발하는
굿즈 만들기

CLASS

06
전자파 차단 스티커

좋아하는 가사나 문구, 명대사를 넣은 전자파 차단 스티커를 만들어 볼까요?
전자파를 차단하여 건강에도 좋고 핸드폰, 노트북 등 전자기기를 심플하지만 고급스럽게 꾸밀 수도 있는
전자파 차단 스티커입니다. 기억하고 싶은 명언, 보기만 해도 기분이 좋아지는 문구,
인상 깊은 영화의 대사, 책 속 한 문장을 담아 늘 사용하는 물건을 꾸며주세요.

• 완성작 •

01 제작하려는 업체 사이트에 원하는 글자 수를 입력하고, 명시되어 있는 해상도 및 작업 사이즈로 새 창을 열어주세요. [File] - [New]([파일] - [새로 만들기])를 눌러 그대로 입력하시면 됩니다. 여기에서는 7글자를 한 줄로 작성해볼 거예요.

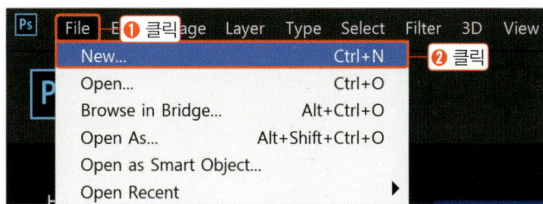

Width(폭) : 50 Millimeters
Height(높이) : 10 Millimeters
Resolution(해상도) : 300 Pixels/Inch
Color Mode(색상모드) : CMYK color

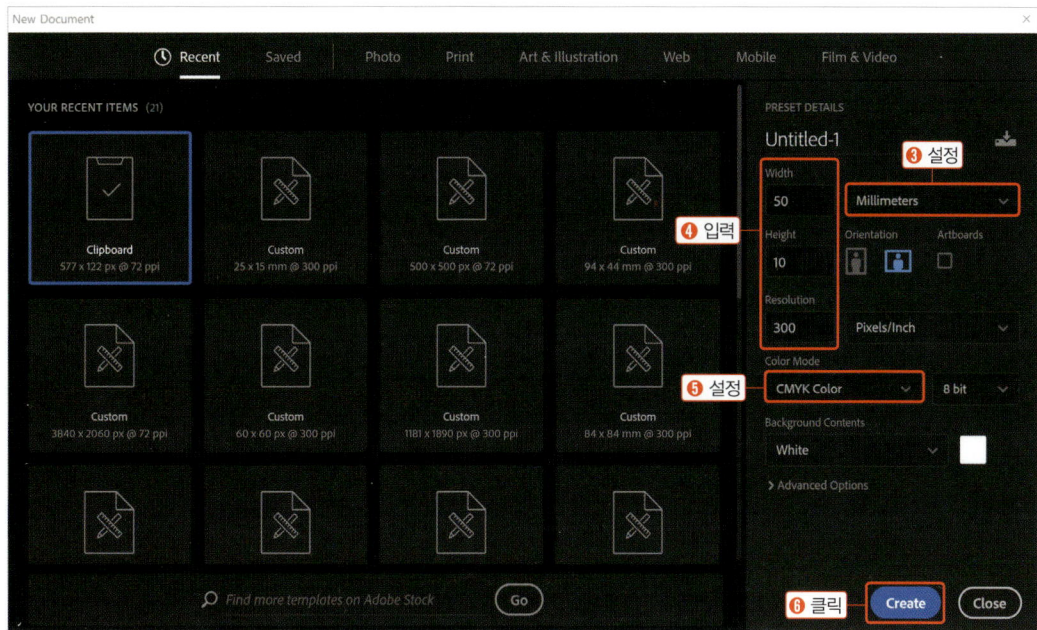

02 도구 상자에서 ① Horizontal Type Tool(수평 문자 도구) T 을 클릭하고, ② 옵션바에서 서체와 문자 색상, 크기를 각각 설정해주세요. ③ 화면을 한 번 클릭하여 글씨를 입력하고 ④ Ctrl + Enter 를 눌러 글씨를 마무리해주세요.

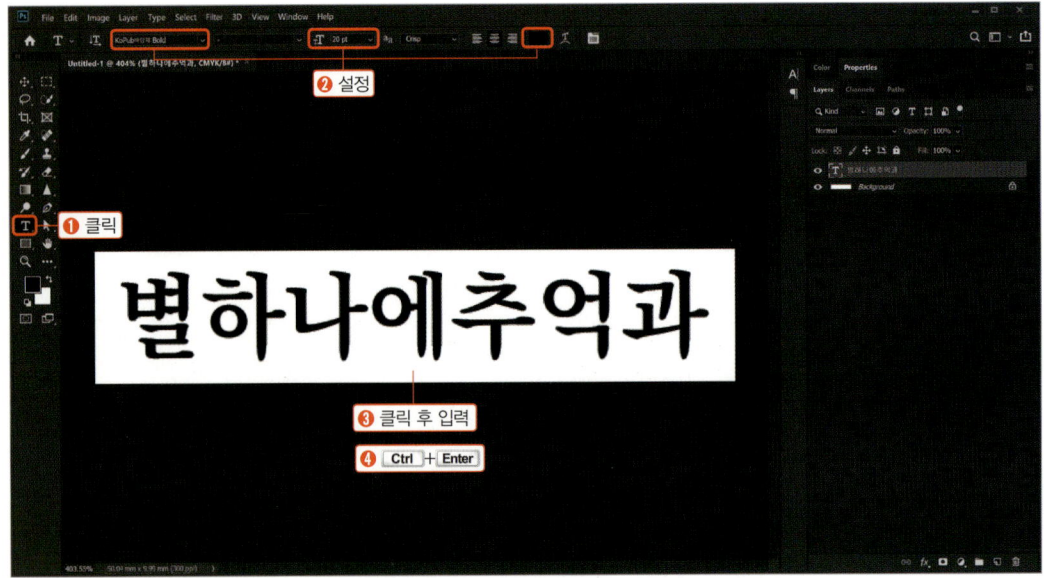

03 ① [Window] – ② [Character]([창] – [문자])를 클릭하여 문자 패널을 열어주세요. 패널에 있는 ③ 자간을 좁혀주세요. 기본값이 '0'이라 음수로 설정해주시면 됩니다.

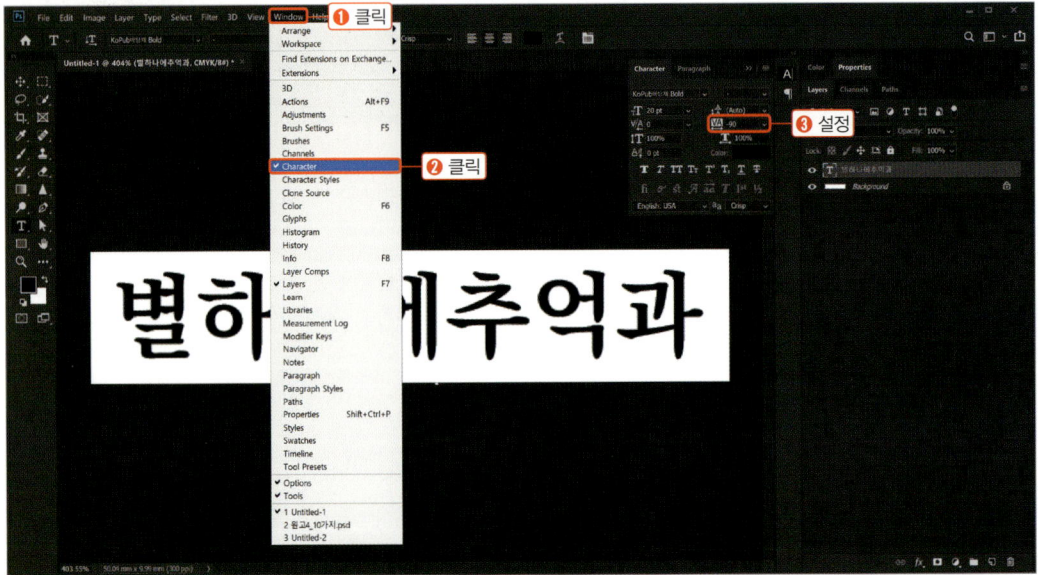

Tip Windows(창) 메뉴는 패널들이 들어있는 곳이예요. 필요한 패널을 여기에서 그때그때 찾아주면 됩니다.

04 유실 방지를 위해 글자마다 떨어진 부분들을 이어줄 거예요. ❶ Pen Tool(펜 도구) 을 클릭하고, ❷ 옵션바의 도구 모드 메뉴가 'Shape(모양)'인지 확인해주세요. Fill(칠)색을 '없음'으로, Stroke(획)색을 문자와 같은 색으로, 두께는 1px으로 지정해주세요.

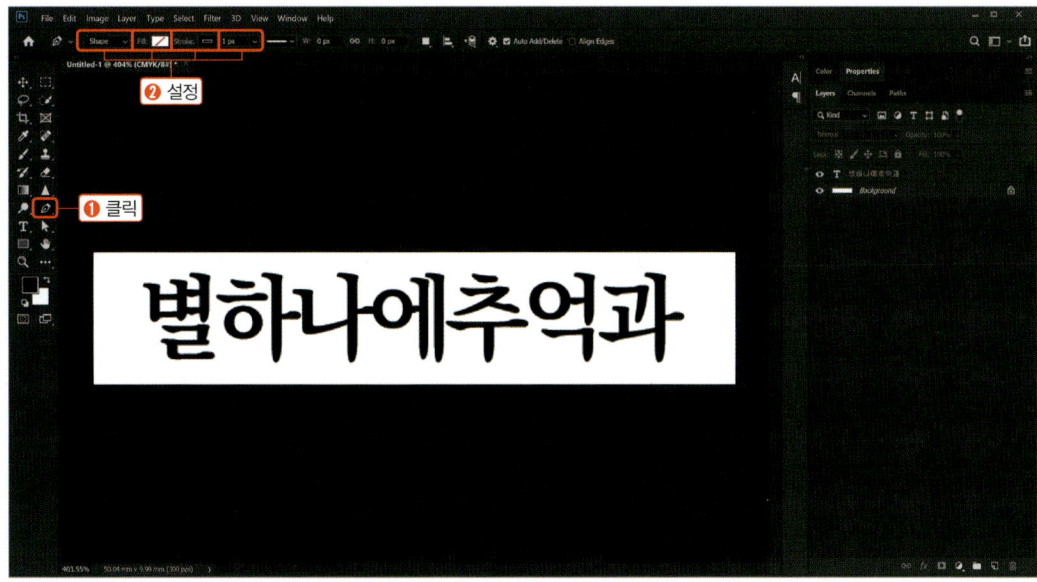

05 펜 도구는 화면을 한 번 클릭할 때마다 점이 하나씩 생겨요. 만들려는 선의 양 끝점을 각각 클릭하면 도형이 만들어지고, 그린 도형의 바깥 부분을 Ctrl +클릭하면 완성됩니다.

 Tip
- Pen Tool(펜 도구)는 도형을 직접 그릴 수 있는 도구예요. 사각형, 원형 등을 제외한 자유형의 도형은 펜 도구로 그려주면 편리하답니다.
- Pen Tool(펜 도구)인 상태에서 Ctrl 을 누르고 있으면 Direct Selection Tool(직접 선택 도구)의 기능을 해요. 따라서 펜 도구로 도형을 그리다가, 도형의 바깥 부분을 Ctrl +클릭하면 해당 도형이 선택 해제가 되면서 완성됩니다.

06 같은 방법으로 글자를 모두 이어주고, 잘못 그린 부분이 있다면 ❶ Direct Selection Tool(직접 선택 도구) 을 클릭해서 ❷ 점을 이동하며 수정해주세요.

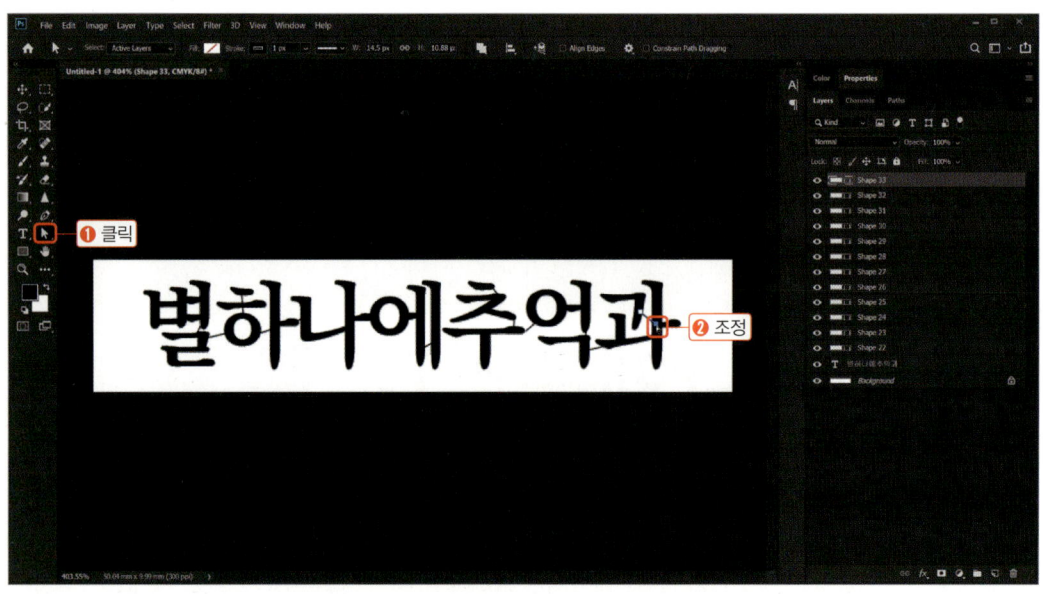

> **Tip** Direct Selection Tool(직접 선택 도구)는 도형 도구 혹은 펜 도구로 그린 도형들을 수정할 수 있는 도구예요. 도형의 모양을 바꿀 때 쓰는 도구랍니다.

07 이 부분부터는 발주를 맡기는 업체마다 다르니 업체에 따라 안내문을 참고하시면 됩니다. 대부분의 업체에서는 유광과 무광, 그리고 패턴에 따라 파일의 색상을 특정 색상으로 지정해놓는 경우가 많은데, 이럴 때는 아래와 같이 설정해 주시면 된답니다. ❶ 먼저 맨 위에 있는 모양 레이어를 클릭하고, ❷ 맨 밑에 있는 문자 레이어를 Shift +클릭해주세요. 그 다음 ❸ Ctrl + E 를 눌러 하나의 레이어로 만들어주세요.

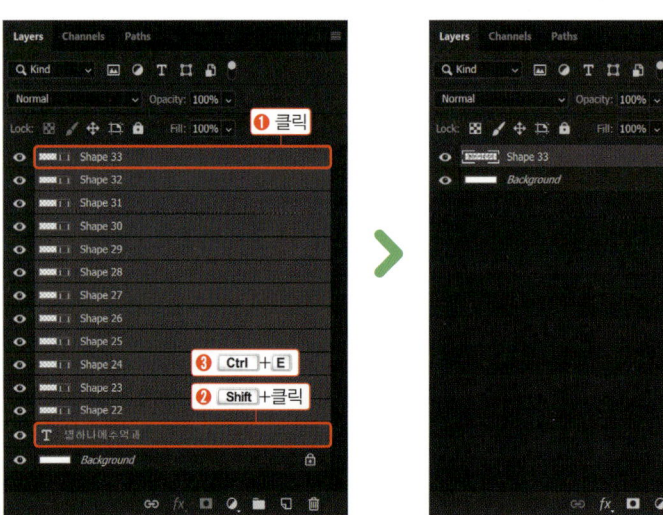

08 ❶ 병합된 레이어의 옆 부분을 더블 클릭하여 레이어 스타일 창을 꺼내주세요. 왼쪽의 효과 메뉴 중 ❷ 'Color Overlay(색상 오버레이)'을 클릭한 후 창의 오른쪽에서 ❸ 색상 버튼을 클릭해주세요.

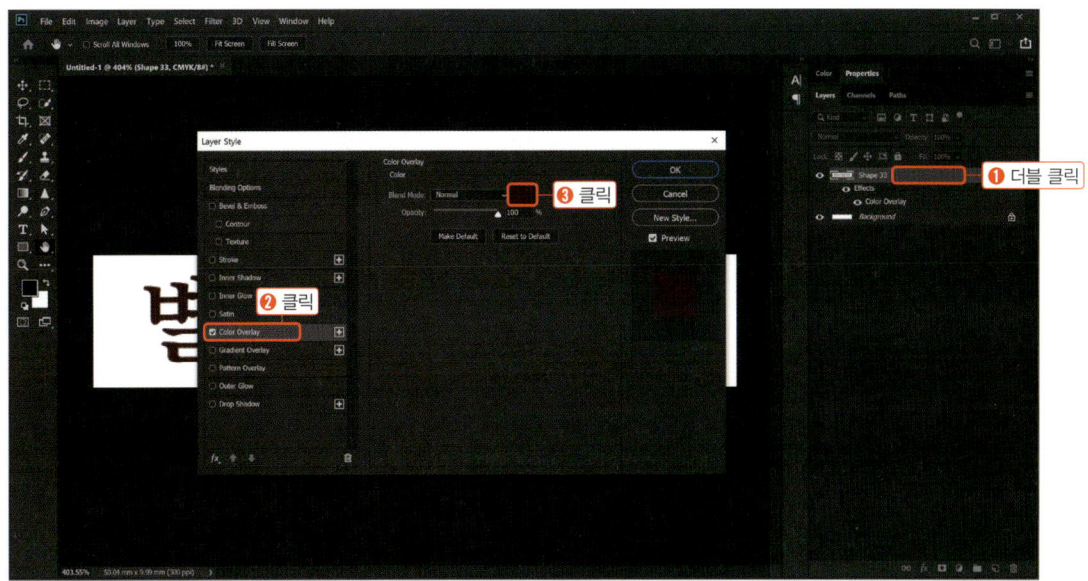

09 Color Picker(색상 피커) 창의 오른쪽 아래에 있는 ❶ C, M, Y, K를 업체에 명시되어 있는 대로 각각 설정하고 ❷ 'OK(확인)'을 눌러주세요. 여기에서는 K=100으로 설정했어요.

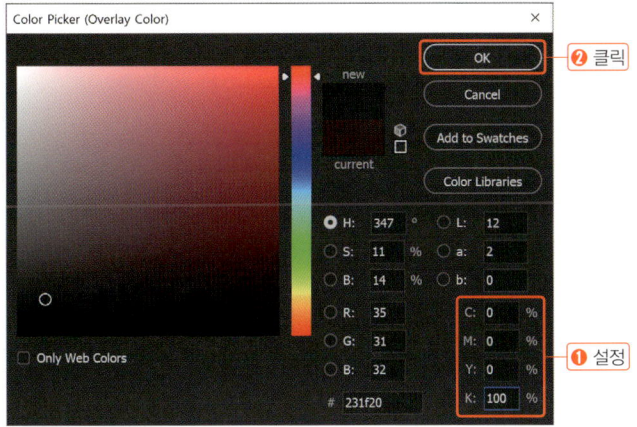

> Tip
> • C는 Cyan, M는 Magenta, Y는 Yellow, K는 Key Black으로 인쇄 시 사용하는 잉크 색상이랍니다.
> • 업체 매뉴얼에 언급되어 있지 않은 색상은 모두 '0'으로 설정해주시면 돼요.

10 `Ctrl` + `S` 를 눌러 PSD로, `Ctrl` + `Shift` + `S` 를 눌러 업체에서 요청한 형식으로 각각 저장해주세요.

내 디자인을 굿즈로, 직접 주문 넣기

01 인터넷에 '전자파 차단 스티커 제작'이나 '메탈 스티커 제작'을 검색한 후 제작을 원하는 업체에 접속합니다.

※ 비용이나 제작 가능한 최소 수량 등을 비교해보고 마음에 드는 업체를 고르세요.

02 접속한 업체에서 '전자파 차단 스티커' 혹은 '메탈 스티커' 카테고리로 들어갑니다.

03 제작을 원하는 재단 사이즈를 입력합니다.

※ 스티커 붙일 곳의 여백을 미리 체크해서 사이즈를 정하면 좋아요.

04 업체의 안내문에 기재되어 있는 제작방법 및 파일 유형이 맞는지 확인합니다.

05 업체의 안내문에 기재되어 있는 광택 및 패턴 중 원하는 종류로 작업했는지, 사이즈가 맞는지 확인합니다.

06 제작할 수량을 입력합니다.

07 포장이 필요한 경우 추가하고, 파일을 업로드합니다.

08 제목을 입력한 후 주문하기를 클릭하면 완료입니다. 제작이 시작되면 수정할 수 없으니, 가능한 곳은 업체에 시안을 꼭 확인해보는 것이 좋습니다. 배송이 시작되면 굿즈를 기다리는 일만 남았어요!

CLASS 07
원고지 전자파 차단 스티커

클래식하고 감성적인 원고지 모양의 전자파 차단 스티커까지 한 가지 더 배워볼게요.
한창 인기 있던 원고지 테마의 인기가 아직까지 식지 않고 있는데요. 원고지 디자인을 만드는 팁은
한 번 배우면 전차스 말고도 어디에나 활용이 가능하기 때문에 유용하답니다.
원고지 디자인으로 감성적인 아이템 장인이 되어보세요.

완성작

01 제작하려는 업체 사이트에 원하는 글자 수를 입력하고, 명시되어 있는 작업 사이즈 및 해상도로 새 창을 열어주세요. [File] – [New]([파일] – [새로 만들기])를 눌러 그대로 입력하시면 됩니다. 여기에서는 띄어쓰기를 포함한 12글자를 한 줄로 작성해볼 거예요.

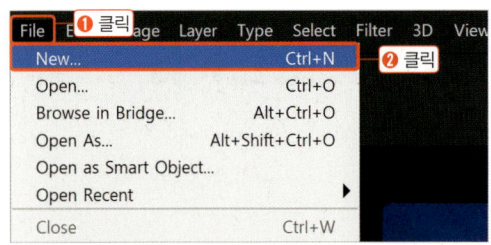

Width(폭) : 7 Millimeters
Height(높이) : 61 Millimeters
Resolution(해상도) : 300 Pixels/Inch
Color Mode(색상모드) : CMYK color

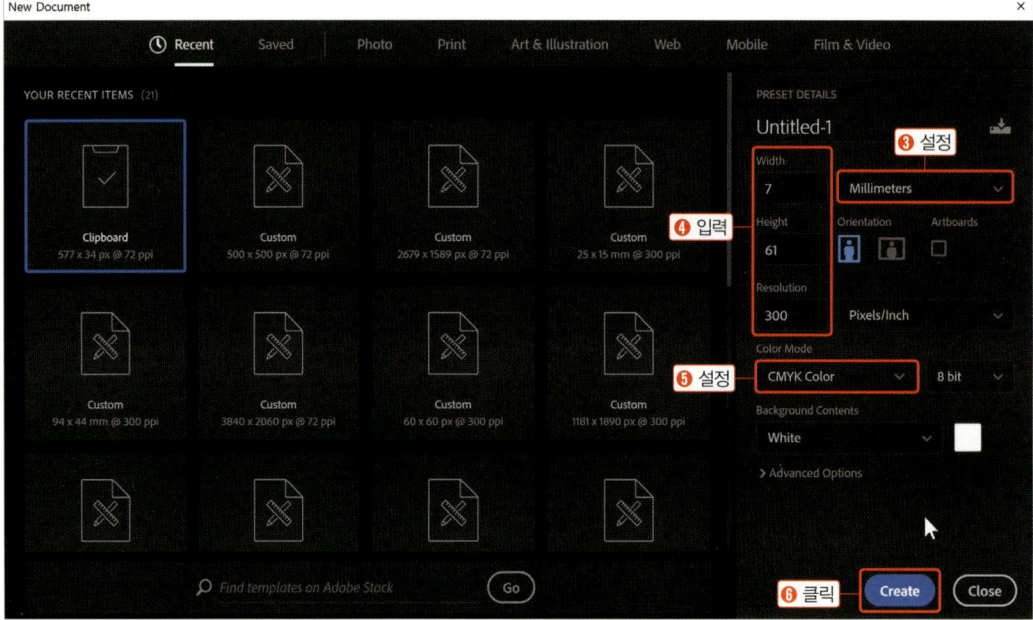

02 [View] – [New Guide Layout]([보기] – [새 안내선 레이아웃])를 눌러 업체에 명시되어 있는 재단 사이즈를 기준으로 안내선을 생성해주세요. 여기에서는 0.5mm로 설정해줬어요.

Margin(여백) – Top(위쪽), Left(왼쪽), Bottom(아래쪽), Right(오른쪽) : 0.5mm

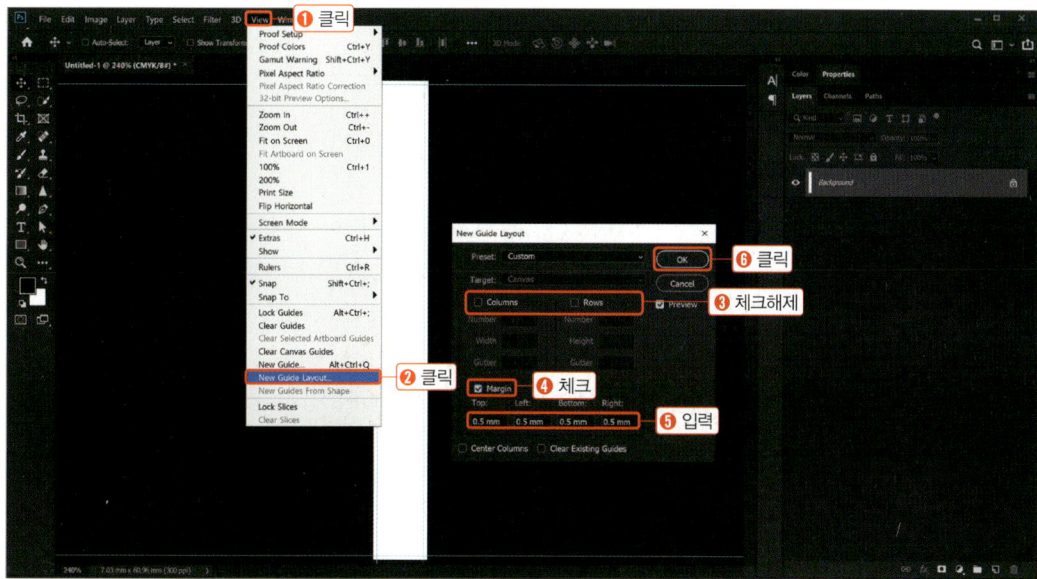

03 도구 상자에서 ❶ Horizontal Type Tool(수평 문자 도구) 을 클릭하고, ❷ 옵션바에서 서체와 문자 색상, 크기를 각각 설정해주세요. ❸ 화면을 한 번 클릭하여 한 글자만 입력하고 ❹ Ctrl + Enter 를 눌러 글씨를 마무리해줍니다.

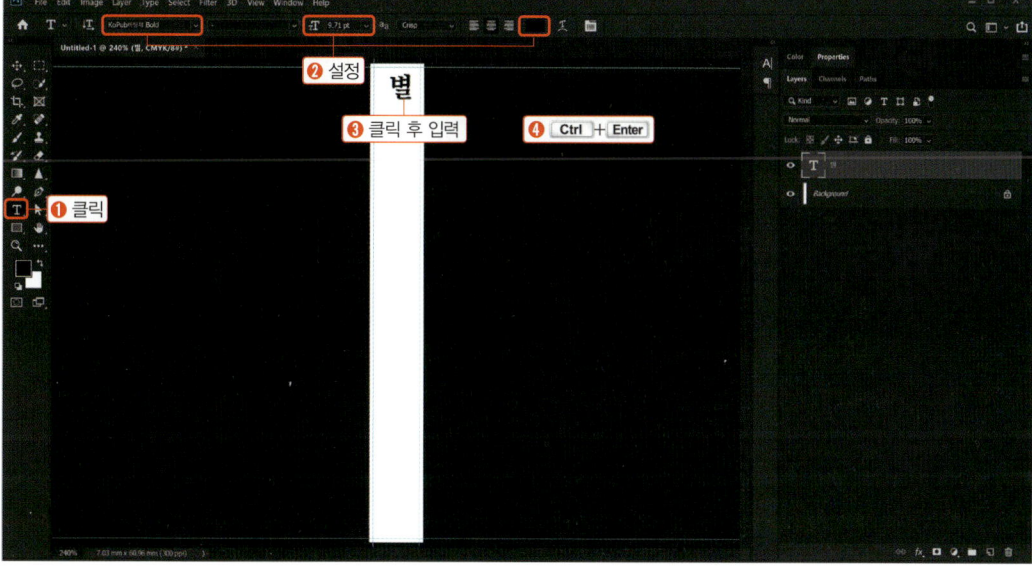

04 ❶ Rectangle Tool(사각형 도구)▫️을 클릭하고 ❷ 옵션바에서 Fill(칠)색을 '없음'으로, Stroke (획)색을 문자와 같은 색으로, 두께는 2px로 지정해주세요. ❸ 오른쪽 위의 안내선에 맞춰 화면을 Shift +드래그하여 정사각형을 만들어주세요.

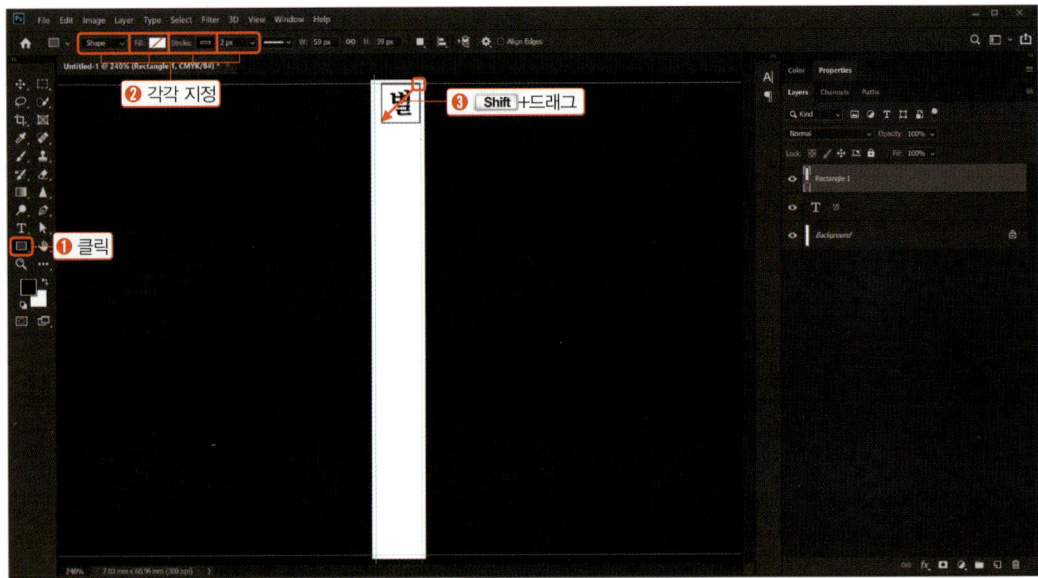

05 문자와 사각형을 가운데 정렬해줄 거예요. 레이어 패널에서 ❶ 사각형 레이어를 클릭, ❷ 문자 레이어를 Ctrl +클릭하여 중복 선택해주세요. ❸ Move Tool(이동 도구)✥을 클릭하고, ❹ 옵션바의 가운데 정렬 버튼을 각각 눌러주세요.

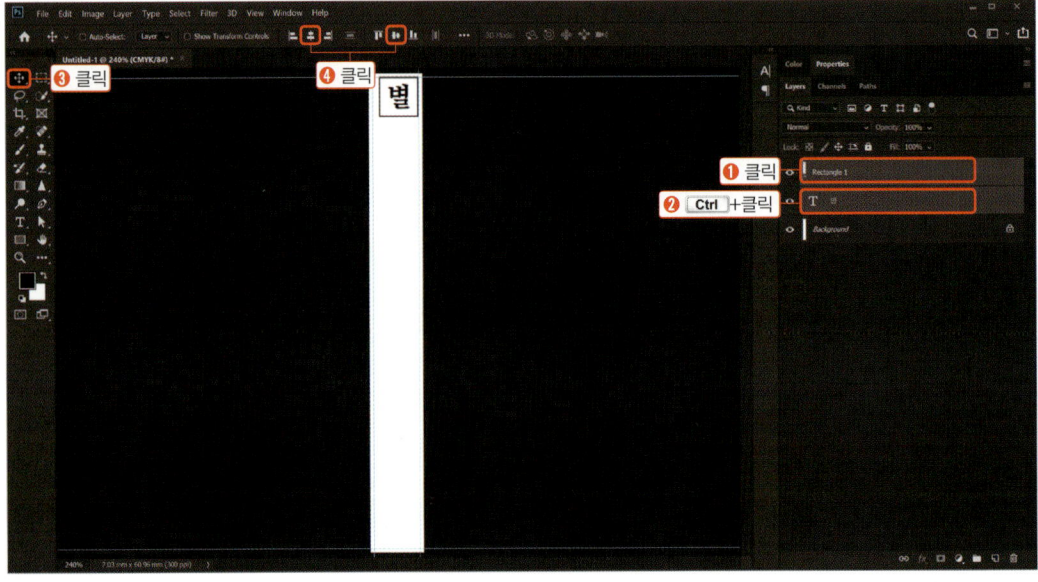

> **Tip** 원고지 모양은 꼭 세로 형식으로 할 필요가 없고 가로, 세로, 비대칭 등 다양한 모양으로 다른 느낌의 굿즈를 만들 수 있으니 여러 가지 원하는 모양으로 도전해보세요.

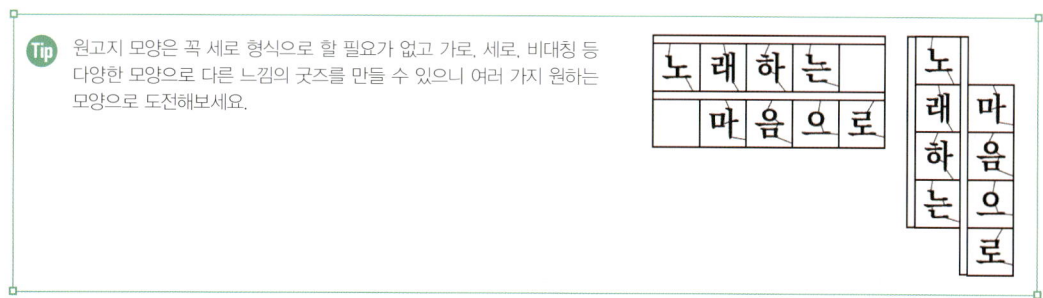

06 ❶ Ctrl + J 를 눌러 두 개의 레이어를 복제하고, ❷ 화면을 Shift +드래그하여 아래쪽으로 이동시켜 주세요.

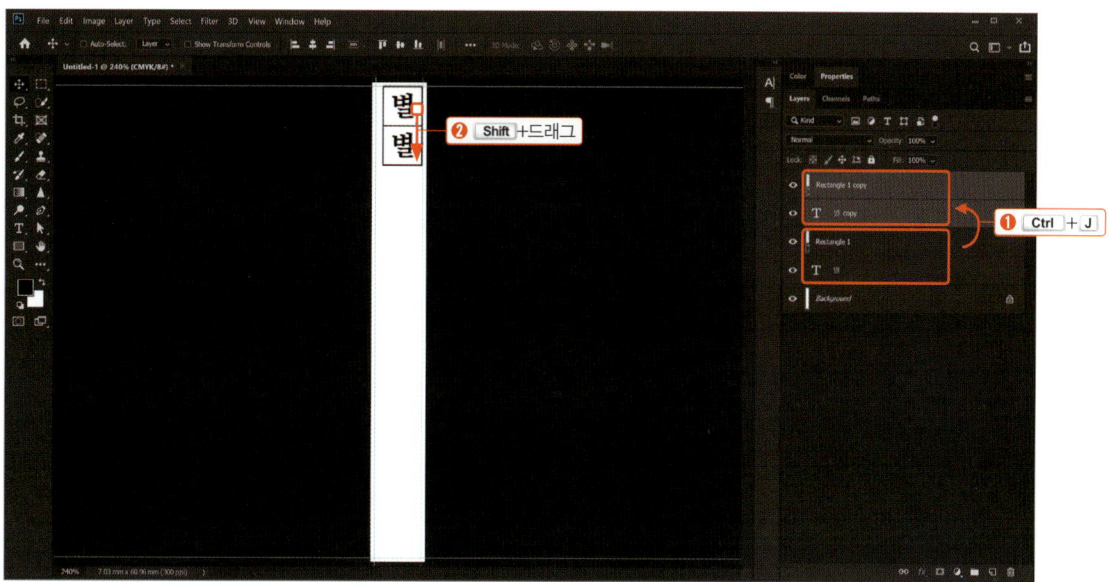

> **Tip** 이동하면서 Shift 를 누르면 일직선으로 이동할 수 있어요.

07 ❶ Horizontal Type Tool(수평 문자 도구) T로 ❷ 복제된 문자를 클릭하여 수정하고, ❸ Ctrl + Enter 를 눌러 마무리해주세요. 같은 방법으로 나머지 문자도 입력해줍니다.

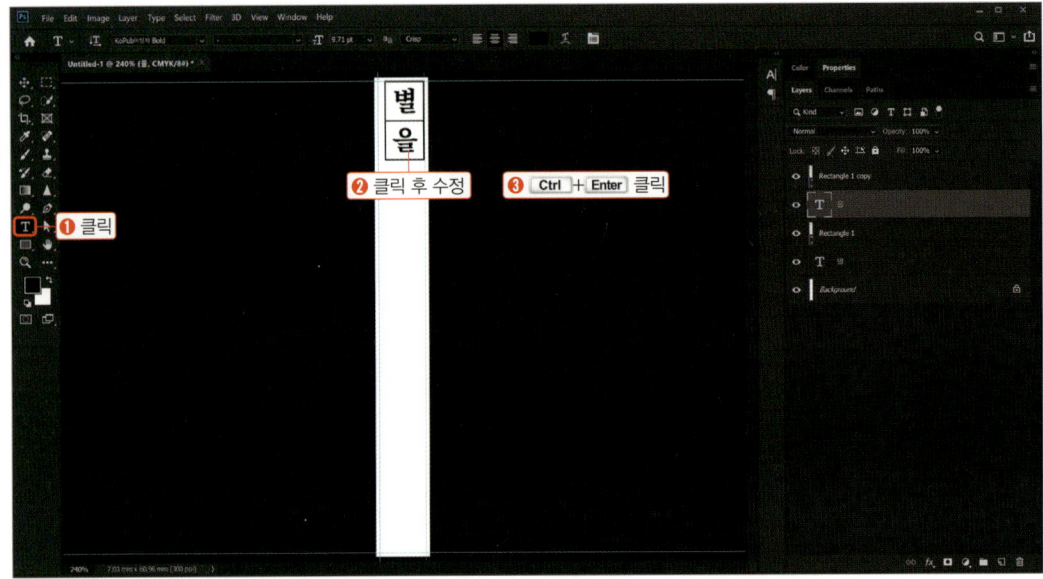

08 원고지 모양을 완성시키기 위해 ❶ Rectangle Tool(사각형 도구) □로 왼쪽 안내선에 맞춰 ❷ 세로로 긴 직사각형을 하나 더 그려주세요.

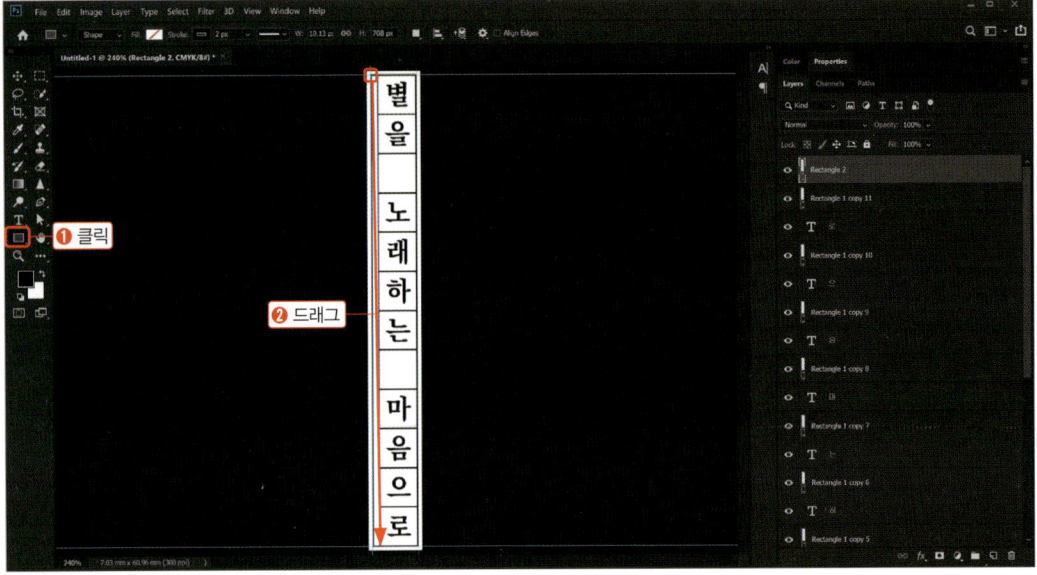

09 유실 방지를 위해 글자마다 떨어진 부분들을 이어줄 거예요. ❶ Pen Tool(펜 도구)을 클릭하고, ❷ 옵션바의 도구 모드 메뉴가 'Shape(모양)'인지 확인해주세요. Fill(칠)색을 '없음'으로, Stroke(획)색을 문자와 같은 색으로, 두께는 1px으로 지정해주세요.

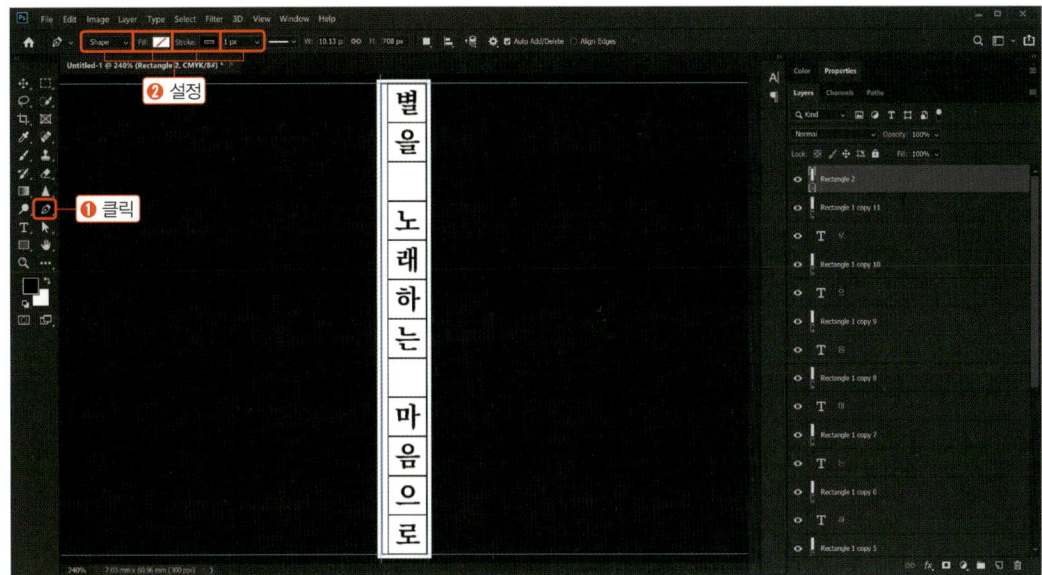

10 만들려는 선의 양 끝점을 각각 클릭해서 도형을 만들어주고, 그린 도형의 바깥 부분을 Ctrl +클릭하여 완성해주세요.

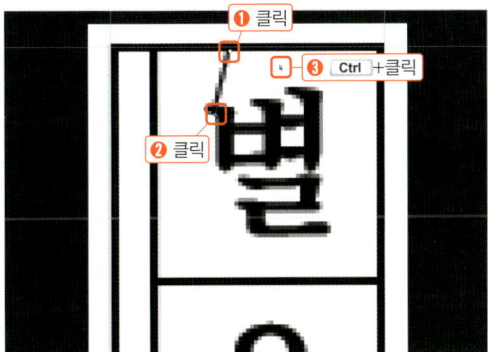

11 같은 방법으로 글자를 모두 이어주고, 잘못 그린 부분이 있다면 ❶ Direct Selection Tool(직접 선택 도구) 을 클릭해서 ❷ 점을 이동하며 수정해주세요.

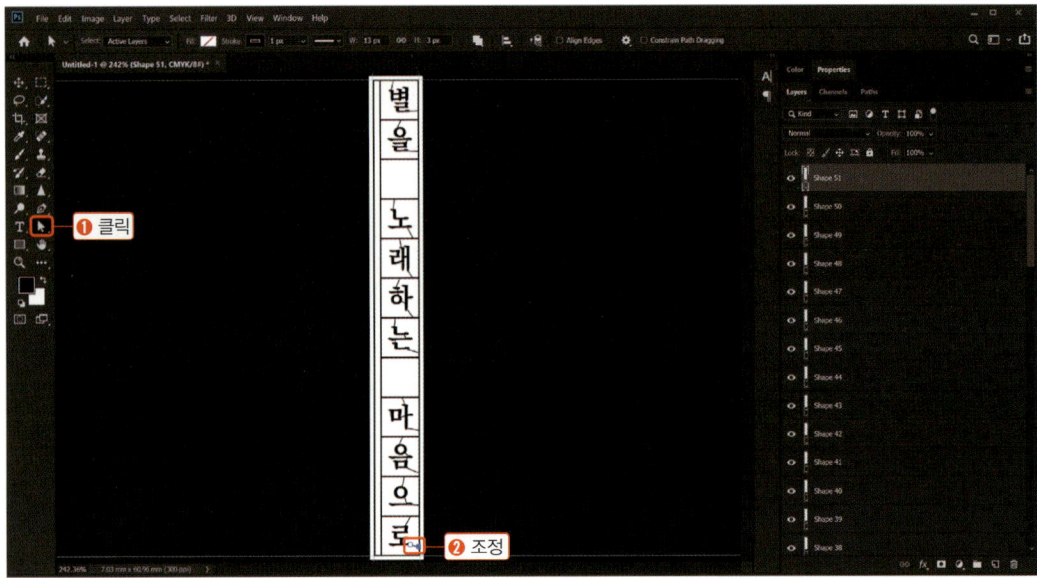

12 이 부분부터는 발주를 맡기는 업체마다 다르니 업체에 따라 참고하시면 돼요. 대부분의 업체에서는 유광과 무광, 그리고 패턴에 따라 파일의 색상을 특정 색상으로 지정해놓는 경우가 많은데, 이럴 때는 아래와 같이 설정해 주시면 된답니다. ❶ 먼저 맨 위에 있는 모양 레이어를 클릭하고, ❷ 맨 밑에 있는 문자 레이어를 Shift +클릭해주세요. 그 다음 ❸ Ctrl + E 를 눌러 하나의 레이어로 만들어주세요.

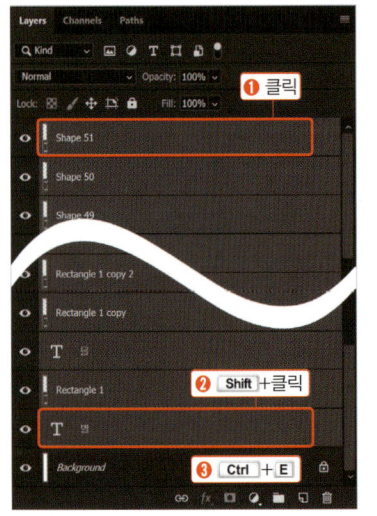
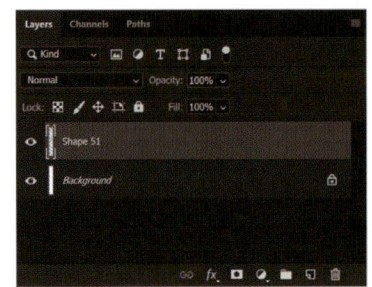

13 ❶ 병합된 레이어의 옆 부분을 더블 클릭하여 레이어 스타일 창을 꺼내주세요. 왼쪽의 효과 메뉴 중 ❷ 'Color Overlay(색상 오버레이)'를 클릭한 후 ❸ 창의 오른쪽에서 색상 버튼을 클릭해주세요.

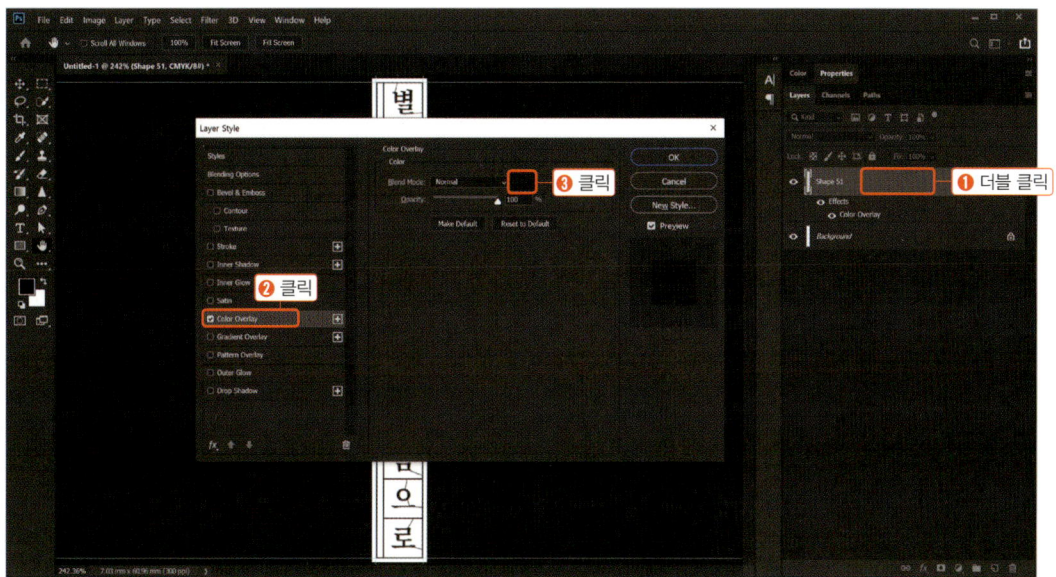

14 Color Picker(색상 피커) 창의 오른쪽 아래에 있는 ❶ C, M, Y, K를 업체에 명시되어 있는 대로 각각 설정하고 ❷ 'OK(확인)'를 눌러주세요. 여기에서는 K=100으로 설정했어요.

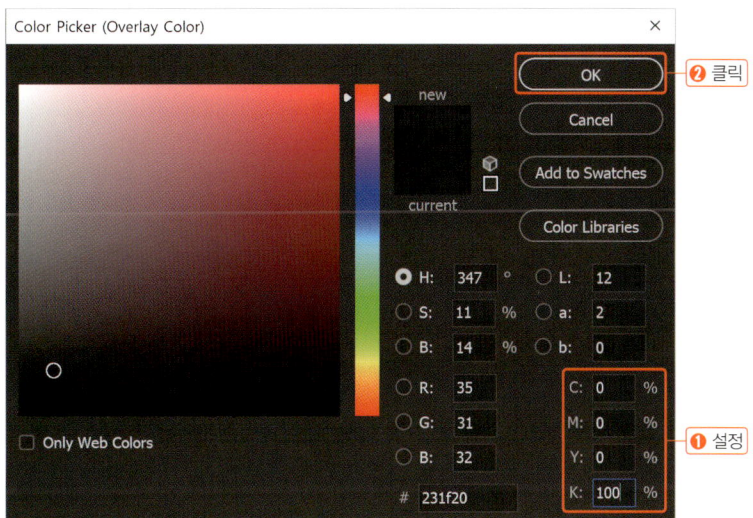

15 Ctrl + S 를 눌러 PSD로, Ctrl + Shift + S 를 눌러 업체에서 요청한 형식으로 각각 저장해주세요.

※ 원고지 전자파 차단 스티커 주문 방법은 클래스 6의 내용과 동일합니다. 앞 클래스의 주문 방법 설명을 참고해주세요.

CLASS

08
떡메모지

학습 필기 메모, 업무 메모로 사용하거나, 다이어리를 꾸밀 때도 너무 예쁜 떡메모지를 만들어 볼까요?
추억이 담긴 풍경이나, 좋아하는 사진, 그림을 활용하여 세상에 하나뿐인 떡메모지를 직접 제작해보세요.
풍경 사진의 경우에는 특별히 꾸미지 않아도 다양한 곳에 멋스럽게 활용할 수 있습니다.
디자인을 편지지, 초대장, 카드 등으로 활용할 수도 있어요.

완성작

01 제작하려는 업체에 명시되어 있는 작업 사이즈로 새 창을 만들어주세요. 여기에서는 보통 메모지 크기로 많이 쓰이는 80×80mm로 제작해볼 거예요. [File] – [New]([파일] – [새로 만들기])를 눌러 다음과 같이 설정해주세요.

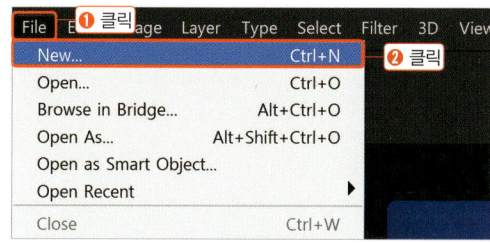

Width(폭) : 84 Millimeters
Height(높이) : 84 Millimeters
Resolution(해상도) : 300 Pixels/Inch
Color Mode(색상모드) : CMYK color

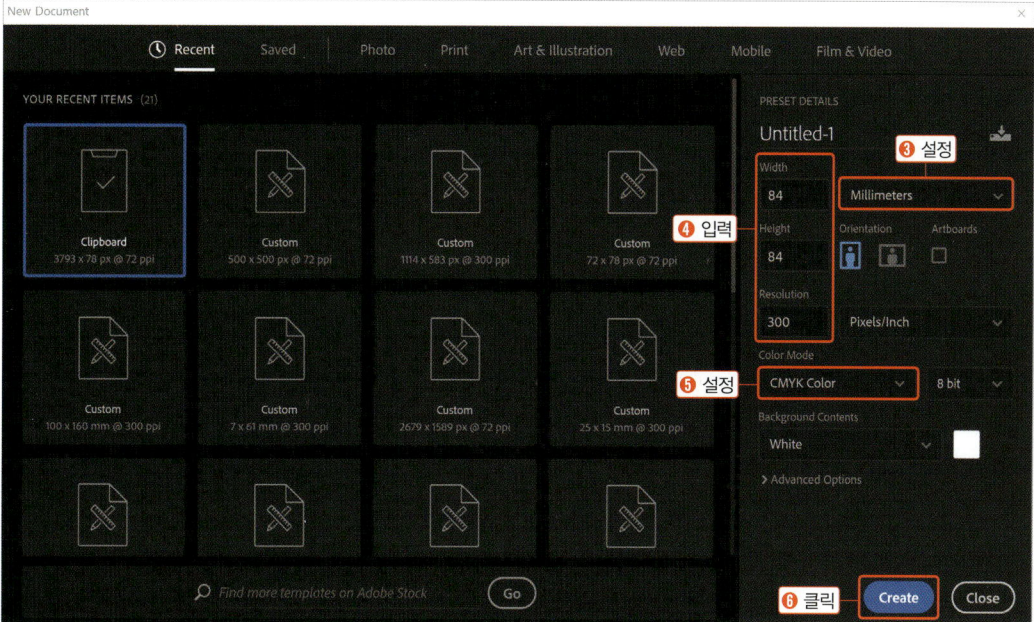

02 [View] – [New Guide Layout]([보기] – [새 안내선 레이아웃])를 눌러 업체에 명시되어 있는 재단 사이즈와 안전 사이즈를 기준으로 안내선을 만들어주세요. 여기에서는 2mm와 4mm를 기준으로 해줄 거예요.

Margin(여백) – Top(위쪽), Left(왼쪽), Bottom(아래쪽), Right(오른쪽) : 2mm
Margin(여백) – Top(위쪽), Left(왼쪽), Bottom(아래쪽), Right(오른쪽) : 4mm

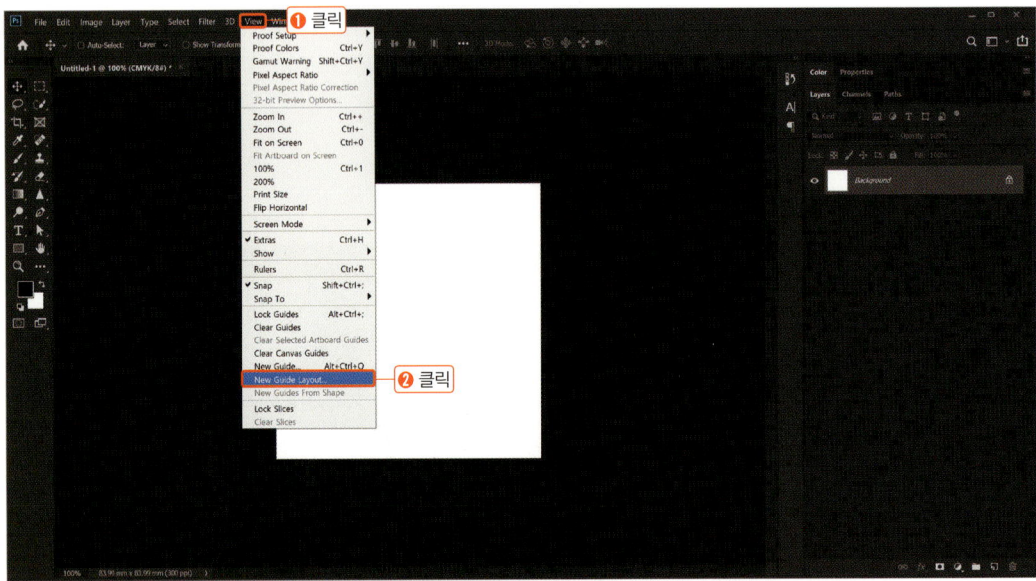

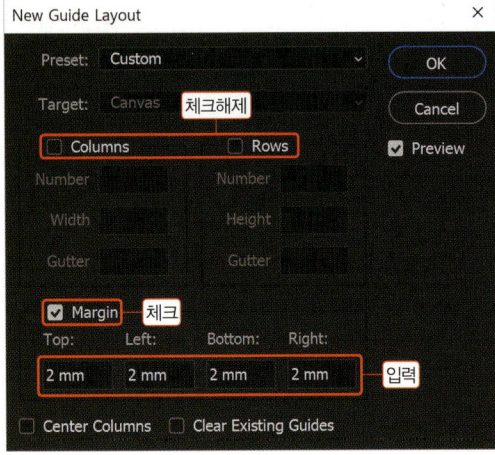

〈재단 사이즈 안내선〉

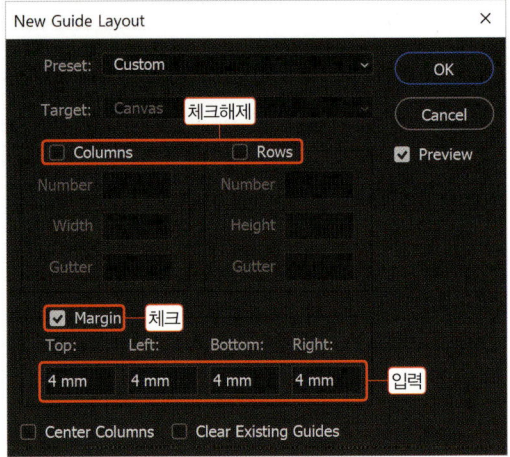

〈안전 사이즈 안내선〉

03 ❶ [File] - ❷ [Place Embedded]([파일] - [포함 가져오기])를 눌러 넣을 사진을 가져오고
❸ 크기와 위치, 회전 값을 조정한 뒤 ❹ Enter 를 눌러주세요.

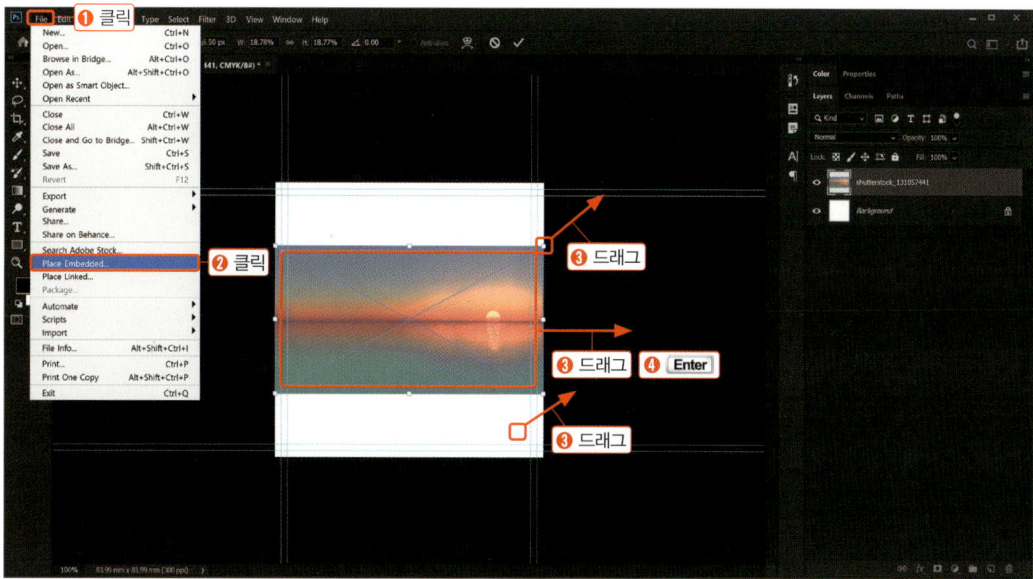

Tip 자연스러운 그레이디언트를 위해서는 하늘이 단순한 사진일수록 좋아요.

04 레이어 패널의 새 레이어 버튼 을 눌러 레이어를 추가해주세요.

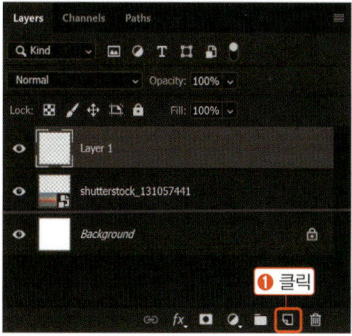

05 도구 상자에 있는 ❶ Gradient Tool(그레이디언트 도구) 을 클릭하고, 옵션바의 ❷ 그레이디언트 편집 버튼을 눌러주세요.

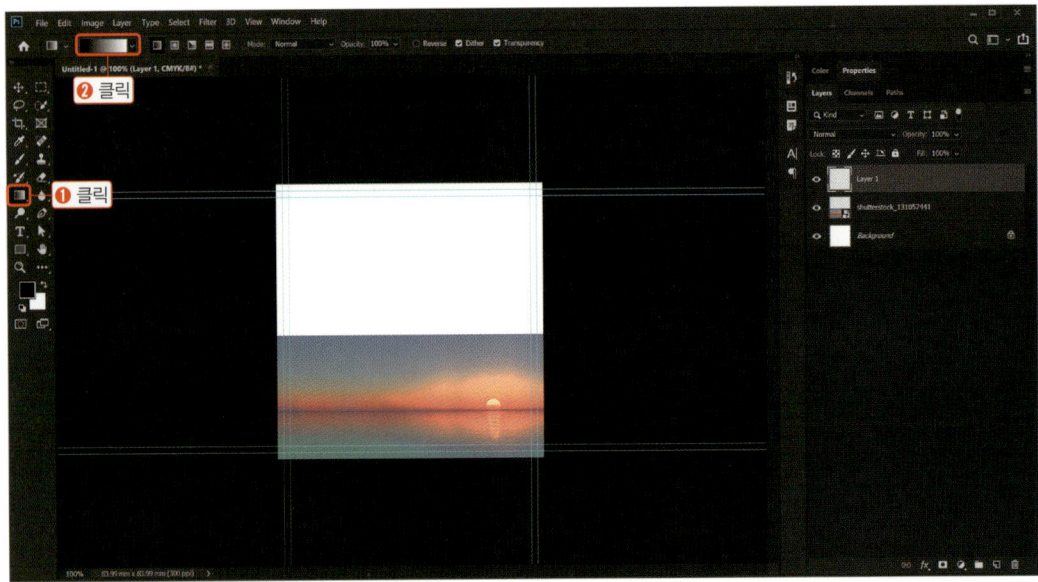

06 그레이디언트 색상을 사진에서 추출해올 거예요. ❶ 그레이디언트 바의 왼쪽 아래에 있는 색연필을 클릭하고 ❷ 사진의 아랫부분을 클릭해주세요. ❸ 오른쪽 아래에 있는 색연필을 클릭하고 ❹ 사진의 윗부분을 클릭해주세요. ❺ OK(확인)을 눌러 창을 닫아줍니다.

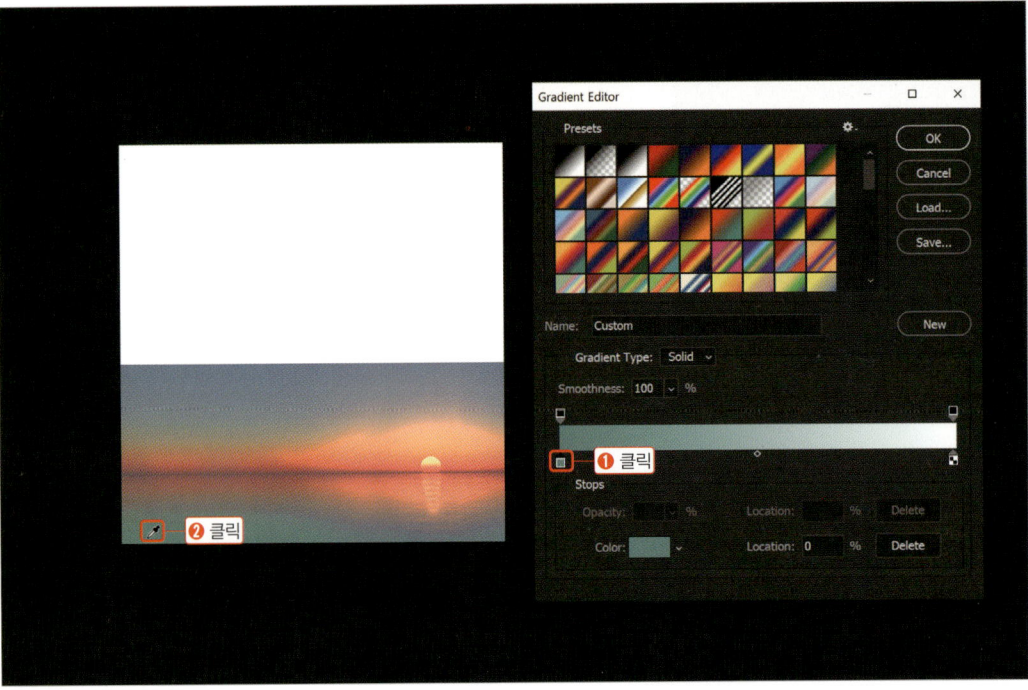

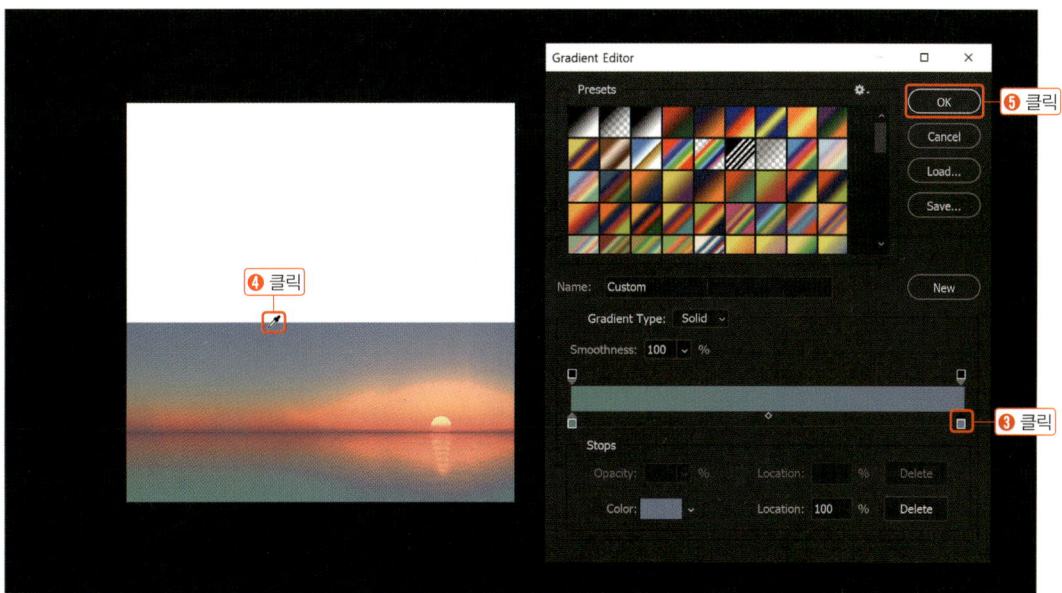

고수가 되고 싶다면 보너스 TIP

Gradient Editor(그레이디언트 편집기) 사용법

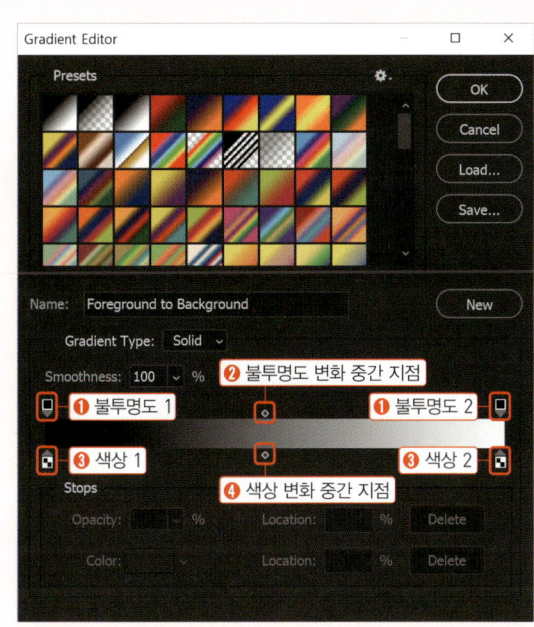

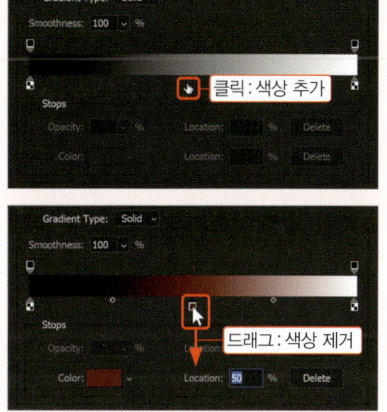

❶ 불투명도 1, 2, …
❷ 불투명도가 변하는 중간 지점
❸ 색상 1, 2, …
❹ 색상이 변하는 중간 지점

그레이디언트 위쪽에 있는 색연필은 불투명도를, 아래쪽에 있는 색연필은 색상을 의미해요. 색연필이 없는 부분을 클릭하면 불투명도의 변화점과 색상의 변화점을 각각 추가할 수 있고, 색연필을 위·아래로 드래그하면 각 변화점을 제거할 수 있어요.

07 옵션바의 그레이디언트 종류를 ❶ Linear Gradient(선형 그레이디언트)로 설정해주세요.
❷ 화면을 위에서 아래로 드래그하여 그레이디언트를 만들어주세요.

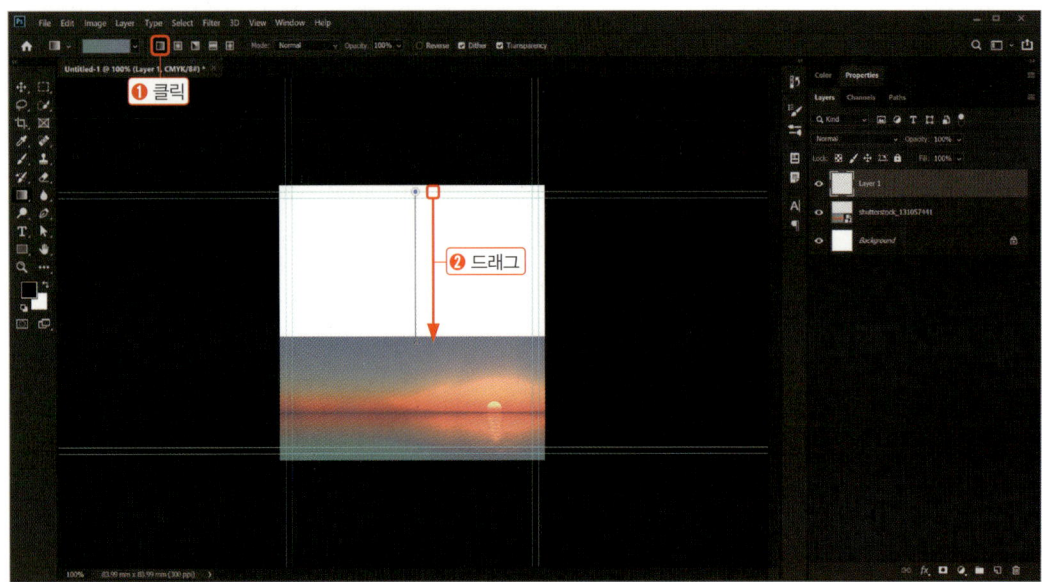

> **Tip** 드래그하면서 Shift 를 누르면 수직/수평으로 그레이디언트를 만들 수 있어요.

08 ❶ Eraser Tool(지우개 도구) 을 클릭해주세요. ❷ 옵션바의 지우개 모양 버튼을 클릭하고
❸ 종류를 둥근 것으로, ❹ Hardness(경도)를 0%로 설정해주세요.

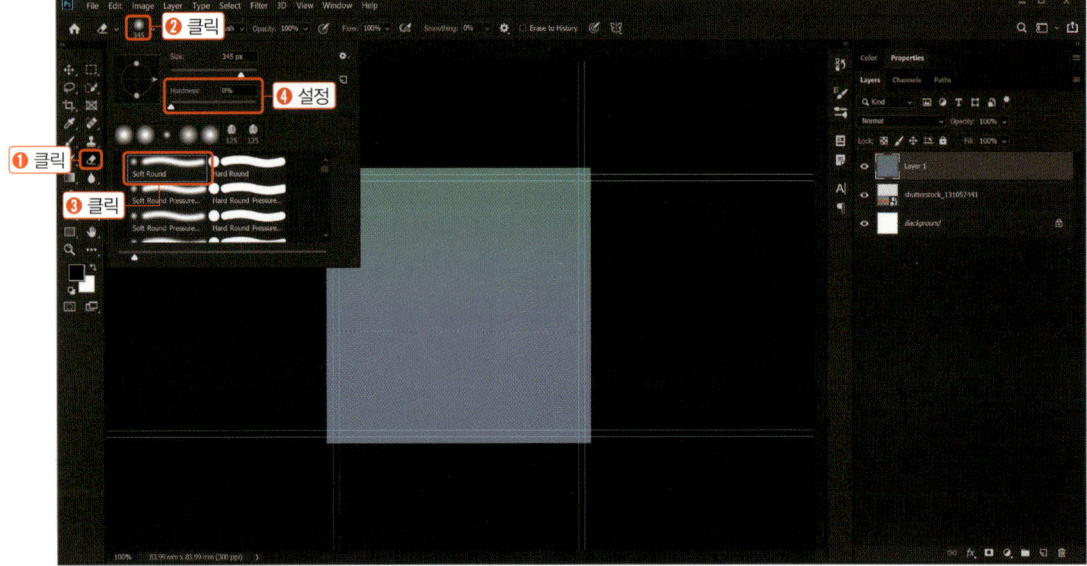

09 단축키 [와]를 눌러 마우스 크기를 조정하고 화면을 드래그하여 사진을 가리고 있는 그
   레이디언트의 일부분을 지워주세요.

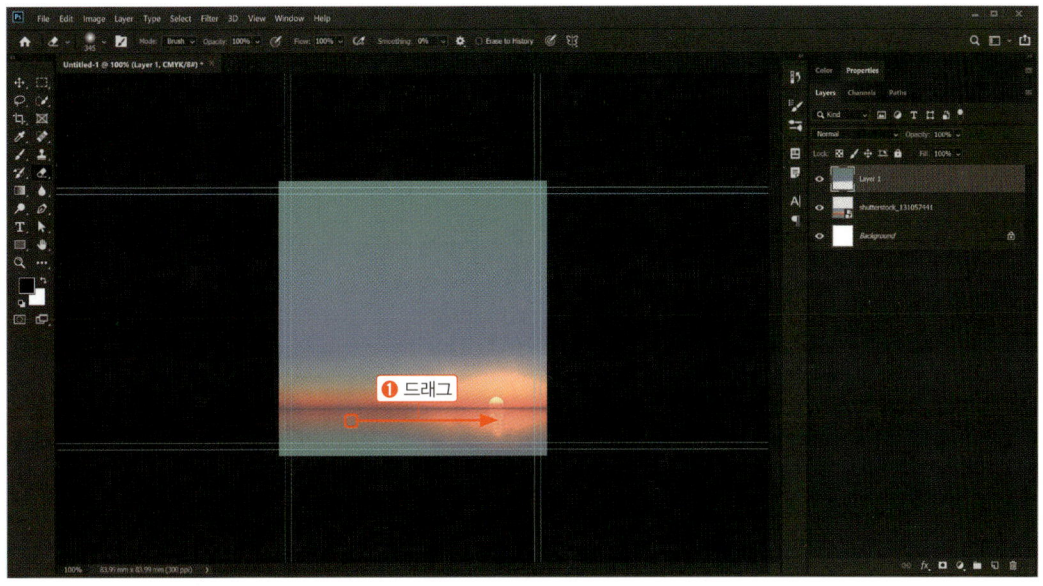

> **Tip** 레이어 패널의 Opacity(불투명도)를 낮추면 그레이디언트 레이어가 반투명해지므로, 아래에 있는 이미지 부분을 확인하면서 지
> 울 수 있어요. 다 지운 후에는 Opacity(불투명도)를 다시 100%로 올려주면 됩니다.

10 메모지는 글씨 등을 쓰기 위한 굿즈이기 때문에 사진을 살짝 연하게 해줄 거예요. ❶ 그레
   이디언트가 있는 'Layer 1(레이어 1)'과 사진 레이어를 ❷ Ctrl +클릭하여 중복 선택하고
   ❸ Ctrl + E 를 눌러 합쳐주세요.

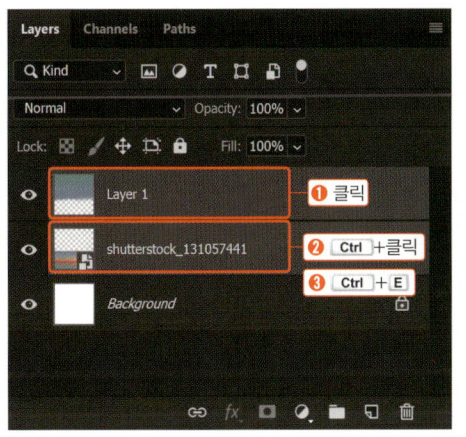 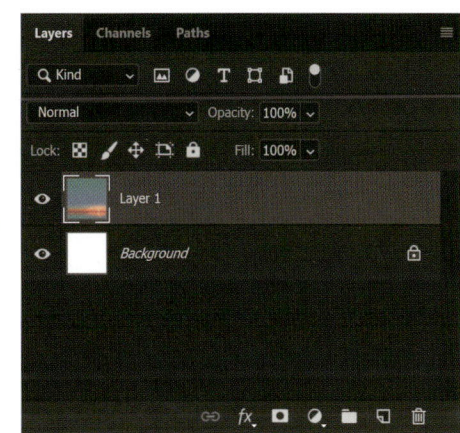

11 ❶ [Image] - [Adjustments] - ❷ [Hue/Saturation]([이미지] - [조정] - [색조/채도])을 눌러 주세요.

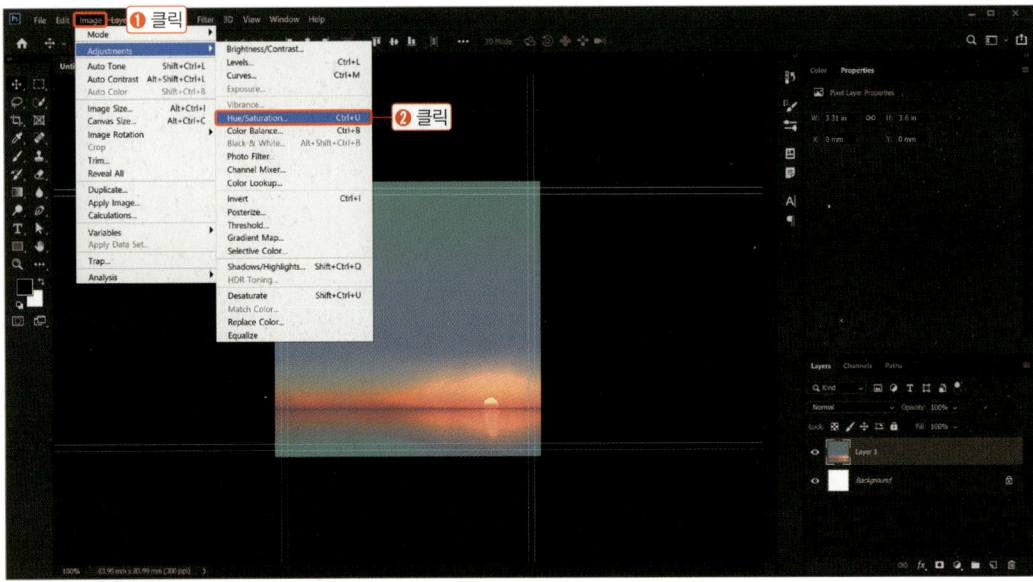

12 Lightness(밝기)를 올려주세요. 이미지를 밝게 하면 채도가 전체적으로 낮아져 탁해 보일 수 있어요. 이때는 Saturation(채도)을 올려주시면 된답니다.

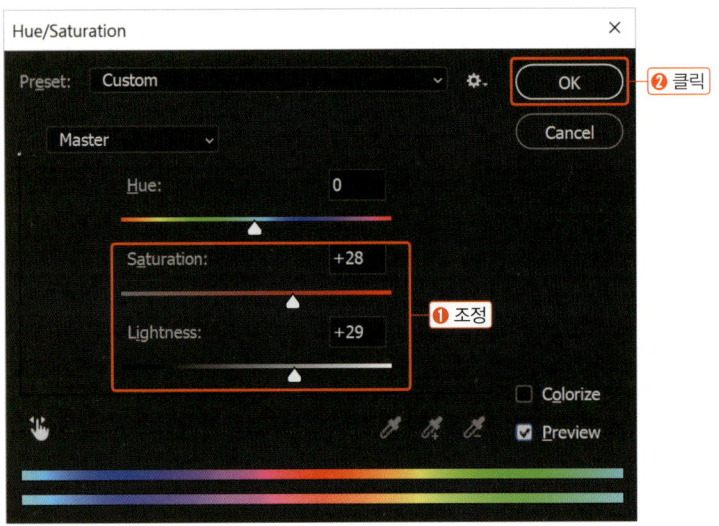

13 Ctrl + S 를 눌러 PSD로, Ctrl + Shift + S 를 눌러 업체에서 요청한 형식으로 각각 저장해주세요.

내 디자인을 굿즈로, 직접 주문 넣기

01 인터넷에 '떡메모지 제작'을 검색한 후 제작을 원하는 업체에 접속합니다.

02 접속한 업체에서 '떡메모지' 카테고리로 들어갑니다.

03 제작을 원하는 재단 사이즈를 입력합니다. 업체에 기재되어 있는 규격이 있다면 그 사이즈를 선택합니다.
   ※ 일반적으로 가장 많이 제작되는 떡메모지 사이즈는 가로(폭) 80mm 세로(높이) 80mm 사이즈이니 참고하세요.

04 재단 사이즈에 맞는 작업 사이즈를 확인합니다.

05 제작한 도안의 사이즈가 작업 사이즈가 맞는지, 업체에 기재되어 있는 안전 사이즈 안으로 원하는 이미지가 모두 들어와 있는지 확인합니다.

06 업체의 안내문에 기재되어 있는 제작방법 및 파일 유형이 맞는지 확인합니다.

07 제작하고 싶은 용지를 선택합니다.
   ※ 떡메모지 제작에는 용지를 모조지로 많이 써요!

08 제본 방향과 수량을 입력합니다.
   ※ 제본 방향이 헷갈리지 않도록 주의하세요!

09 포장이 필요한 경우 추가하고, 파일을 업로드합니다.

10 제목을 입력한 후 주문하기를 클릭하면 완료입니다. 인쇄가 시작되면 수정할 수 없으니, 가능한 곳은 업체에 시안을 꼭 확인해보는 것이 좋습니다. 배송이 시작되면 굿즈를 기다리는 일만 남았어요!

CLASS
09
저장하고 싶은 움짤

내 반려동물의 귀여움을 사진 한 장으로 다 담을 수 없다면 움짤로 만들어보는 건 어떨까요?
사진보다 생동감 있는 모습을 무한 반복으로 감상할 수 있답니다. 우리가 일반적으로 보는 동영상은
1초당 수십 장의 이미지(프레임)가 연속적으로 보이는 것이에요. 이 이미지들의 일부분을 가져와
포토샵에서 움짤로 만들 수 있어요. 아래의 과정은 CC 버전에서만 가능합니다.

완성작

비디오 프레임 가져오기

01 먼저 ❶ [File] – [Import] – ❷ [Video Frames to Layers]([파일] – [가져오기] – [비디오 프레임을 레이어로])를 눌러 가져오려는 비디오를 골라주세요.

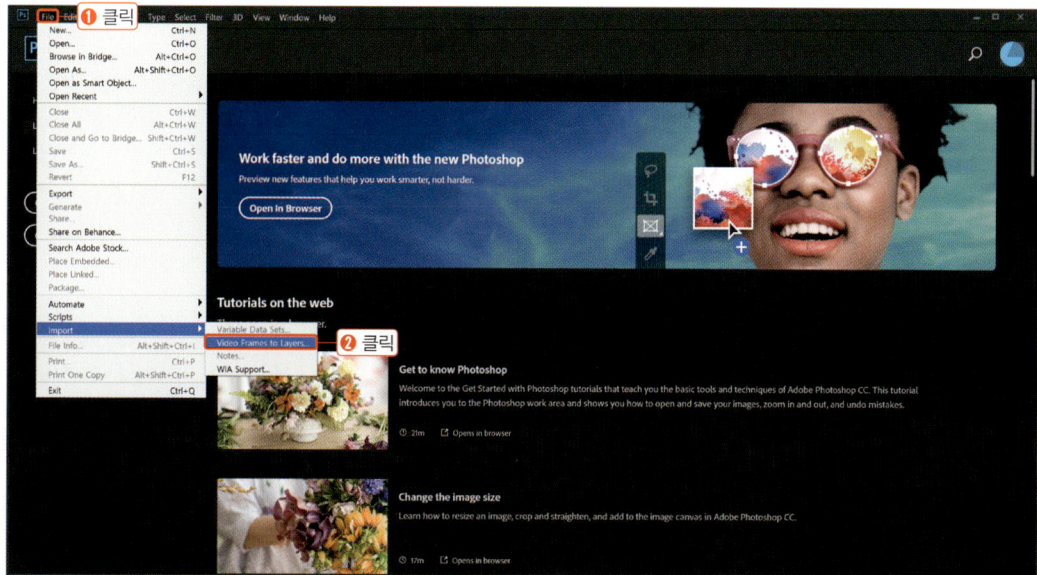

02 ❶ 창이 뜨면 오른쪽 하단의 타임 바에서 가져올 비디오 영역을 지정하고 ❷ 'OK(확인)'을 눌러주세요.

※ **영상 출처** : https://pixabay.com/videos/puppy-dog-playful-beach-sand-play-4740/

> **Tip** 영상 길이가 너무 길면 가져와지지 않고, 움짤은 길이가 짧기 때문에 5초 이내로 지정해주시는 게 좋아요.

03 ❶ [Window] – ❷ [Timeline]([창] – [타임라인])을 눌러 타임라인 패널을 열어주세요.

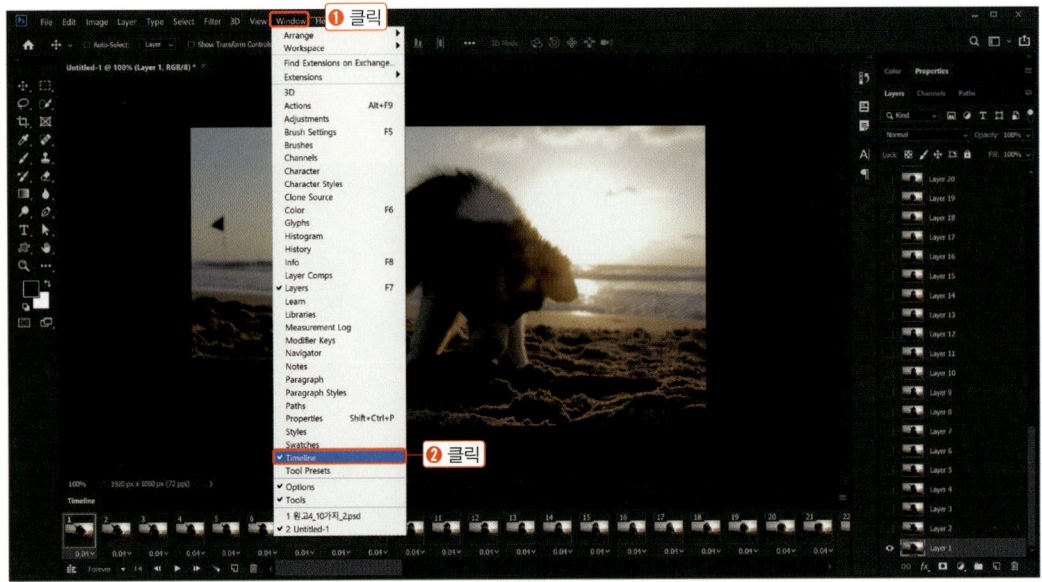

04 타임라인 패널에 보이는 하나의 이미지가 1프레임이고, ❶ 각 프레임 아래에 있는 숫자는 해당 프레임이 몇 초동안 보일지를 설정하는 것이에요. ❷ 움직임을 더 빠르게 하고 싶으면 숫자를 낮추고, 더 느리게 하고 싶으면 숫자를 올려주세요. 타임라인의 재생 버튼 ▶ 을 클릭하거나, Space Bar 를 눌러 재생해보면서 조정해주시면 됩니다.

> **Tip**
> - 이때 포토샵에서는 원래 속도보다 느리게 보일 수 있어요. 초기값은 원본 영상의 속도와 같답니다. 자연스러운 움직임을 위해서는 0초~0.1초 사이로 설정해주는 것이 좋아요.
> - 연속된 프레임들을 Shift +클릭하면 레이어처럼 중복 선택이 돼서 시간을 한 번에 바꿀 수 있어요.

밝기와 색보정하기

01 여러 장의 레이어를 한꺼번에 보정해줄 거예요. 레이어 패널의 ❶ 맨 위에 있는 레이어를 클릭해주세요.

02 레이어 패널의 ❶ 새 조정 레이어 버튼을 클릭하고, ❷ Curves(곡선)를 클릭해주세요. ❸ Properties(속성) 패널에서 곡선을 수정해주세요. 여기에서는 어두운 부분을 밝혀주기 위해 다음과 같이 설정했어요.

> **Tip** 위와 같이 색을 조정할 수 있게 만들어진 레이어를 Adjustments Layer(조정 레이어)라고 해요. 이름이 같은 메뉴인 [Image] – [Adjustments] – [Curves]([이미지] – [조정] – [곡선])에서는 한 번 색을 바꾸면 다시 수정하지 못하지만, 지금처럼 조정 레이어를 만들게 되면 언제든지 Properties(속성) 패널에서 수정할 수 있답니다.

03 레이어 패널의 ❶ 새 조정 레이어 버튼 을 클릭하고, ❷ Color Balance(색상 균형)를 클릭해주세요. ❸ Properties(속성) 패널에서 드래그해보면서 넣고 싶은 색상을 추가해주세요. 여기에서는 주황색을 넣기 위해 Red(빨강)와 Yellow(노랑)을 각각 넣어줬어요.

04 이제 움직이는 이미지 형식인 GIF로 저장을 해줄 거예요. ❶ [File] – [Export] – ❷ [Save for Web (Legacy)]([파일] – [내보내기] – [웹용으로 저장(레거시)])를 눌러주세요.

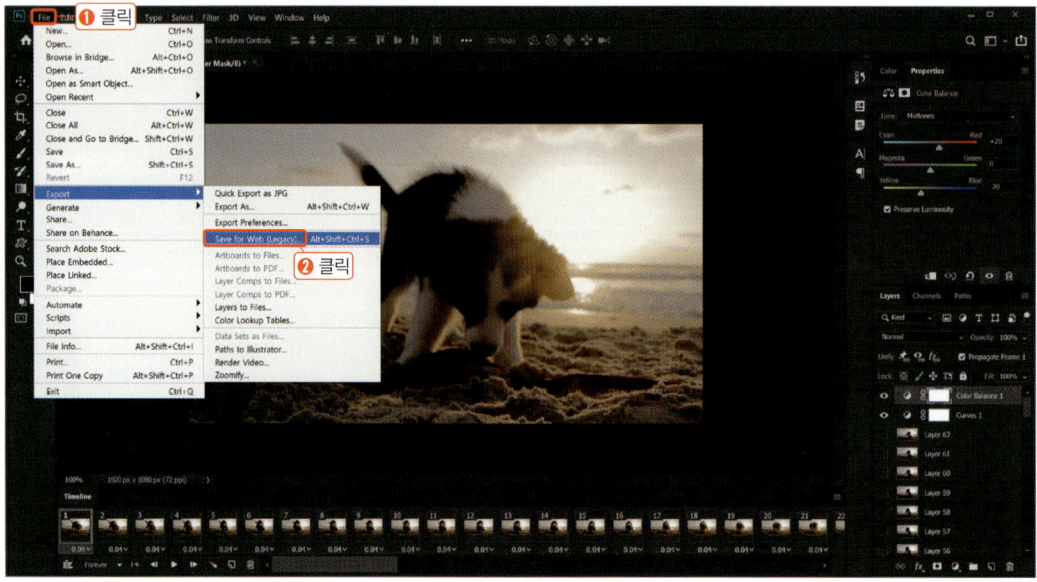

05 ❶ Preset(사전 설정)을 'GIF 128 Dithered(GIF 128 디더)'로, ❷ Colors(색상)을 '256'으로 설정하고 ❸ Save(저장)을 눌러주면 완성입니다.

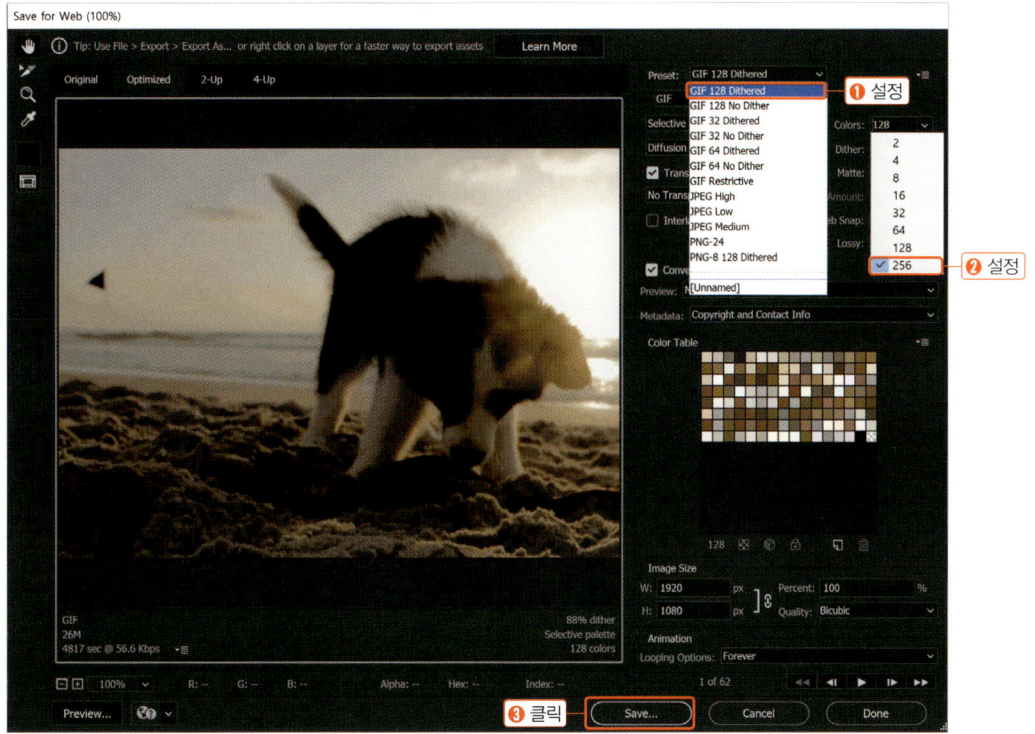

CLASS 10
스마트폰 배경화면

청량한 느낌의 배경화면을 제작해볼까요? 클래스 예시에서는 iPhone X 사이즈로 만들어볼 거예요. 각 스마트폰 기종에 맞는 사이즈는 133p에 있는 '스마트폰 기종별 화면 사이즈' 부분을 참고해주세요! 스마트폰 배경 만들기를 배우고 나면 전광판 광고, PC 배경화면, SNS에 올릴 콘텐츠 배경화면도 같은 방법으로 만들 수 있습니다. SNS 종류별 추천 사이즈도 함께 정리해두었으니 참고해주세요.

완성작

사진 배경에 구름 합성하기

01 먼저 [File]-[New]([파일]-[새로 만들기])를 눌러 다음과 같이 설정해주세요.

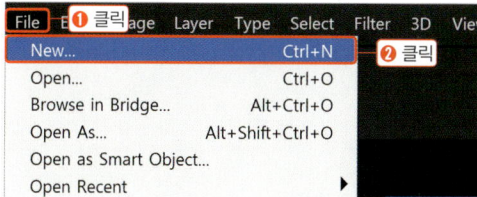

Width(폭) : 1125 Pixels
Height(높이) : 2436 Pixels
Resolution(해상도) : 72 Pixels/Inch
Color Mode(색상모드) : RGB color

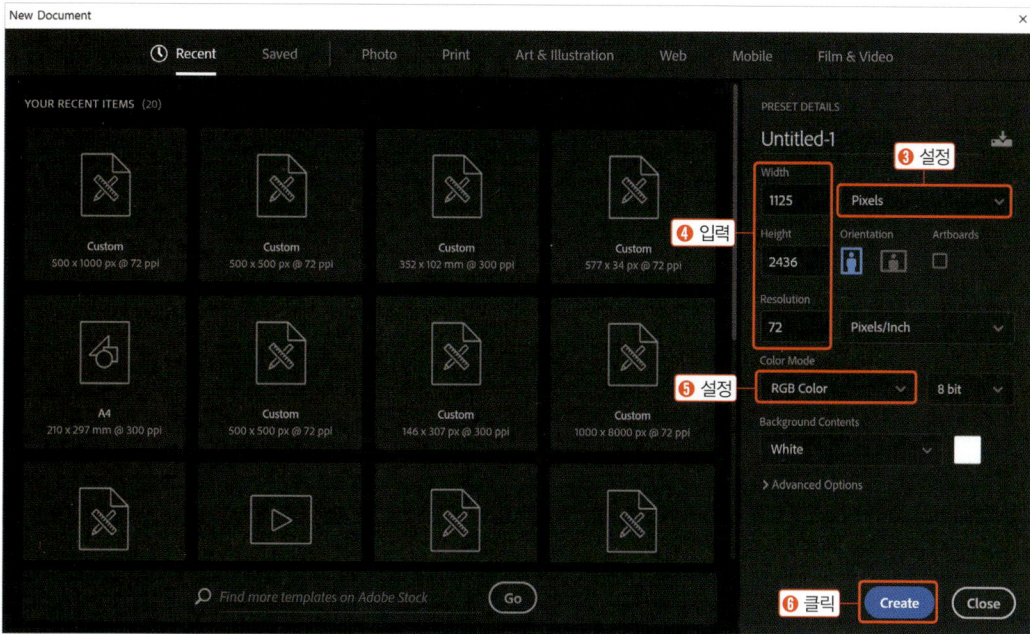

02 ❶ [File] - ❷ [Place Embedded]([파일] - [포함 가져오기])를 눌러 인물 사진을 가져와주세요. ❸ 크기와 위치, 회전 값을 조정하고 ❹ Enter 를 눌러줍니다.

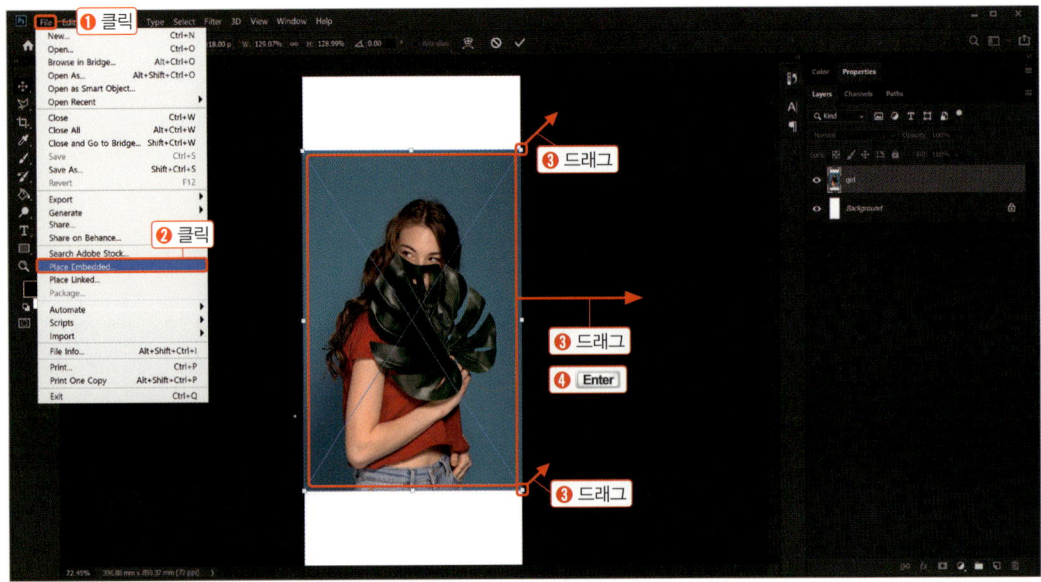

03 가져온 사진이 화면보다 작아서 조금 키워줘야 해요. ❶ Rectangular Marquee Tool(사각형 선택 윤곽 도구) 을 클릭하고 ❷ 복사할 만큼 드래그해주세요.

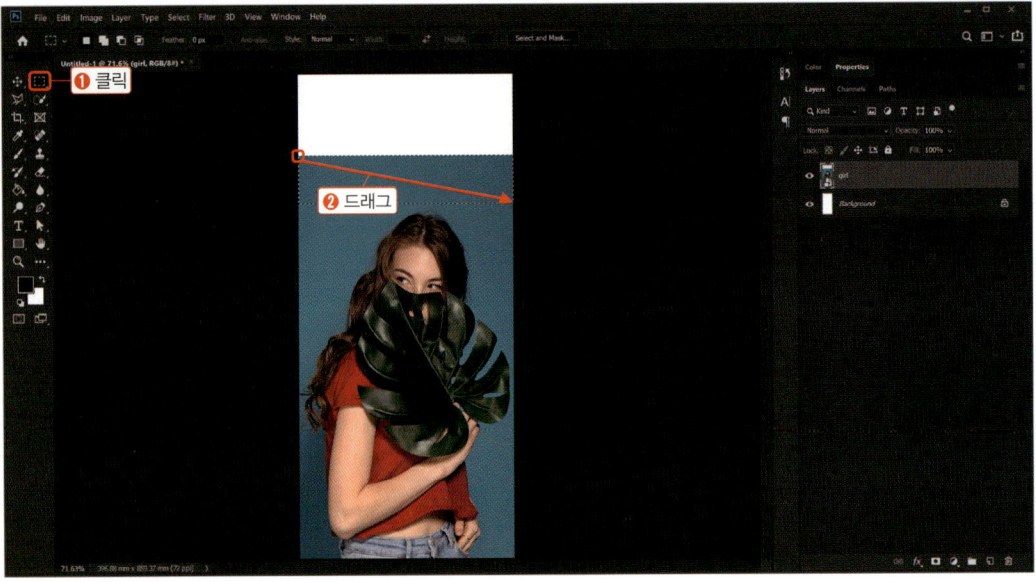

04 ❶ `Ctrl`+`J`를 눌러 레이어를 복제해주세요. ❷ 그 다음 `Ctrl`+`T`를 눌러 ❸ 이미지 크기를 위로 키우고 ❹ `Enter`를 눌러주세요.

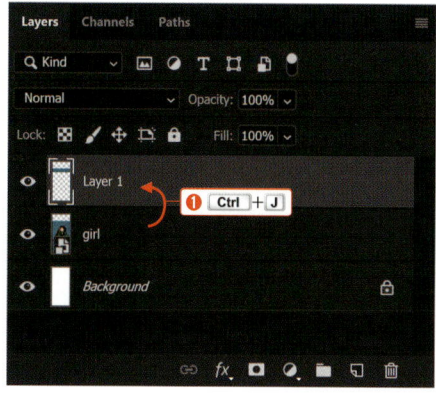

05 ❶ [File] – ❷ [Place Embedded]([파일] – [포함 가져오기])를 눌러 합성할 구름 사진을 가져와주세요. ❸ 크기와 위치, 회전 값을 조정하고 ❹ `Enter`를 눌러줍니다.

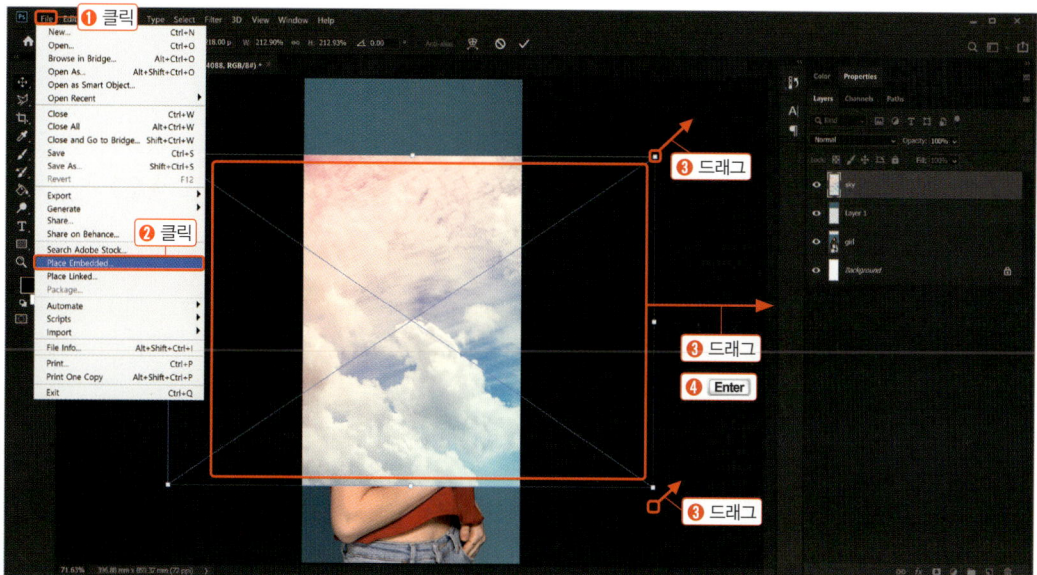

06 'Normal(표준)'을 'Pin Light(핀 라이트)'로 바꾸고 'Opacity(불투명도)'를 65%로 낮춰주세요.

> **Tip** Blend mode(혼합 모드)는 꼭 Pin Light(핀 라이트)가 아니어도 돼요. 메뉴 중 하나를 클릭하고 위/아래 방향키를 눌러 이미지에 어울리는 것으로 골라주시면 된답니다.

07 레이어 패널의 새 레이어 마스크 버튼을 클릭해서 레이어 마스크(Layer Mask)를 만들어 주세요.

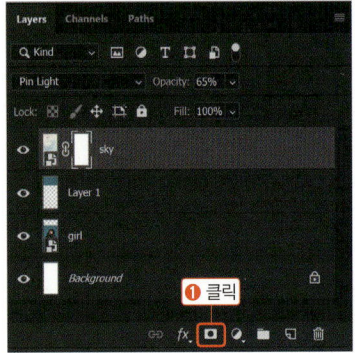

08 ❶ Quick Selection Tool(빠른 선택 도구) 을 클릭하고 단축키 [와] 를 눌러 마우스 크기를 조정해주세요. ❷ 인물 사진이 있는 레이어를 클릭하고, ❸ 인물 부분을 클릭 혹은 드래그하여 선택해주세요. 나머지 선택이 안된 부분은 Shift +드래그를, 선택에서 제외하고 싶은 부분은 Alt +드래그를 하여 선택 영역을 수정해줍니다.

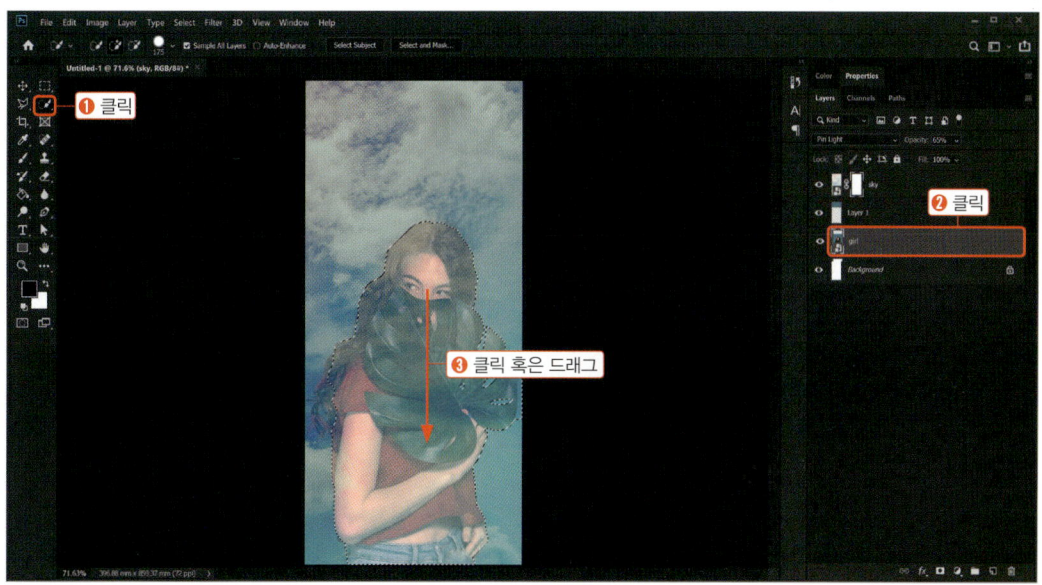

09 ❶ 구름 사진 레이어의 레이어 마스크를 클릭해주세요. 도구 상자에 있는 ❷ Gradient Tool (그레이디언트 도구) 을 2초 정도 클릭하여 ❸ Paint Bucket Tool(페인트 통 도구) 을 클릭해주세요. ❹ 전경색을 검은색으로 설정하고 화면을 한 번 ❺ 클릭하여 색을 입혀주세요.

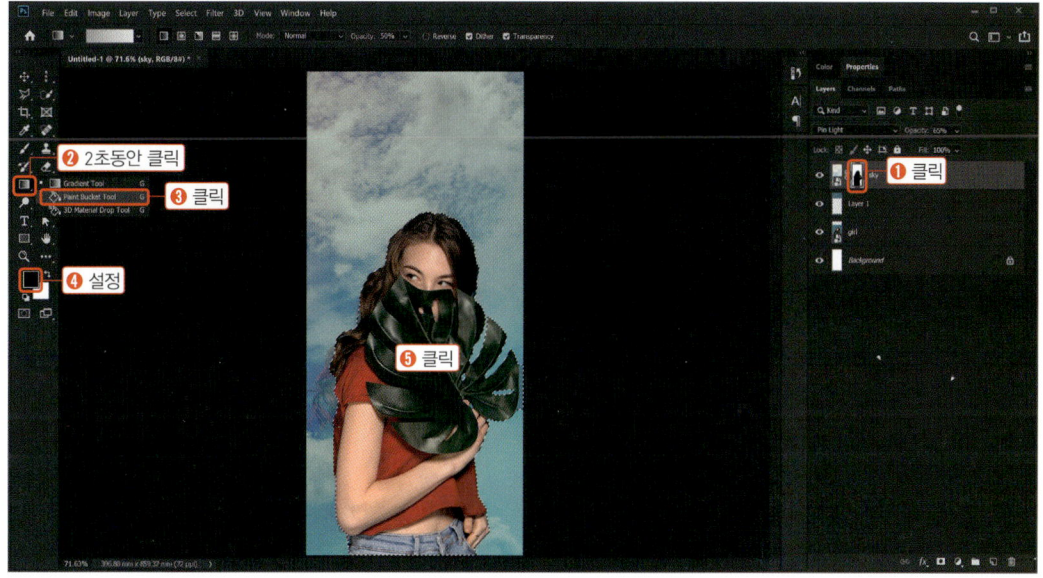

10 인물의 경계선을 자연스럽게 만들어줄 거예요. ❶ Ctrl + D 를 눌러 선택 영역을 해제하고, 검은색의 ❷ Brush Tool(브러시 도구) 로 ❸ 인물 부분의 외곽 부분을 드래그해주세요.

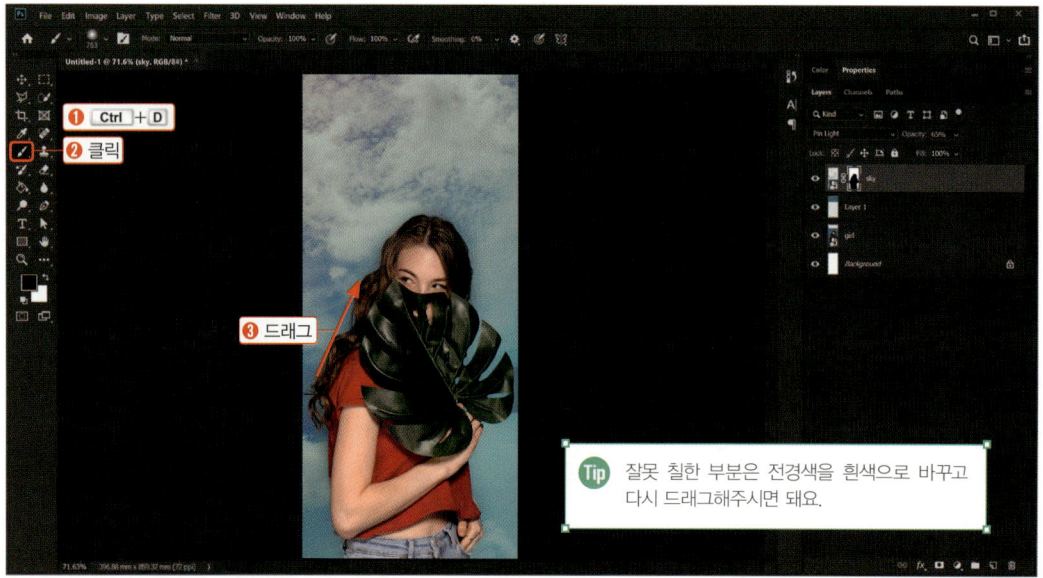

Tip 잘못 칠한 부분은 전경색을 흰색으로 바꾸고 다시 드래그해주시면 돼요.

청량한 색감으로 보정하기

01 레이어 패널의 ❶ 새 조정 레이어 버튼 을 클릭하고, ❷ Curves(곡선)를 클릭해주세요. ❸ Properties(속성) 패널에서 다음과 같이 곡선을 수정해주세요.

Tip 위 곡선 그래프와 같이 밝은 곳은 어둡게, 어두운 곳은 밝게 보정해주면 부드러운 느낌을 만들 수 있어요.

126 포토샵 처음 켜본 똥손도 할 수 있다! 내가 만드는 최애 굿즈

02 사진의 밝기를 올려 줄 차례예요. 레이어 패널의 ❶ 새 조정 레이어 버튼 을 클릭하고, ❷ Brightness/Contrast(명도/대비)를 클릭해주세요. Properties(속성) 패널에서 다음과 같이 ❸ Brightness(명도)를 올리고 Contrast(대비)를 낮춰주세요.

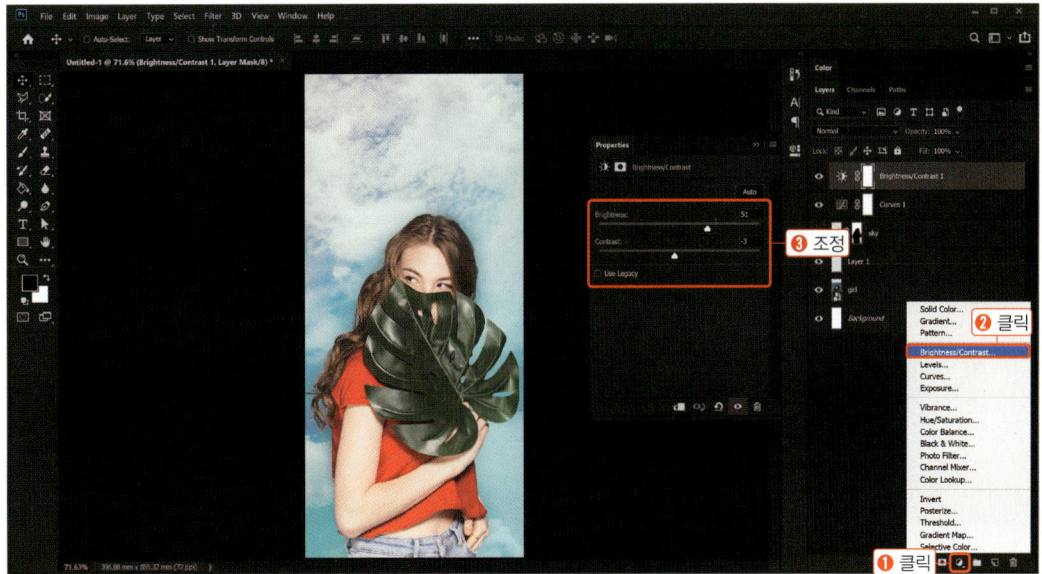

03 본격적으로 청량한 느낌을 주기 위해 하늘색을 추가해줄 거예요. ❶ 새 조정 레이어 버튼 을 클릭하고, ❷ Photo Filter(포토 필터)를 클릭해주세요. Properties(속성) 패널에서 ❸ Color(색상)을 하늘색으로, Density(농도)는 원하는 만큼 설정해주세요.

> **Tip** 청량한 느낌을 위해서는 하늘색, 따뜻한 느낌을 위해서는 노란색을 추가한답니다. 원하는 색상을 넣어보세요.

04 ❶ 새 조정 레이어 버튼 을 클릭하고, ❷ Vibrance(활기)를 클릭해주세요. Properties(속성) 패널에서 ❸ Vibrance(활기)와 Saturation(채도)을 모두 올려주세요.

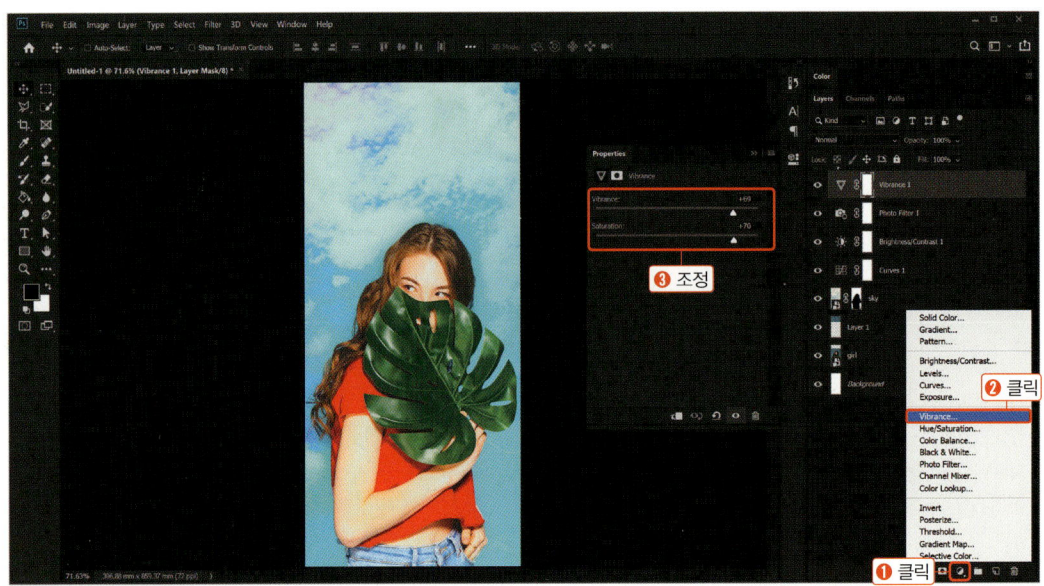

> Tip Vibrance(활기)는 색감에 생동감을 주는 요소로, 약한 느낌의 Saturation(채도)이라고 생각하시면 된답니다.

05 사진의 전체적인 노란 끼를 제거하고, 초록색 톤을 밝게 만들어 줄 거예요. ❶ 새 조정 레이어 버튼 을 클릭하고, ❷ Selective Color(선택 색상)를 클릭해주세요. Properties(속성) 패널에서 다음과 같이 각 색을 설정해주세요.

> Tip 이미지의 초록색인 이파리 부분을 밝게 만들기 위해 Green(초록)에서 Black(검정)을 빼줬어요. Black(검정)을 빼면 밝아진답니다.

06 피부 부분의 붉은 끼만 제거해줍시다. ❶ 새 조정 레이어 버튼을 클릭하고, ❷ Hue/Saturation (색조/채도)를 클릭해주세요. Properties(속성) 패널에서 ❸ 'Master(마스터)'를 'Red(빨강)'로 바꾸고 Saturation(채도)과 Lightness(밝기)를 조정해주세요.

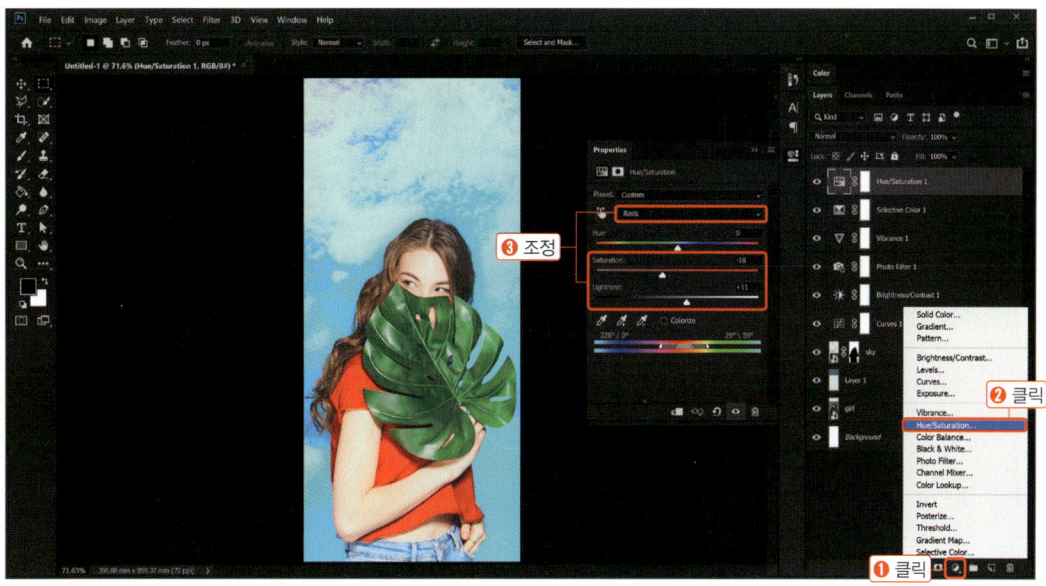

Tip Master(마스터)는 이미지의 모든 색을 바꾼다는 뜻이고, Red(빨강 계열)는 이미지의 붉은 부분만 바꾼다는 뜻이에요. 사람의 피부는 붉은색 계열이니 Red(빨강 계열)로 설정해줬어요.

07 ❶ 'Hue/Saturation(색조/채도) 1' 레이어의 레이어 마스크를 클릭하고, ❷ Brush Tool(브러시 도구)를 클릭하고 ❸ 전경색을 검은색으로 설정해주세요. ❹ 얼굴과 팔 등을 제외한 부분을 모두 드래그하여 가려주세요.

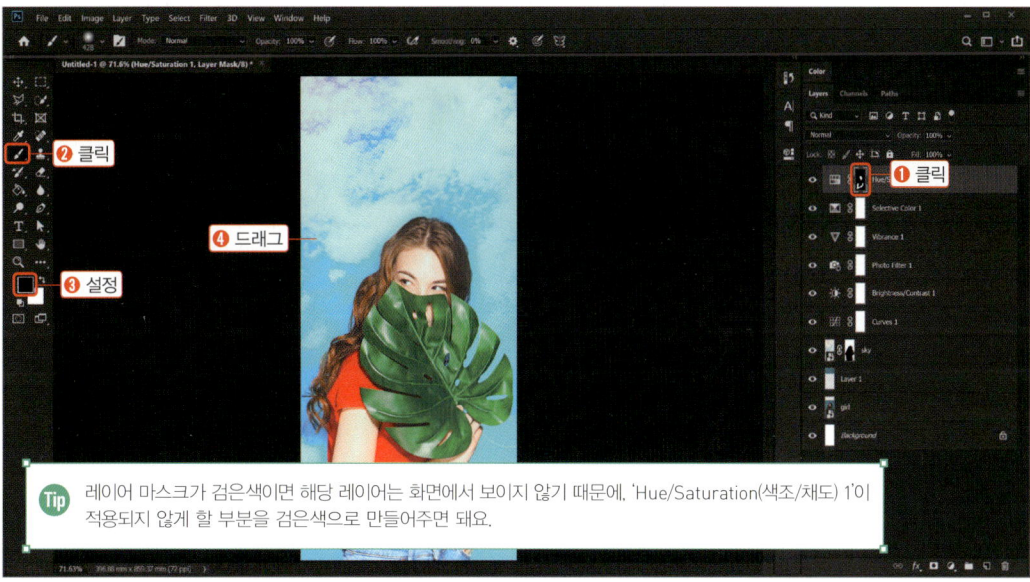

Tip 레이어 마스크가 검은색이면 해당 레이어는 화면에서 보이지 않기 때문에, 'Hue/Saturation(색조/채도) 1'이 적용되지 않게 할 부분을 검은색으로 만들어주면 돼요.

08 'Background(배경) 레이어'를 제외한 모든 레이어를 하나의 그룹으로 묶어줄 거예요. ❶ 맨 위에 있는 레이어를 클릭, ❷ 맨 밑에 있는 레이어를 `Shift`+클릭하고 ❸ `Ctrl`+`G`를 눌러주세요.

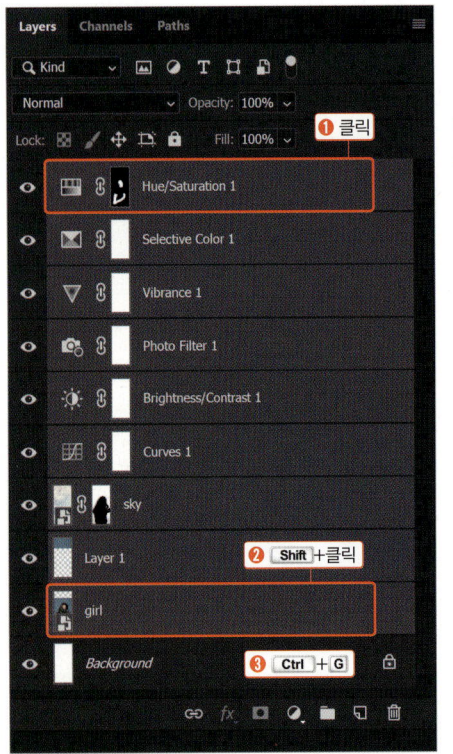
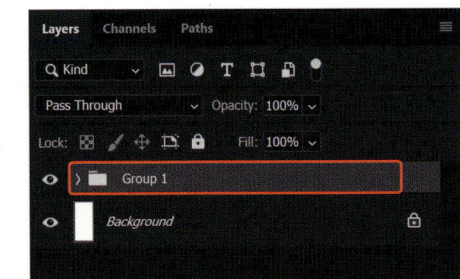

09 만들어진 그룹을 하나의 레이어로 만들어줄 거예요. `Ctrl`+`Alt`+`E`를 눌러주세요.

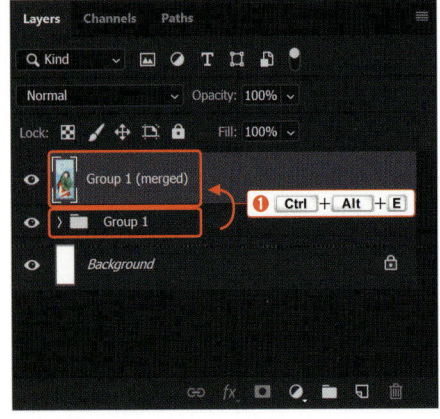

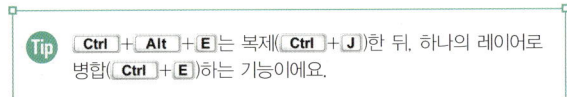

Tip `Ctrl`+`Alt`+`E`는 복제(`Ctrl`+`J`)한 뒤, 하나의 레이어로 병합(`Ctrl`+`E`)하는 기능이에요.

10 ❶ Rectangle Tool(사각형 도구) ▭을 클릭하고 옵션바에서 ❷ Fill(칠)색을 원하는 색으로, Stroke(획)색은 '없음'으로 지정해주세요. ❸ 화면을 드래그하여 사각형을 만들어주세요.

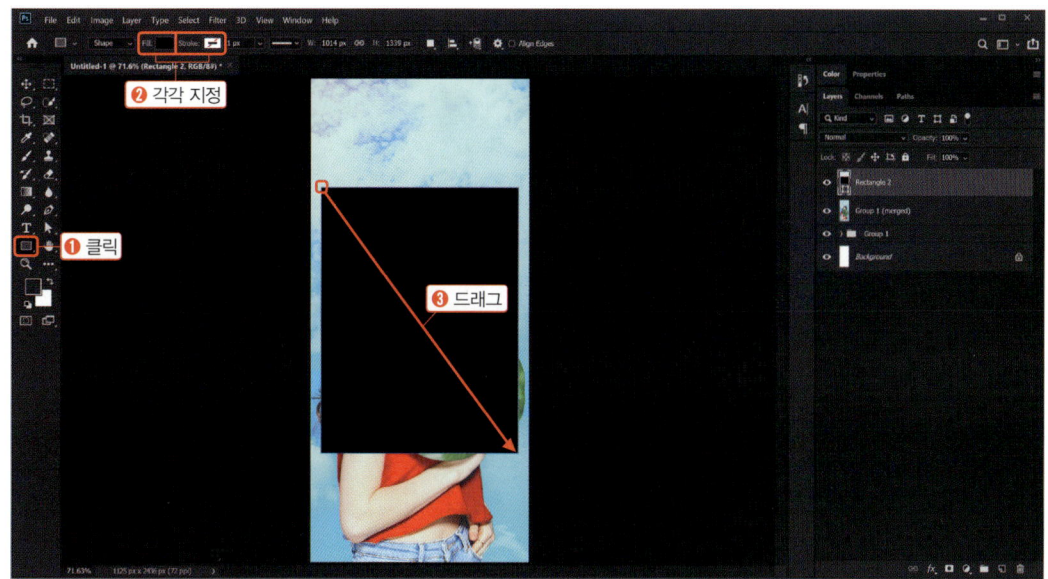

11 도형 레이어가 이미지 레이어보다 밑으로 가도록 화면과 같이 ❶ 레이어 순서를 바꿔주세요. ❷ 'Group(그룹) 1'의 눈을 클릭해서 숨겨줍니다.

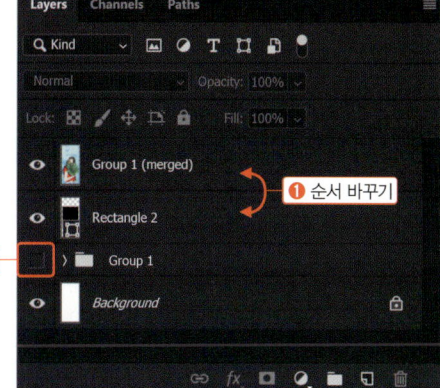

> **Tip** Group(그룹) 1은 나중에 수정할 때를 대비해 복제해준 거에요. 필요하다면 다시 눈을 켜서 수정하시면 됩니다.

12 사각형 레이어와 사진 레이어 사이를 Alt + 클릭하여 클리핑 마스크를 만들어주세요.

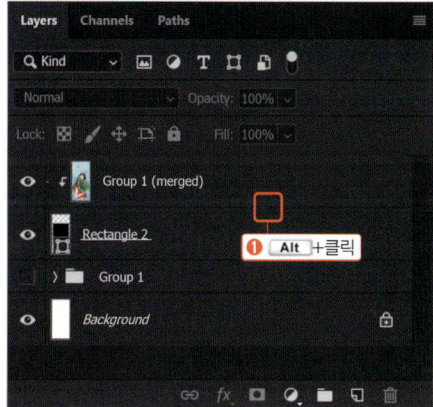

> **Tip** 클리핑 마스크(Clipping Mask)는 밑에 있는 레이어를 하나의 틀로 삼아 위에 있는 레이어를 담아주는 액자같은 기능이에요.

13 도구 상자에서 ❶ Horizontal Type Tool(수평 문자 도구) `T`을 클릭하고, 옵션바에서 ❷ 서체와 문자 색상, 크기를 각각 설정해주세요. ❸ 화면을 한 번 클릭하여 글씨를 입력하고 ❹ `Ctrl`+`Enter`를 눌러 글씨를 마무리해주세요. 같은 방법으로 두 개의 문자 레이어를 만들어주세요.

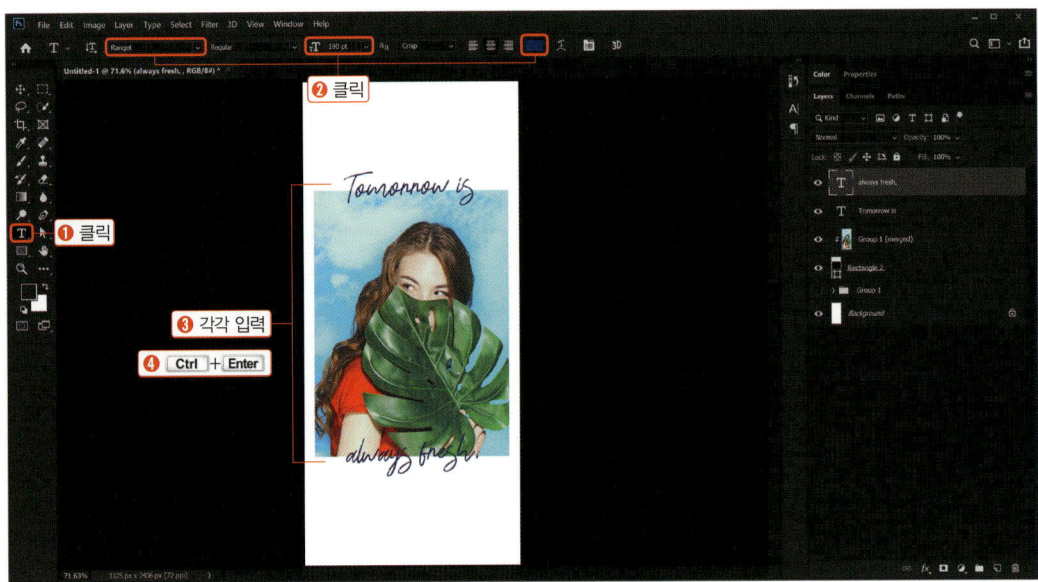

> **Tip**
> - 레이어 패널에 'Rectangle 2(사각형 2)'같은 도형 레이어가 선택된 상태에서 문자 도구로 도형 안쪽을 클릭하면 해당 도형 안에 글씨가 써질 거예요. 이미지 레이어를 선택하거나 레이어를 선택하지 않은 상태에서 글씨를 써주는 게 좋아요.
> - 'Background(배경)'레이어 밑의 빈 공간을 클릭하면 모든 레이어가 선택 해제된답니다.
> - 화면에 있는 폰트는 'Ranget'체입니다.

14 두 개의 문자 레이어를 각각 ❶ 클릭과 ❷ `Ctrl`+클릭하여 중복 선택하고, ❸ `Ctrl`+`T`를 눌러주세요. ❹ 상자 바깥쪽을 드래그하여 회전한 후 ❺ `Enter`를 눌러 마무리해줍니다.

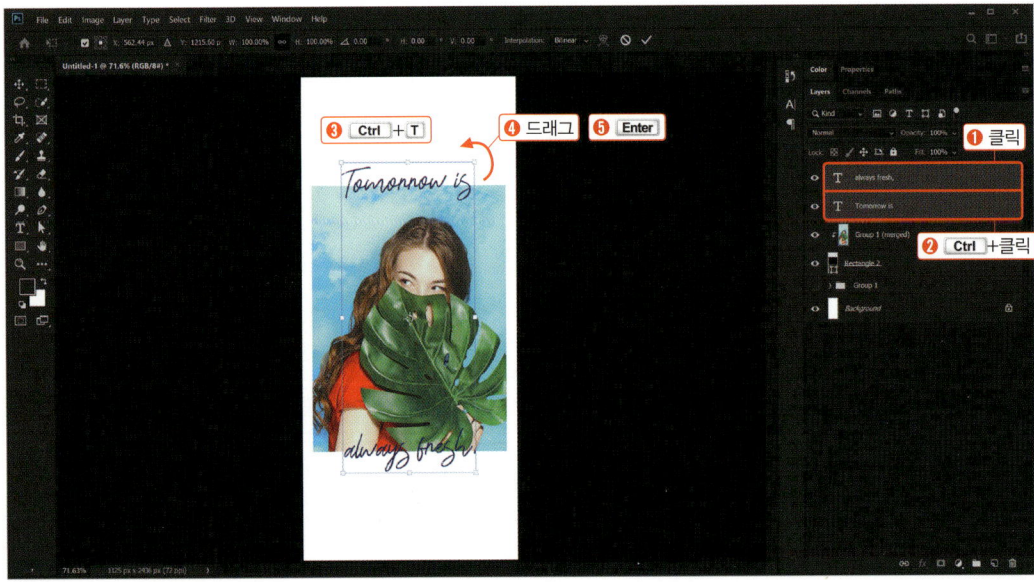

15 `Ctrl`+`S`를 눌러 PSD로, `Ctrl`+`Shift`+`S`를 눌러 JPEG로 각각 저장해주세요.

고수가 되고 싶다면 보너스 TIP

SNS 추천 사이즈(숫자 : 폭 × 높이, 단위 : 픽셀)

각 SNS에 등록되는 이미지의 추천 사이즈를 알려드릴게요. 아래 사이즈보다 이미지를 작게 제작하면 화질이 깨져 보일 수 있으니 가능한 맞춰서 제작하는 걸 권해드려요.

1) 페이스북
a. 프로필 : 480×480
b. 커버사진 : 1200×457
c. 게시물 : 900×900(정사각형), 1200×800(직사각형), 800×1200(직사각형)

2) 인스타그램
a. 프로필 : 320×320
b. 게시물 : 1080×1080

3) 트위터
a. 프로필 : 400×400
b. 헤더 : 1500×500
c. 게시물 : 1024×512

스마트폰 기종별 화면 사이즈(숫자 : 폭 × 높이, 단위 : 픽셀)

	기기	사이즈		기기	사이즈
삼성	갤럭시 S5 광대역 LTE-A	1440×2560	LG	V30S, V30S+	1440×2880
	갤럭시 S6			V35	
	갤럭시 S7		삼성	갤럭시 S8, S8+	1440×2960
	갤노트 4			갤럭시 S9, S9+	
	갤노트 5			갤노트 8	
	갤노트 7			갤노트 9	
LG	G3		삼성	갤럭시 S10, S10+, 노트10+	1440×3040
	G4		삼성	갤럭시 S10e	1080×2280
	G5			갤노트 10	
	V10		LG	G7, G7+	1440×3120
	V20			G8	
LG	G6, G6+	1440×2880		V40	
	V30, V30+			V50	
			LG	Q7	1080×2160

iOS	
기기	사이즈
iPhone SE	640×1136
iPhone 6, 6s	750×1334
iPhone 7, 7s	
iPhone 8	
iPhone 6+, 6s+	1080×1920
iPhone 7+	
iPhone 8+	
iPhone X	1125×2436
iPhone Xs	
iPhone Xs Max	1242×2688
iPhone XR	828×1792
iPhone 11	1792×828
iPhone 11 Pro	2436×1125
iPhone 11 Pro Max	2688×1242

기본기를 다졌으니 나만 보는 굿즈보다는 나만 갖기에는 아까운 굿즈를 만들어 함께 나누면 어떨까요? 다들 가지고 싶을 만큼 멋진 굿즈를 만들어 예쁘고 좋은 것을 함께 공유해봅시다. 굿즈말고도 각종 포스터, 광고 등 각자 필요한 분야에 응용할 수 있는 기능을 배울 수 있으니 활용해보세요.

PART 03

지갑이 열리는
굿즈 만들기

CLASS

11
네임 스티커

새 학기 필수품인 네임 스티커! 내 이름이나 좋아하는 사람의 이름을 넣어 손쉽게 만들 수 있고, 캐리어, 노트북 등 어디에 붙여도 나만의 개성이 묻어나기 때문에 다양한 재미를 느낄 수 있습니다. 원하는 형태(원·세모·하트 등)로 활용하면 다양한 스티커를 제작할 수 있으니 한 번 만들어보세요.

• **완성작** •

빗금 패턴 만들기

01 먼저 패턴을 만들 작은 창을 하나 만들어 줄 거예요. [File] − [New]([파일] − [새로 만들기])를 눌러 다음과 같이 설정해주세요.

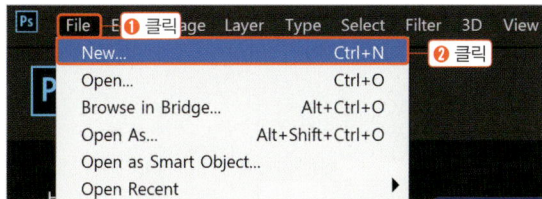

Width(폭) : 60 Pixels
Height(높이) : 60 Pixels
Resolution(해상도) : 300 Pixels/Inch
Color Mode(색상모드) : CMYK color

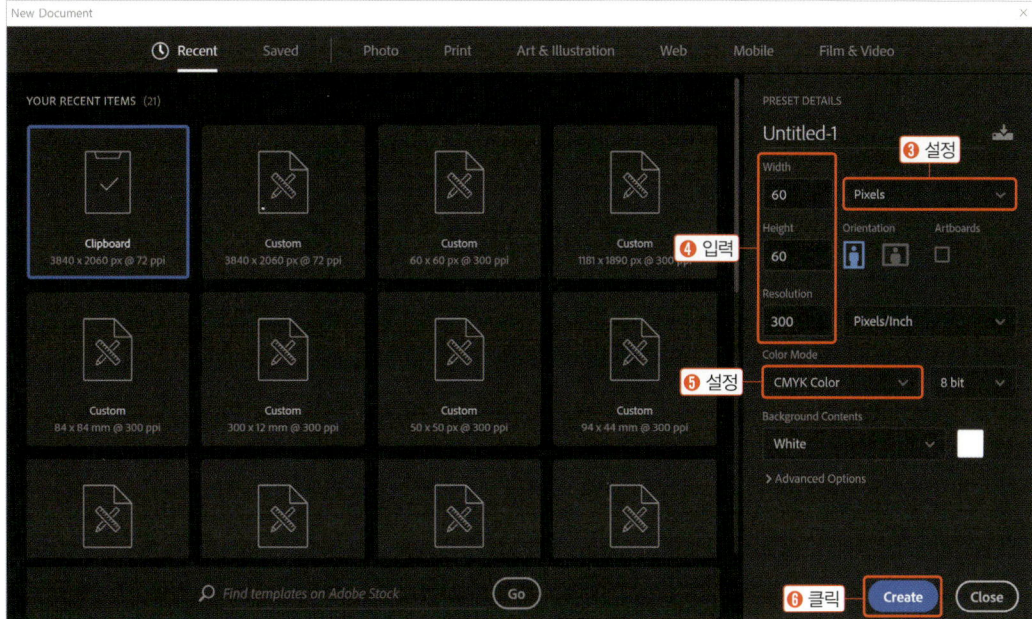

> **Tip** 같은 모양이 여러 번 반복될 때 패턴을 만들어 사용해요. 패턴의 가장 작은 단위 하나를 그릴 창을 만들어 주는 거예요.
> 창이 작으니 Alt +마우스 휠로 확대를 해주고 작업하시면 편하답니다.

02 화면을 세로로 삼등분하는 안내선을 만들어 줄 거예요. [View] – [New Guide Layout]([보기] – [새 안내선 레이아웃])를 눌러 다음과 같이 각각 설정해주세요.

Columns(열) 체크 – Number(번호) : 3

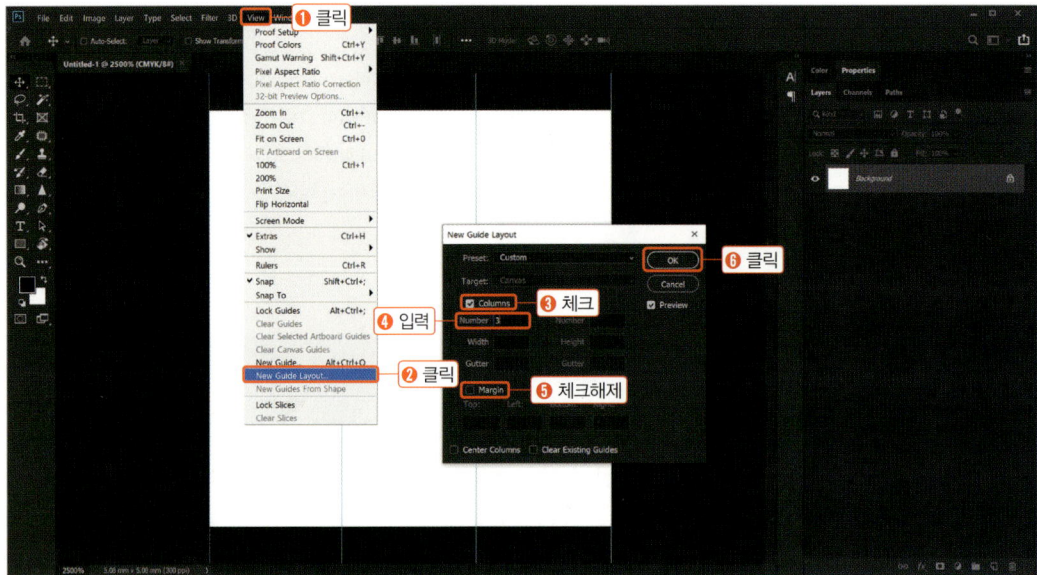

03 ❶ Rectangle Tool(사각형 도구) ▭ 을 클릭하고 ❷ 옵션바에서 Fill(칠)색을 원하는 색으로, Stroke(획)색을 '없음'으로 지정해주세요. ❸ 화면을 드래그하여 세로로 긴 사각형을 만들어 주세요.

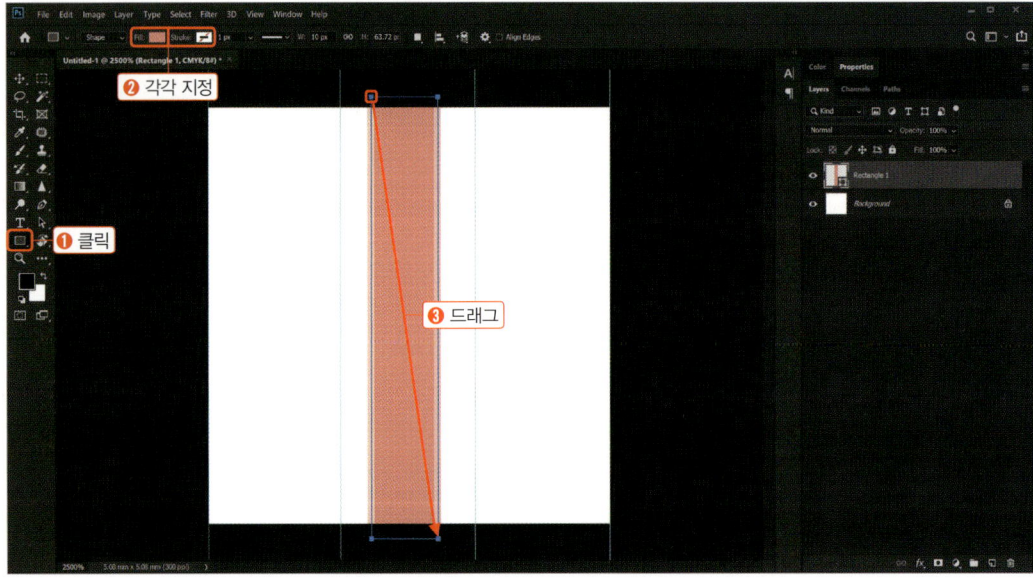

04 ❶ Ctrl + T 를 누르고, ❷ 상자 바깥쪽을 Shift 누른 채로 드래그하여 −45° 회전해주세요.

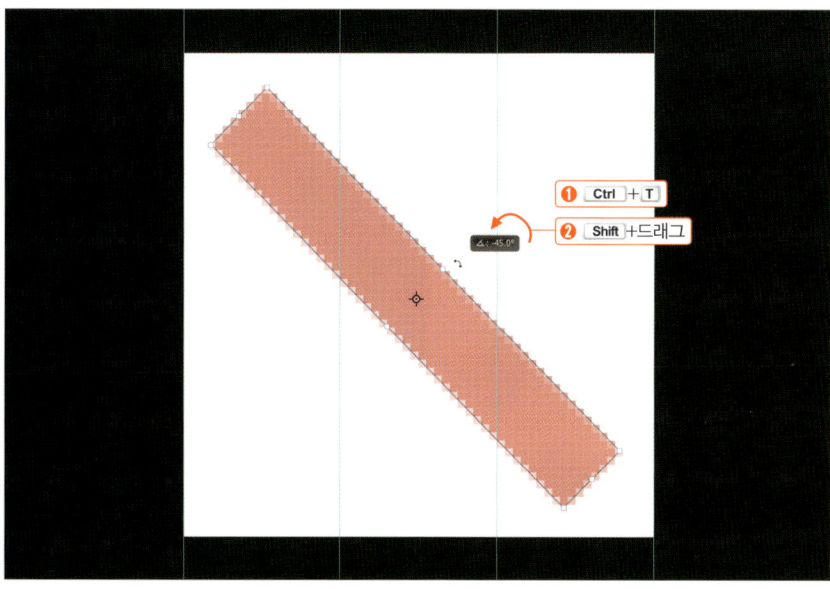

> **Tip** Shift 를 누른 채로 회전하면 15도 단위로 회전시킬 수 있어요. 마우스 옆에 몇 도 회전되고 있는지 확인하면서 해주세요.

05 ❶ 상자 안쪽을 드래그하여 두 번째 안내선 아래쪽에 맞춰 이동하고 ❷ Enter 를 눌러주세요.

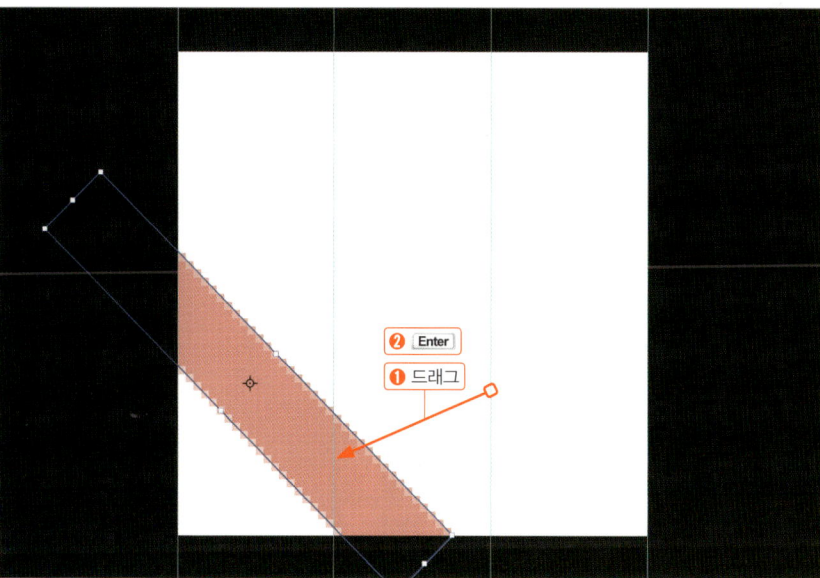

06 ❶ Ctrl + J 를 눌러 'Rectangle 1(사각형 1)' 레이어를 복제해주세요. ❷ Move Tool(이동 도구) 을 클릭하고 ❸ 사각형을 드래그하여 오른쪽 위로 이동시켜줍니다. 이때는 두 번째 안내선 위쪽 보다 1픽셀 더 옆으로 이동시켜주세요.

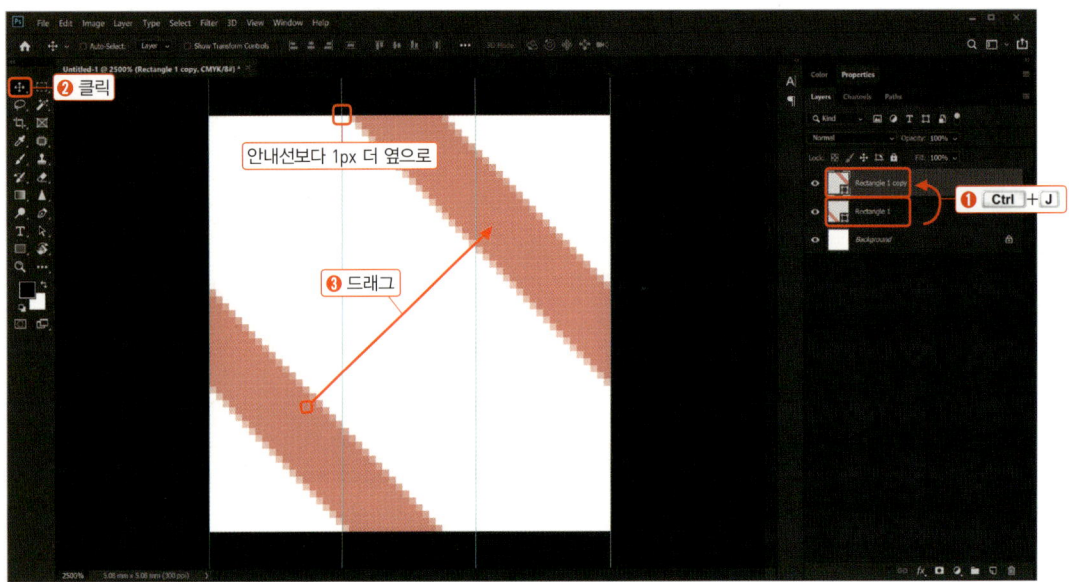

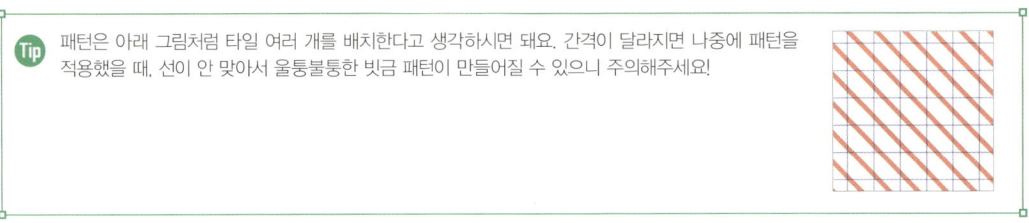

Tip 패턴은 아래 그림처럼 타일 여러 개를 배치한다고 생각하시면 돼요. 간격이 달라지면 나중에 패턴을 적용했을 때, 선이 안 맞아서 울퉁불퉁한 빗금 패턴이 만들어질 수 있으니 주의해주세요!

07 'Background(배경)' 레이어의 눈을 클릭해서 꺼주세요.

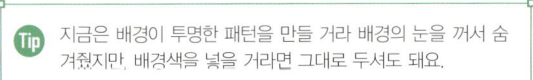

Tip 지금은 배경이 투명한 패턴을 만들 거라 배경의 눈을 꺼서 숨겨줬지만, 배경색을 넣을 거라면 그대로 두셔도 돼요.

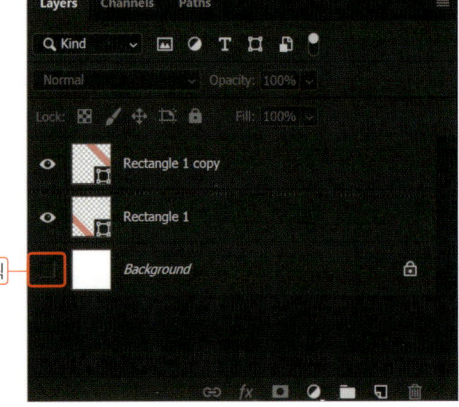

08 ❶ [Edit] – ❷ [Define Pattern]([편집] – [패턴 정의])를 눌러주세요. 창이 뜨면 ❸ 패턴 이름을 설정하고 ❹ 'OK(확인)'를 눌러줍니다.

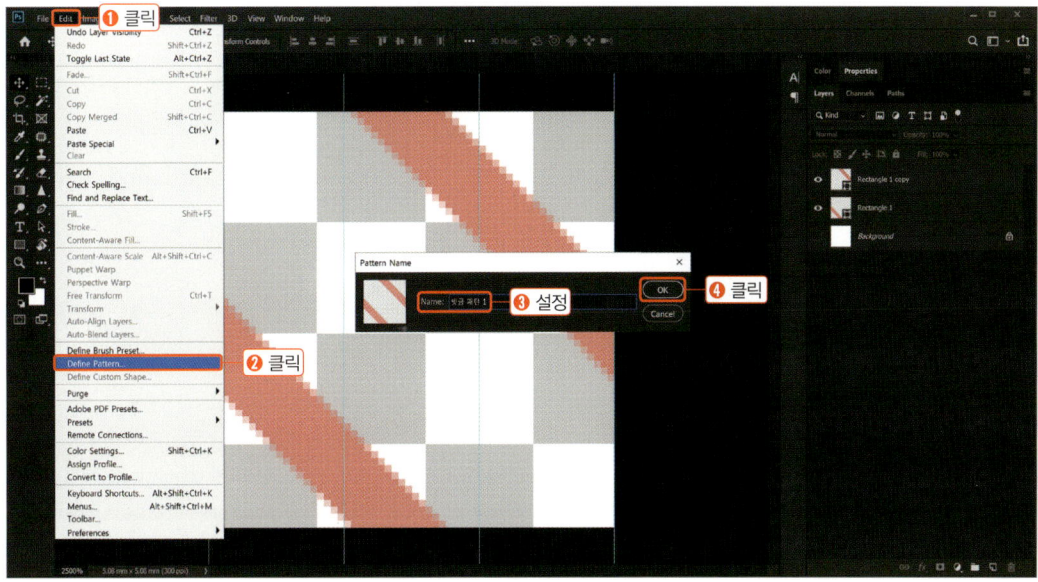

패턴을 적용한 네임 스티커 만들기

01 제작하려는 업체에 명시되어 있는 작업 사이즈로 새 창을 만들어주세요. 여기 클래스에서는 일반적으로 많이 쓰이는 90×40mm로 제작해볼 거예요. [File] – [New]([파일] – [새로 만들기])를 눌러 값을 입력해주세요.

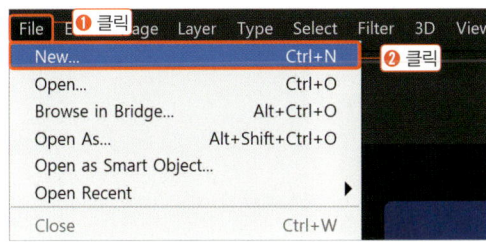

Width(폭) : 94 Millimeters
Height(높이) : 44 Millimeters
Resolution(해상도) : 300 Pixels/Inch
Color Mode(색상모드) : CMYK color

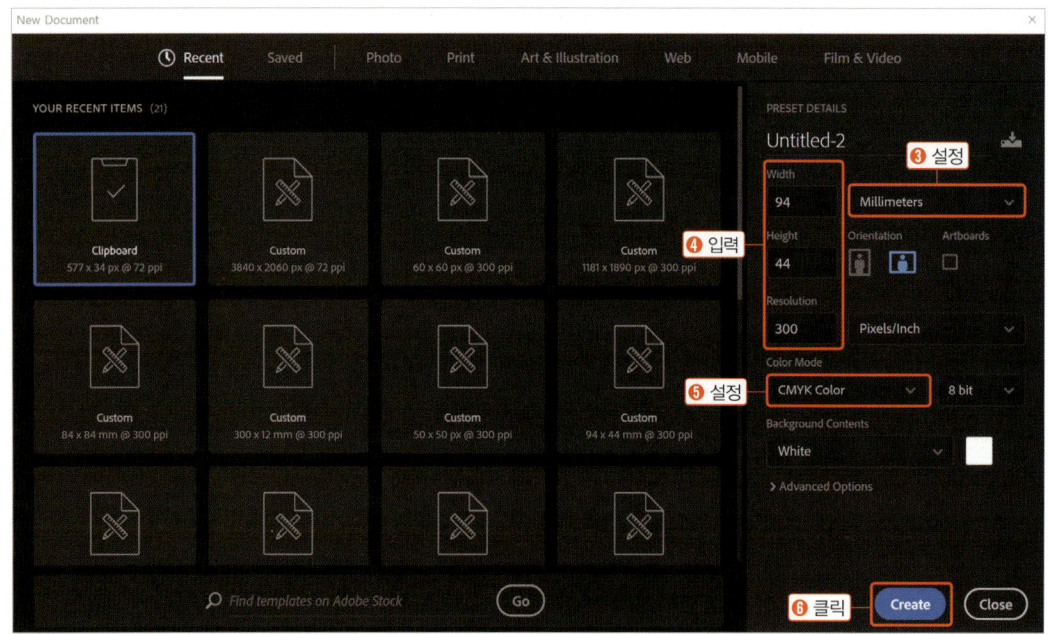

02 [View] - [New Guide Layout]([보기] - [새 안내선 레이아웃])를 눌러 업체에 명시되어 있는 재단 사이즈를 기준으로 안내선을 생성해주세요. 여기에서는 많이 쓰이는 2mm로 설정해줬어요. Margin(여백) 체크 - Top(위쪽), Left(왼쪽), Bottom(아래쪽), Right(오른쪽) : 2mm

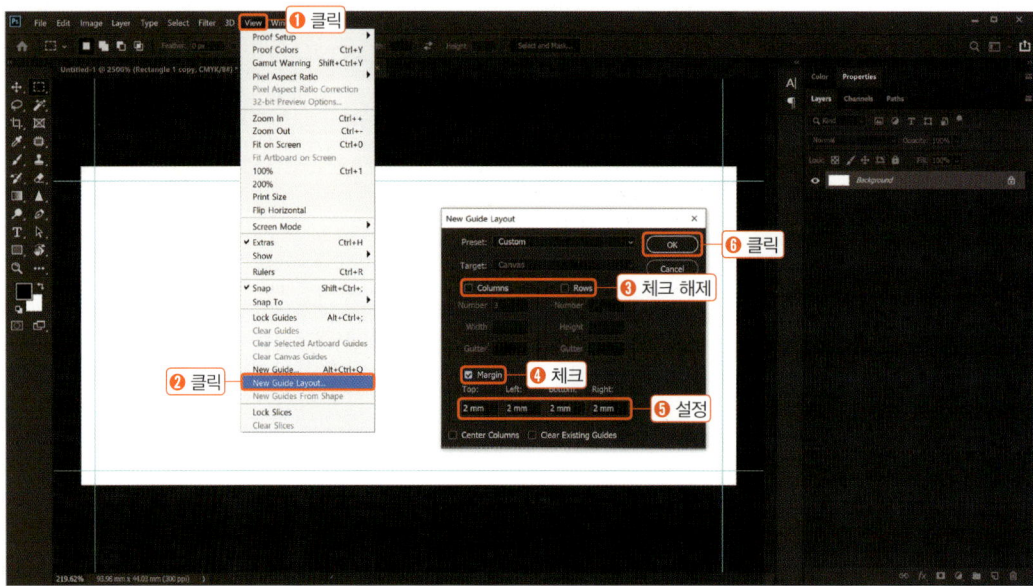

03 레이어 패널의 새 레이어 버튼 을 눌러주세요.

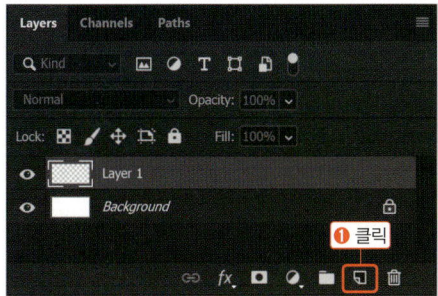

04 도구 상자에 있는 ❶ 전경색을 클릭하고, ❷ Color Picker(색상 피커)창에서 원하는 색을 골라 주세요.

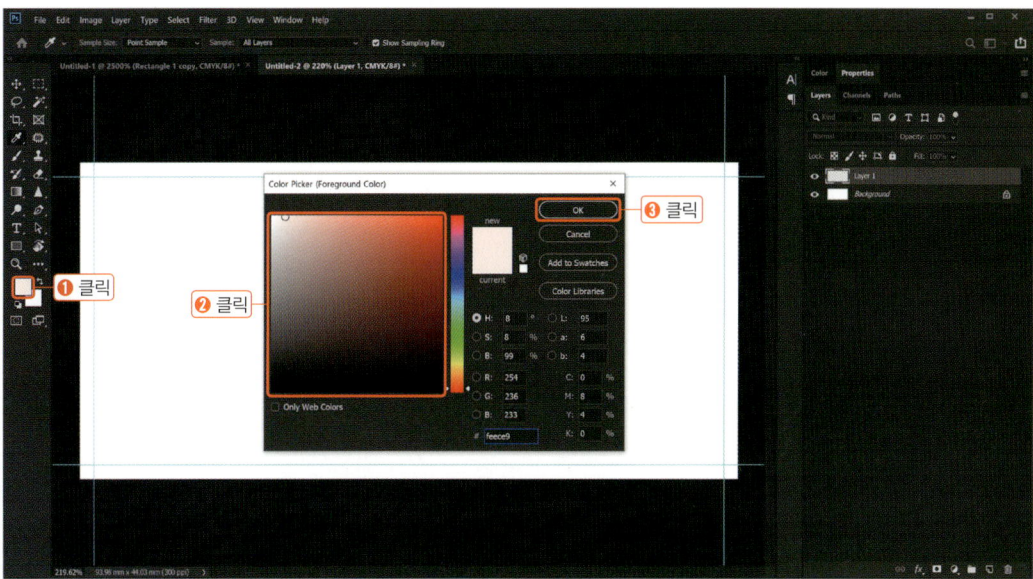

05 도구 상자에 있는 ❶ Gradient Tool(그레이디언트 도구)을 2초 정도 클릭하여 ❷ Paint Bucket Tool(페인트 통 도구)을 클릭하고, 화면을 한 번 클릭하여 색을 입혀주세요.

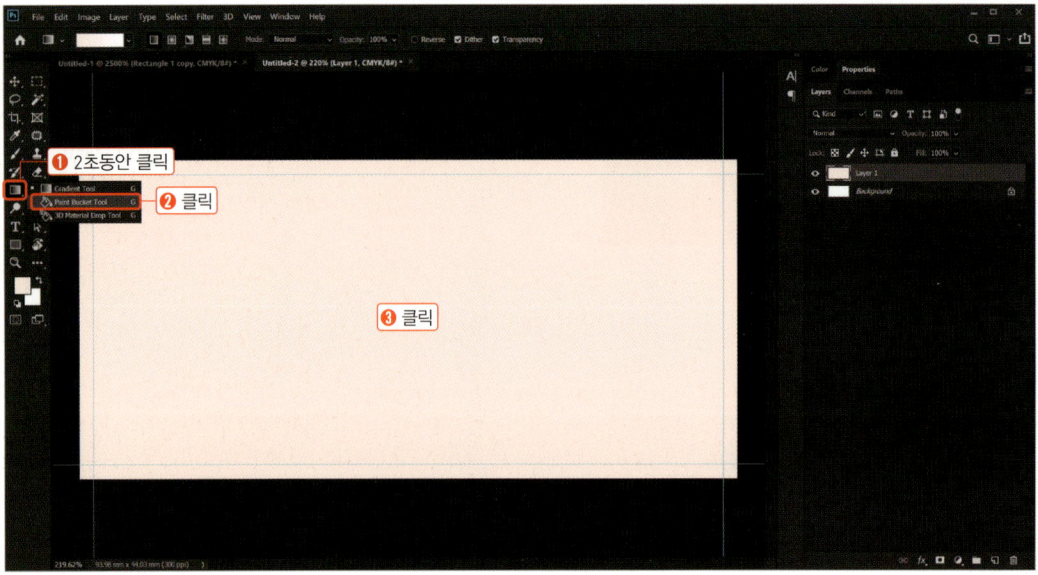

06 ❶ 'Layer 1(레이어1)' 옆을 더블 클릭하여 레이어 스타일 창을 꺼내주세요. 왼쪽의 효과 메뉴 중 ❷ 'Pattern Overlay(패턴 오버레이)'를 클릭한 후 창의 오른쪽에서 ❸ Pattern(패턴)을 빗금 패턴으로 바꿔주세요. Scale(비율)을 원하는 만큼 설정해주세요.

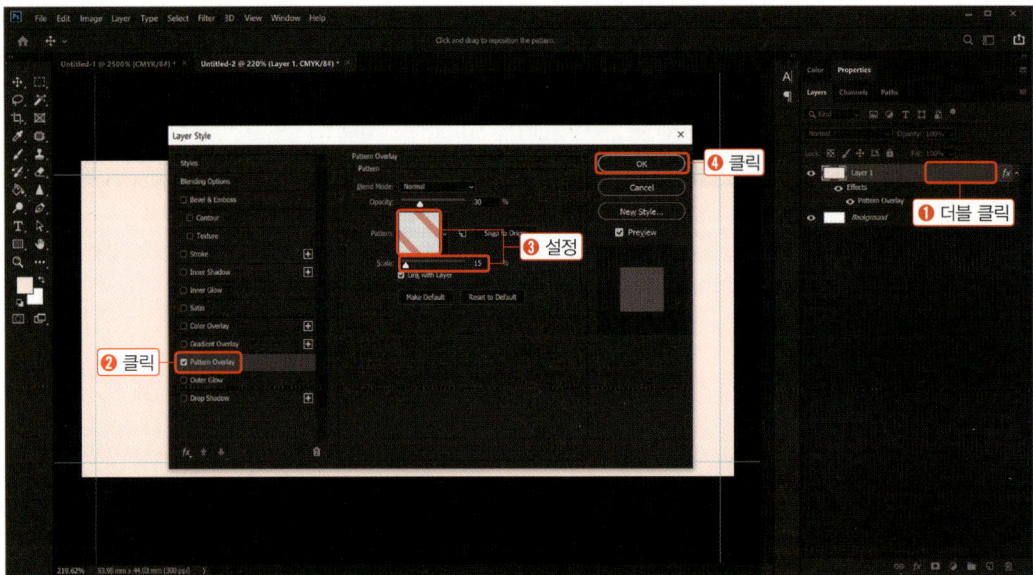

> **Tip**
> - 가장 최근에 만들었던 패턴은 패턴 리스트의 맨 아래에 있어요.
> - Scale(비율)이 100%면 원래 패턴의 크기이고, 그보다 더 작게 혹은 크게 설정할 수 있어요. 여기에서는 촘촘한 빗금을 만들기 위해 15%로 줄였어요.

07 ❶ Rectangle Tool(사각형 도구) 을 2초 정도 클릭하여 ❷ Ellipse Tool(타원 도구) 을 클릭해주세요. ❸ 옵션바에서 Fill(칠)색을 원하는 색으로 하고 Stroke(획)색을 '없음'으로 지정해주세요. 화면을 ❹ Shift +드래그하여 화면과 같이 찌그러지지 않은 원을 그려주세요.

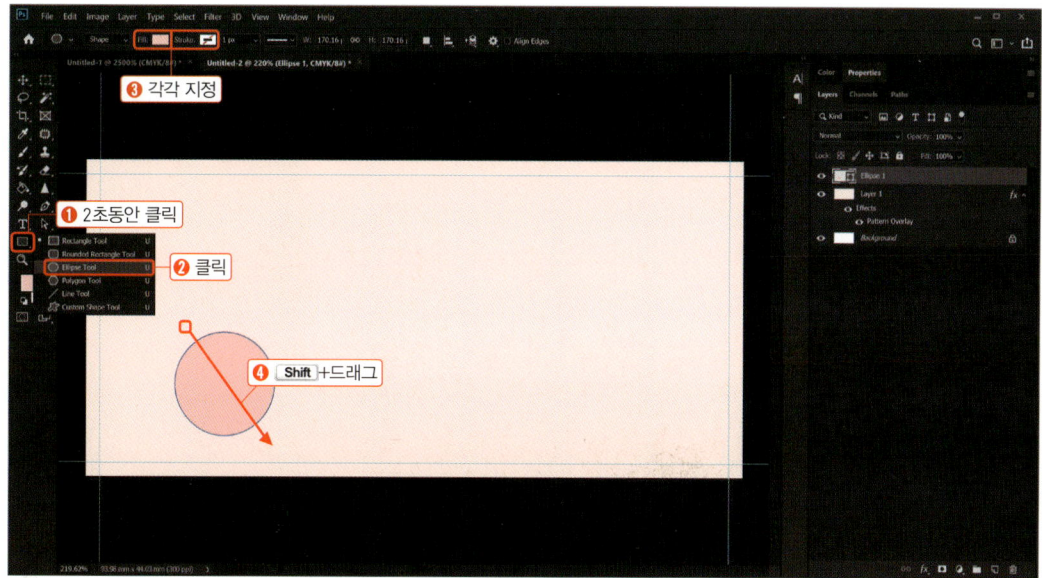

08 ❶ Ctrl + J 를 눌러 원형 레이어를 복제하고, ❷ Fill(칠)을 ❸ Pattern(패턴)으로 바꿔주세요. ❹ 만들어준 패턴을 선택해주고, ❺ Scale(비율)을 원하는 만큼 설정해주세요.

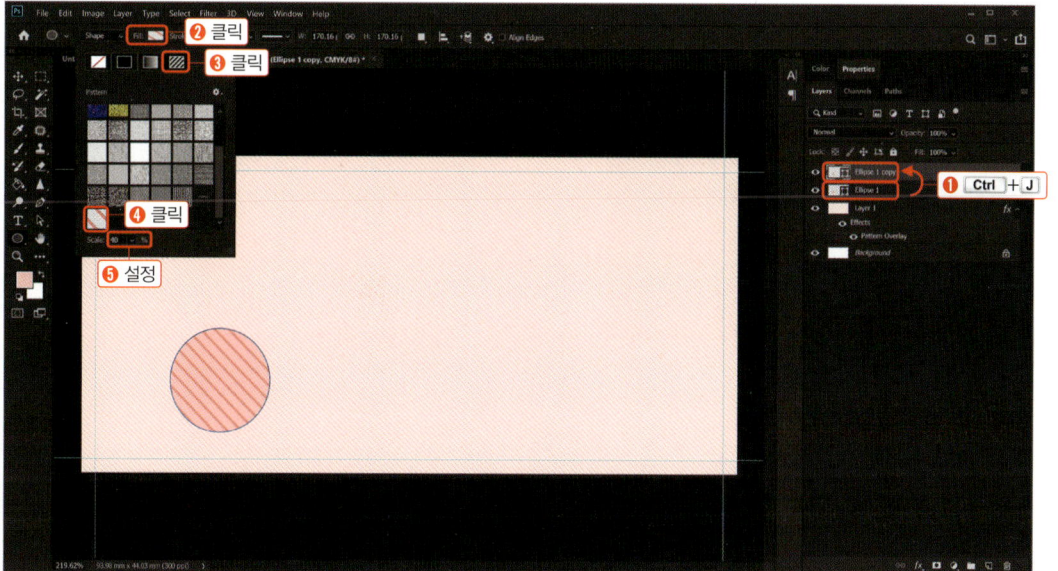

> **Tip** 비율을 너무 크게 설정하면, 패턴의 화질이 깨져 보일 수 있으니 주의해주세요.

09 ❶ Move Tool(이동 도구) ✥을 클릭하고 ❷ 원형을 드래그하여 옆으로 이동시켜줍니다.

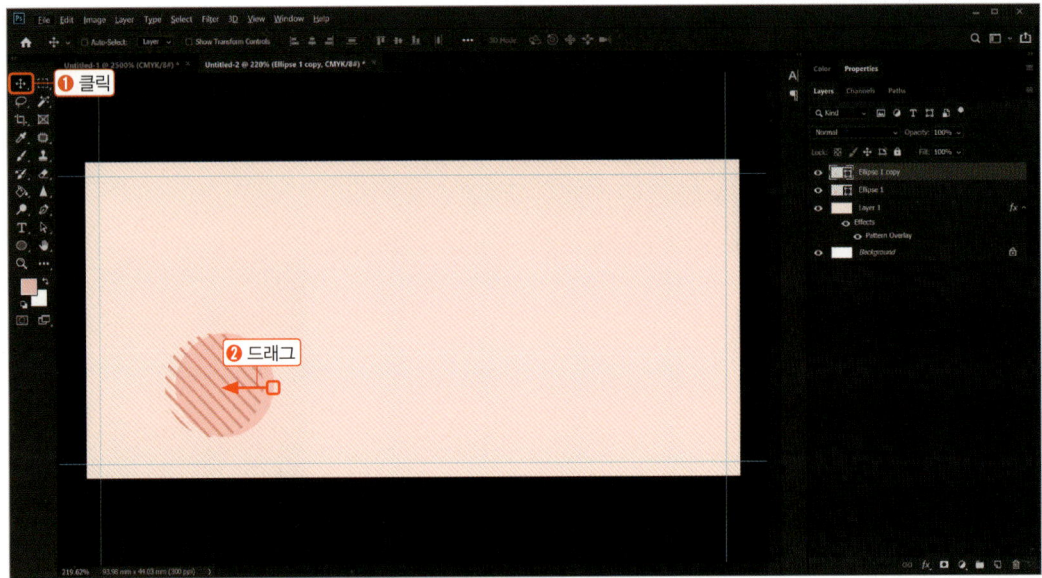

10 레이어 패널에서 두 개의 원형 레이어를 각각 ❶ 클릭과 ❷ Ctrl +클릭하여 중복 선택한 후, ❸ Link Layers(레이어 연결) 버튼 ⌘을 눌러주세요.

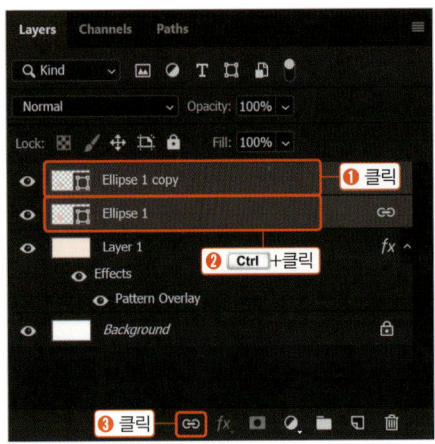

> Tip Link Layers는 두 개 이상의 레이어를 함께 변형시킬 때 쓰는 기능이에요. 이동, 크기 변경, 회전 등을 똑같이 할 수 있답니다.

11 ❶ Ctrl + J 를 눌러 두 개의 원형 레이어를 함께 복제하고, 화면을 ❷ 드래그하여 원하는 곳에 배치 시켜주세요. 이 과정을 여러 번 반복해줍니다.

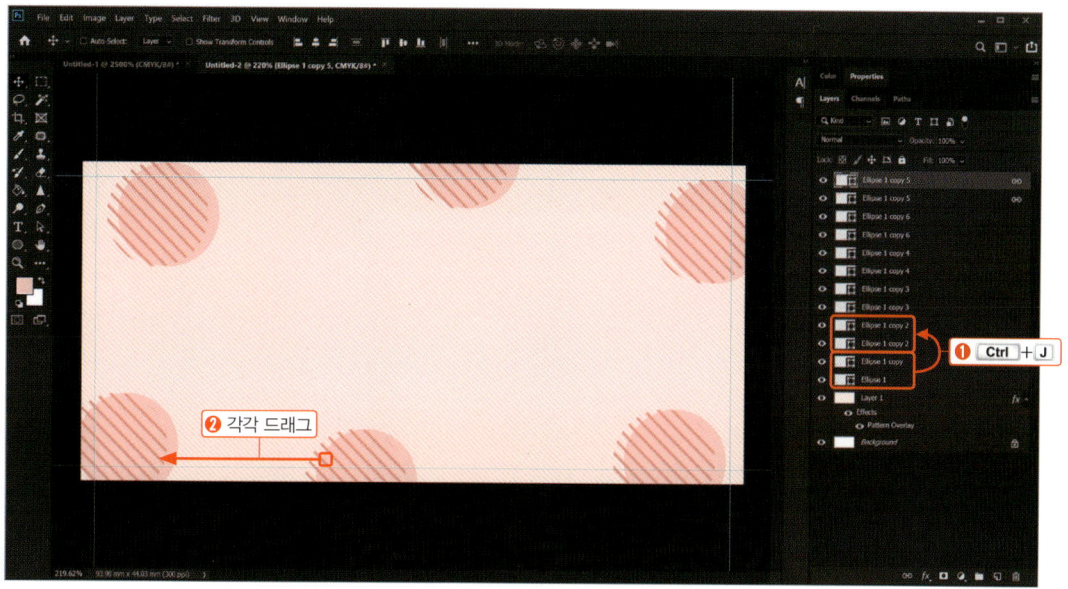

Tip 복제된 레이어들은 Link Layers가 적용되어 있지 않아요. 복제할 때마다 Link Layers 버튼을 눌러 연결해주시면 돼요. 레이어 옆의 사슬 아이콘을 확인해주세요.

12 이제 이름을 써 줄 거예요. 도구 상자에서 ❶ Horizontal Type Tool(수평 문자 도구) T.을 클릭하고, ❷ 옵션바에서 서체와 문자 색상, 크기를 각각 설정해주세요. ❸ 화면을 한 번 클릭하여 글씨를 입력하고 ❹ Ctrl + Enter 를 눌러 글씨를 마무리해줍니다.

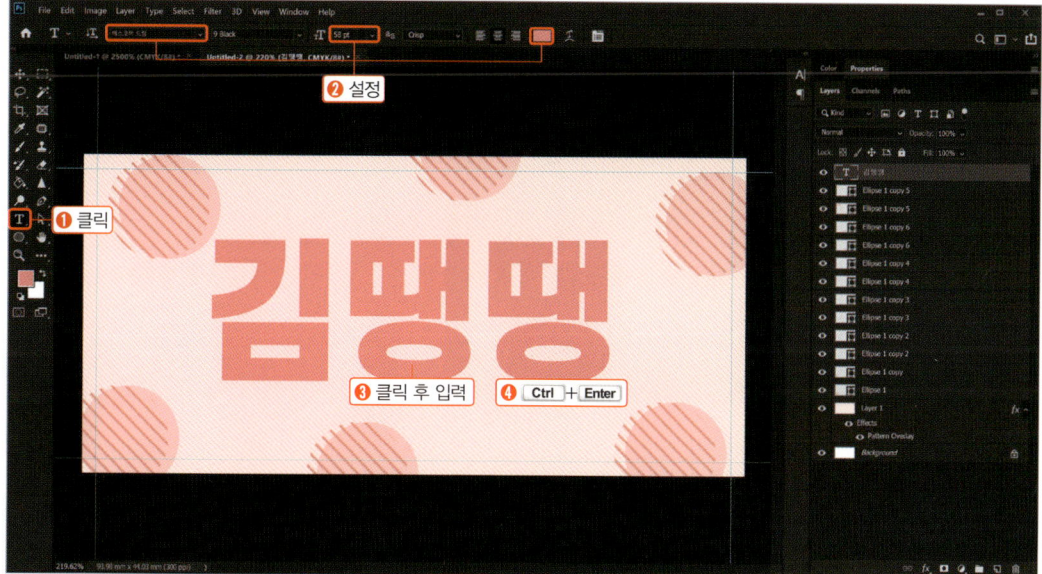

CLASS 11 네임 스티커 **147**

13 문자에 그림자를 넣어줄 거예요. ❶ 문자 레이어 옆을 더블 클릭하여 레이어 스타일 창을 꺼내주세요. 왼쪽의 효과 메뉴 중 ❷ 'Drop Shadow(드롭 섀도)'를 클릭한 후 창의 오른쪽에서 다음과 같이 설정해주세요.

Opacity(불투명도) : 30%, Distance(거리) : 18px, Angle(각도) : 130°, Spread(스프레드) : 0%, Size(크기) : 0px

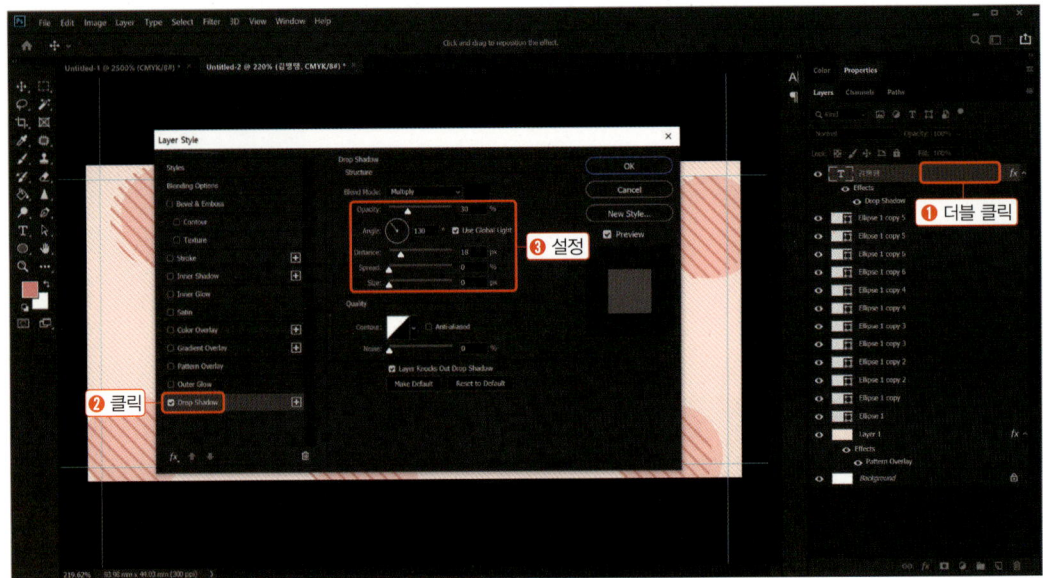

> **Tip** CS 시리즈 버전과 CC 2017 이하 버전의 한글판에서는 '그림자 효과' 혹은 '그림자 만들기'라는 메뉴를 찾아주세요.

✨ 고수가 되고 싶다면 보너스 TIP

Drop Shadow 메뉴를 알아봅시다.

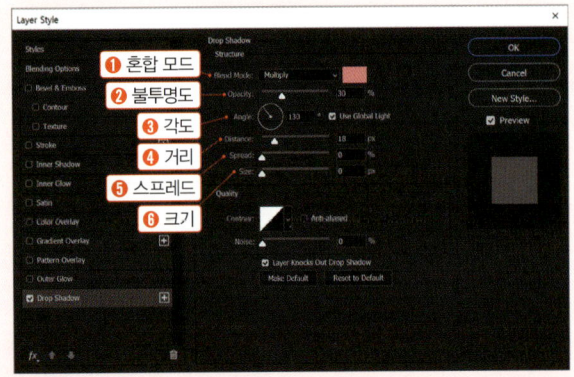

Spread(스프레드)가 크고, Size(크기)가 작을 때

Spread(스프레드)가 작고, Size(크기)가 클 때

❶ 그림자의 혼합 모드와 색상
❷ 그림자의 불투명도
❸ 빛의 방향
❹ 그림자와 레이어 사이의 거리
❺ 스프레드(그림자의 범위, Size(크기)가 0일 때는 적용되지 않음)
❻ 크기(부드럽게 퍼지는 정도)

14 그림자의 색상을 글씨와 같은 색으로 설정할 거예요. 'Blend Mode(혼합 모드)'의 ❶ 색상 버튼을 ❷ 클릭하고 글씨 부분을 클릭해주세요.

> **Tip** 포토샵 작업을 하다 보면 화면처럼 마우스가 스포이드 모양으로 변할 때가 자주 있을 거예요. '클릭한 부분의 색상을 추출해온다'는 뜻이랍니다. 이때 뜨는 Color Picker(색상 피커)창은 크게 신경 쓰지 않아도 됩니다.

15 `Ctrl`+`S`를 눌러 PSD로, `Ctrl`+`Shift`+`S`를 눌러 업체에서 원하는 형식으로 각각 저장해주세요. 저장한 전체 파일들이 업체에 기재되어 있는 파일 유형과 맞는지 확인하신 후 주문하시면 됩니다.

내 디자인을 굿즈로, 직접 주문 넣기

01 인터넷에서 '스티커 제작'을 검색한 후 제작을 원하는 업체에 접속합니다.

02 접속한 업체에서 제작을 원하는 '스티커'의 카테고리로 들어갑니다.

03 '배경 있음'과 '배경 없음'을 선택하도록 나와있는지 확인합니다.

04. 배경을 선택하도록 나와 있는 경우 사이즈 입력 전 먼저 선택합니다.
  ※ **배경 있음** - 배경을 원하는 색이나 그림으로 인쇄 **배경 없음** - 배경을 흰색으로 하거나, 사방에 흰 테두리를 인쇄

05 배경을 선택한 후 제작을 원하는 재단 사이즈를 입력합니다.
  ※ 네임 스티커 제작 사이즈는 보통 가로(폭) 90mm 세로(높이) 40mm 크기이니 참고하세요.

06 재단 사이즈에 맞는 작업 사이즈를 확인합니다.

07 제작한 도안의 사이즈가 작업 사이즈가 맞는지, 업체에 기재되어 있는 안전 사이즈 안으로 원하는 이미지가 모두 들어와 있는지 확인합니다.

08 업체의 안내문에 기재되어 있는 제작방법 및 파일 유형이 맞는지 확인합니다.

09 제작하고 싶은 용지를 선택합니다. 용지 부분에서 광택도까지 설정하도록 되어 있을 수 있습니다. 광택을 원하면 골라주세요.
  ※ 네임 스티커 제작에 일반적으로 많이 사용하는 용지는 아트지입니다. 자신이 사용하고자 하는 용도에 따라 다양하게 용지를 선택할 수 있으니 골라보세요. 리무버블지는 접착 후 제거하더라도 끈적임이 적어 비교적 깨끗이 떼어낼 수 있습니다. 노트북, 캐리어 등 전자기기에 일시적 부착 용도로 사용할 때 편리해요. 다이어리, 편지지와 초대장 등에 사용하고자 하는 경우 모조지를 선택하는 방법도 있습니다. 모조지는 필기감이 좋고 인쇄성이 뛰어나지만, 물에 젖을 수 있는 단점이 있으니 참고하여 선택하세요.

10 후가공이 필요한 경우, 업체에 기재되어 있는 후가공의 종류를 확인하여 선택합니다.
  ※ 후가공은 필수 선택이 아니기 때문에, 후가공 없이 제작하는 경우가 많습니다. 네임스티커의 경우 방수를 위해 코팅을 추가하기도 한답니다.

11 원하는 제작 수량을 입력합니다.

12 파일을 업로드합니다.

13 제목을 입력한 후 주문하기를 클릭하면 완료입니다. 인쇄가 시작되면 수정을 할 수 없으니, 가능한 곳은 업체에 시안을 꼭 확인해보는 것이 좋습니다. 배송이 시작되면 굿즈를 기다리는 일만 남았어요!

CLASS 12

인스 (인쇄소 스티커)

여러 가지 모양의 스티커 만들기를 배워 볼까요? 소위 '인스'라고 불리는 인쇄소 스티커 굿즈는 연예인 사진·반려동물·감사문구·내가 그린 그림까지 어떤 이미지든 창의적으로 만들어 활용이 가능합니다. 다이어리 꾸미기·답례품·포장지까지 어디에나 붙이면 조금 더 특별해져요.
이미지 사이 여백에 내가 원하는 문구를 넣어 제작할 수도 있답니다.

완성작

이미지를 다양하게 배치하기

01 제작하려는 업체 사이트에 들어가서 원하는 크기를 고르거나 원하는 크기를 입력한 후, 명시되어 있는 작업 사이즈로 새 창을 열어주세요. [File] – [New]([파일] – [새로 만들기])를 눌러 그대로 입력하시면 됩니다. 여기에서는 폭과 높이가 90mm인 작은 크기의 스티커를 만들어볼 거예요.

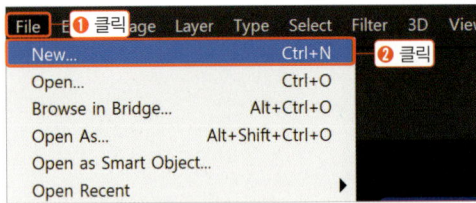

Width(폭) : 94 Millimeters
Height(높이) : 94 Millimeters
Resolution(해상도) : 300 Pixels/Inch
Color Mode(색상모드) : CMYK color

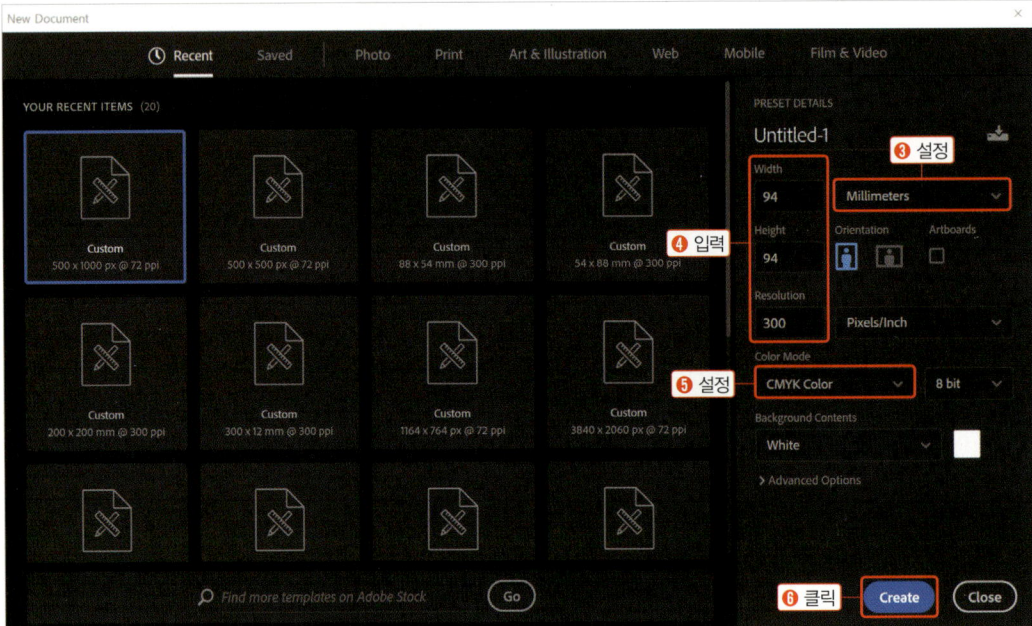

02 [View] – [New Guide Layout]([보기] – [새 안내선 레이아웃])를 눌러 업체에 명시되어 있는 재단 사이즈와 안전 사이즈를 기준으로 안내선을 생성해주세요. 여기에서는 재단선으로 많이 쓰이는 2mm와 안전선으로 많이 쓰이는 4mm로 각각 설정해줬어요.

Margin(여백) 체크 – Top(위쪽), Left(왼쪽), Bottom(아래쪽), Right(오른쪽) : 2mm
Margin(여백) 체크 – Top(위쪽), Left(왼쪽), Bottom(아래쪽), Right(오른쪽) : 4mm

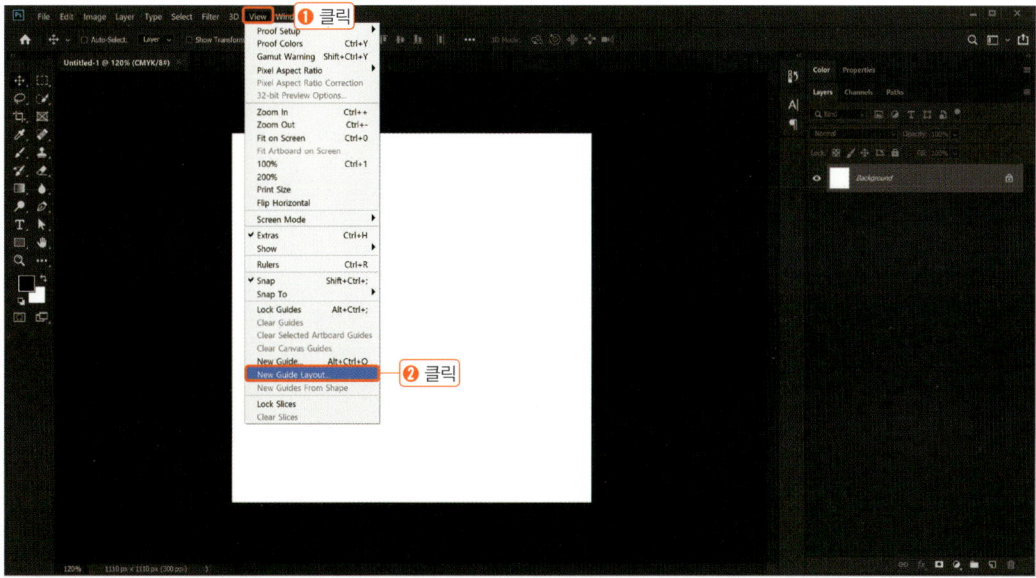

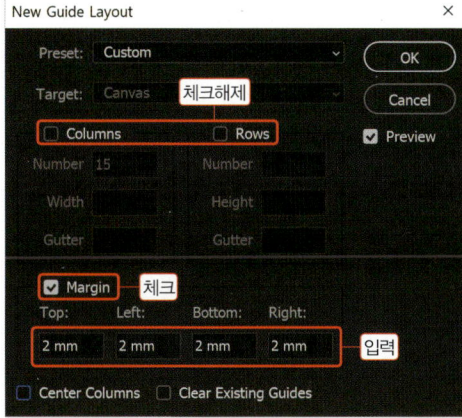

〈재단 사이즈 안내선〉

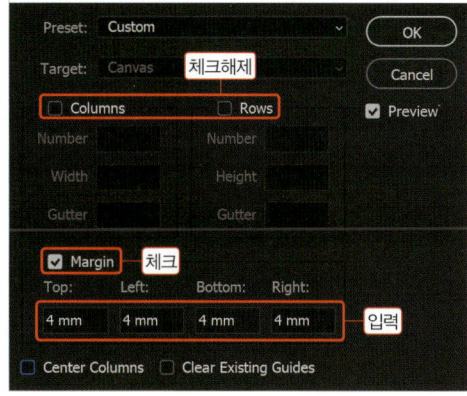

〈안전 사이즈 안내선〉

03 ❶ [File] - ❷ [Place Embedded]([파일] - [포함 가져오기])를 눌러 스티커로 쓸 이미지 파일을 가져와주세요. ❸ 크기와 위치, 회전 값을 조정하고 ❹ Enter 를 눌러줍니다.

04 도구 상자의 ❶ Quick Selection Tool(빠른 선택 도구) 을 클릭하고 단축키 [와] 를 눌러 마우스 크기를 조정해주세요. 스티커로 쓰고 싶은 부분을 ❷ 드래그하여 선택해주세요.

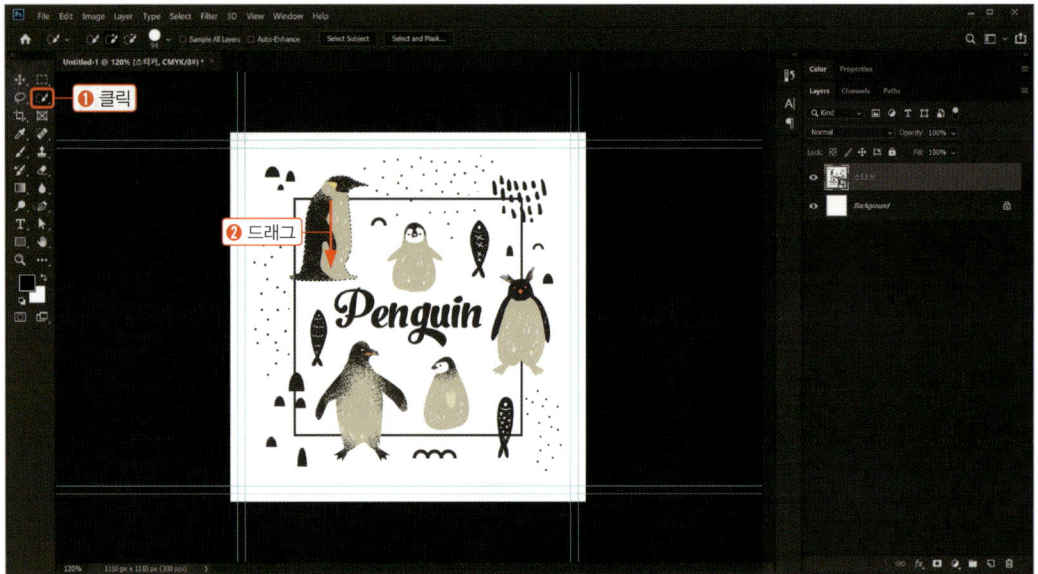

05 ❶ Ctrl + J 를 눌러 선택 영역을 복제하고, ❷ 원본 이미지 레이어의 눈을 클릭해서 꺼주세요.

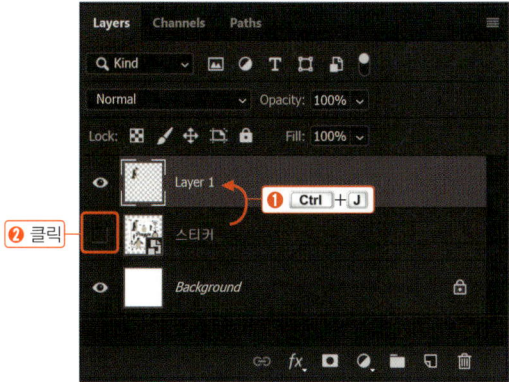

06 ❶ Ctrl + T 를 눌러 ❷ 크기와 위치, 회전 값을 조정하고 ❸ Enter 를 눌러줍니다.

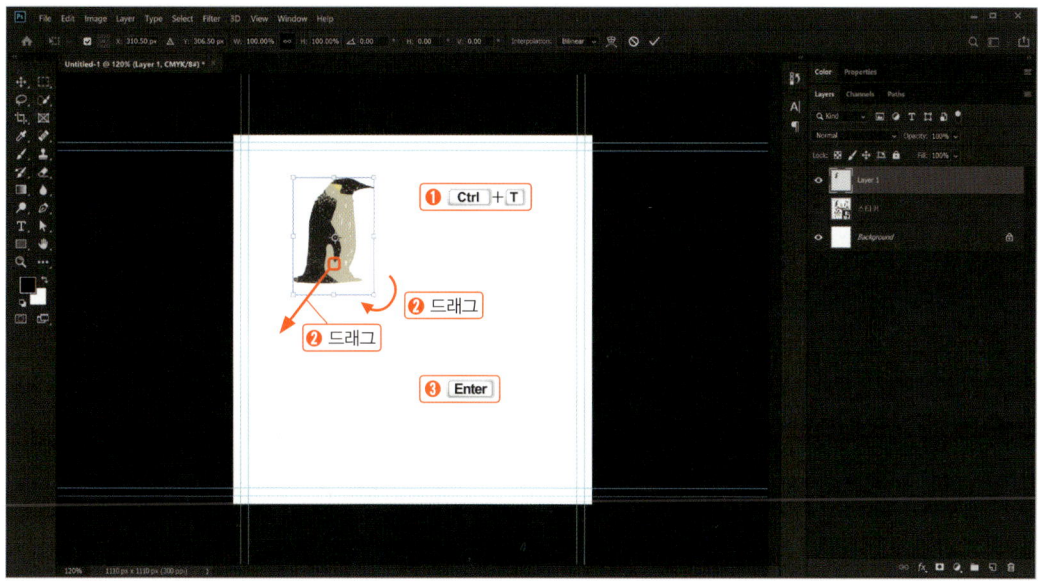

07 같은 레이어를 뒤집어서 배치해볼 거예요. 다시 ❶ Ctrl + J 를 눌러 레이어를 복제하고, ❷ Ctrl + T 를 눌러 ❸ 크기와 위치, 회전 값을 이전과 다르게 조정해주세요.

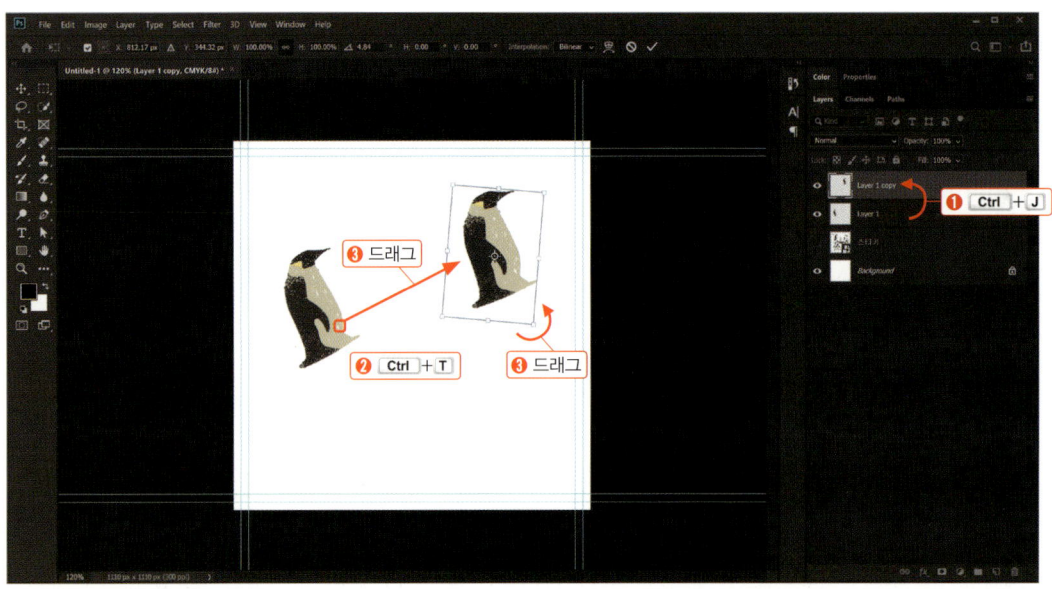

> **Tip** 큰 이미지를 작게 줄이는 것은 문제가 안되지만, 작은 이미지를 너무 많이 키우면 화질이 깨질 수 있어요. 작게 변형한 이미지를 다시 크게 키우고 싶을 때는 원본 이미지에서 다시 복사해서 처음부터 변형해주는 것이 더 좋아요.

08 상자를 ❶ 오른쪽 마우스로 클릭하고 ❷ 'Flip Horizontal(수평으로 뒤집기)'을 클릭해주세요. ❸ Enter 를 눌러 마무리해줍니다.

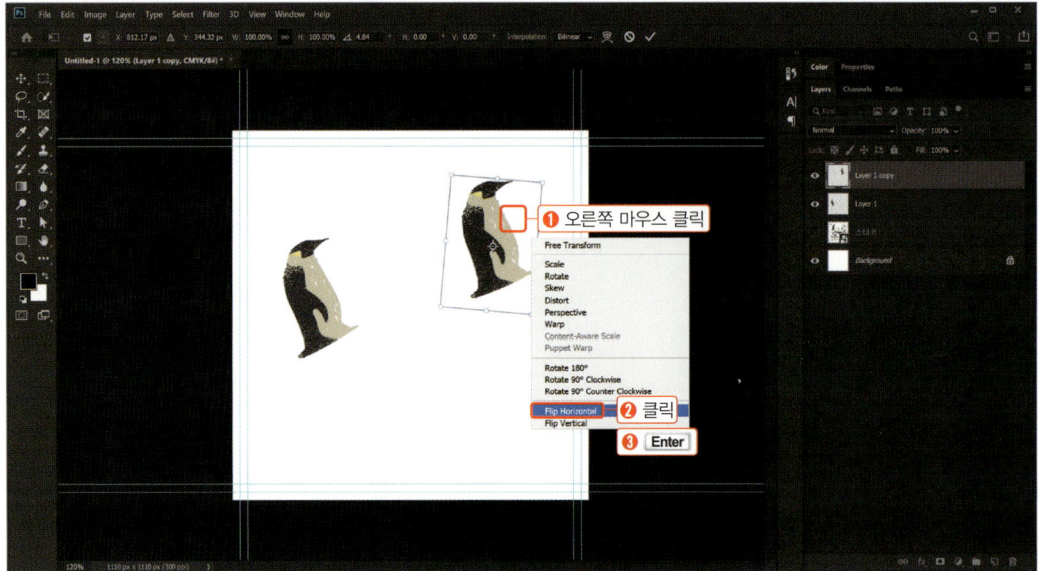

09 이번에는 도형 안에 이미지를 넣어볼 거예요. ❶ Rectangle Tool(사각형 도구) 을 클릭한 후, ❷ 옵션바에서 Fill(칠)색을 지정하고 Stroke(획)색을 '없음'으로 지정해주세요. ❸ 화면을 드래그하여 사각형을 그려주세요.

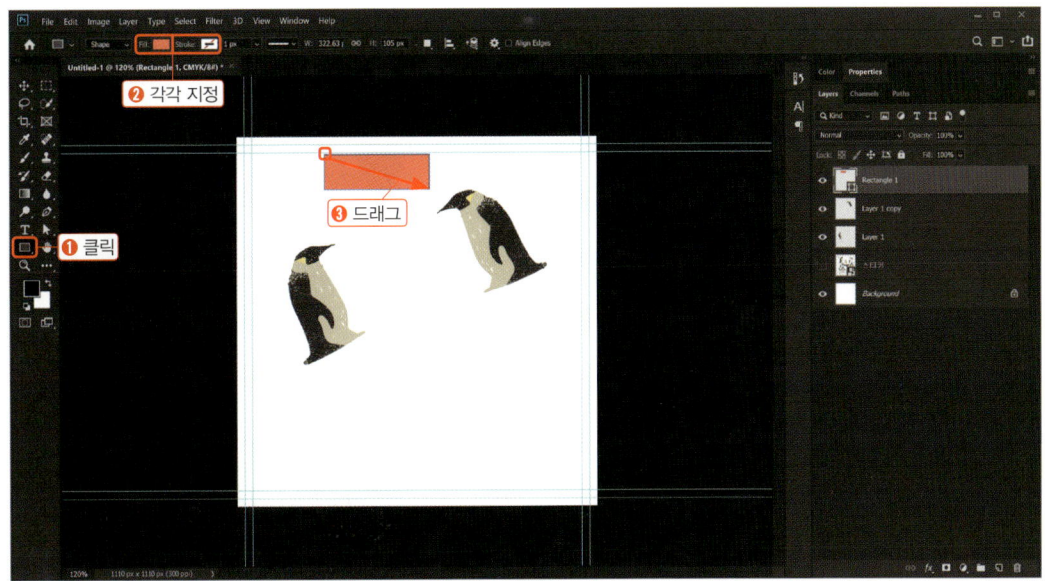

10 원본 이미지 레이어의 눈을 다시 켜고, **04~08**번과 같은 방법으로 이미지들을 배치해주세요. **09**번에서 그린 도형 안에 들어갈 모양을 생각하며 배치하시면 됩니다. 배치를 완료했으면 원본 이미지 레이어의 눈을 꺼주세요.

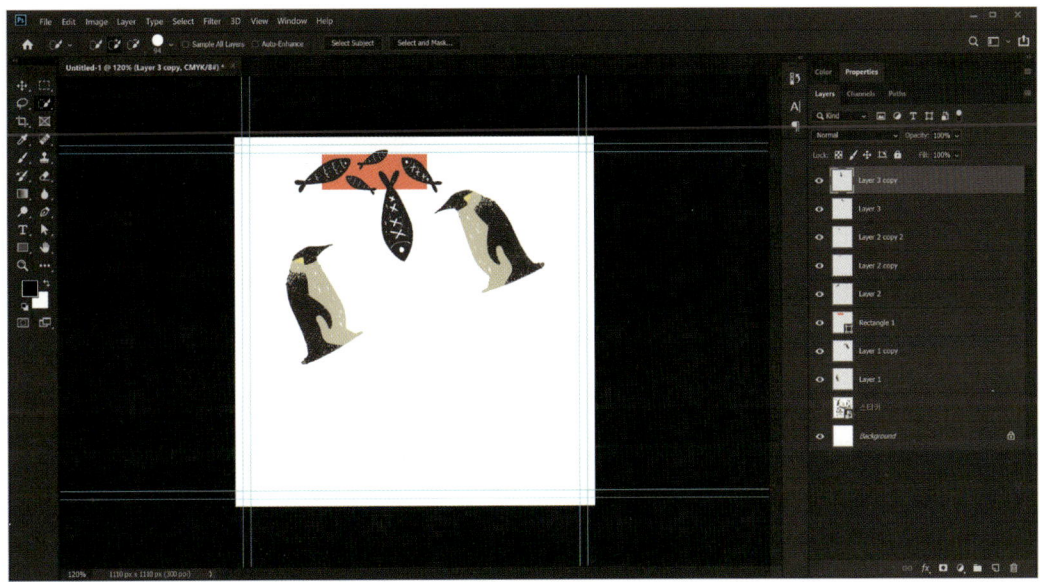

11 10번에서 배치한 이미지들 중 ❶ 맨 위에 있는 레이어를 클릭, ❷ 맨 밑에 있는 레이어를 Shift +클릭해서 중복 선택해주세요.

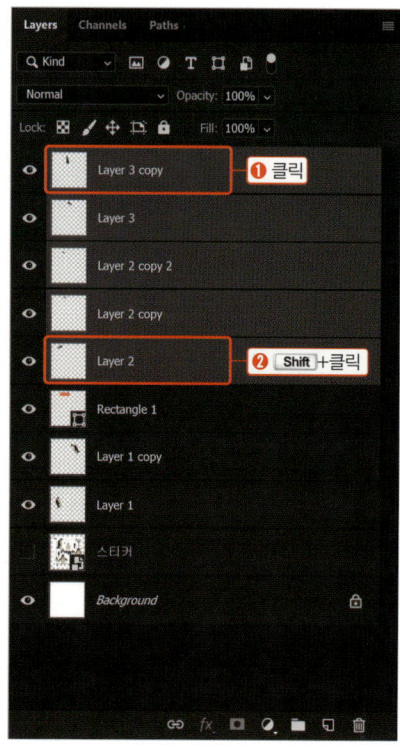

12 선택한 레이어를 ❶ 오른쪽 마우스로 클릭하고 ❷ 'Create Clipping Mask(클리핑 마스크 만들기)'를 클릭해주세요.

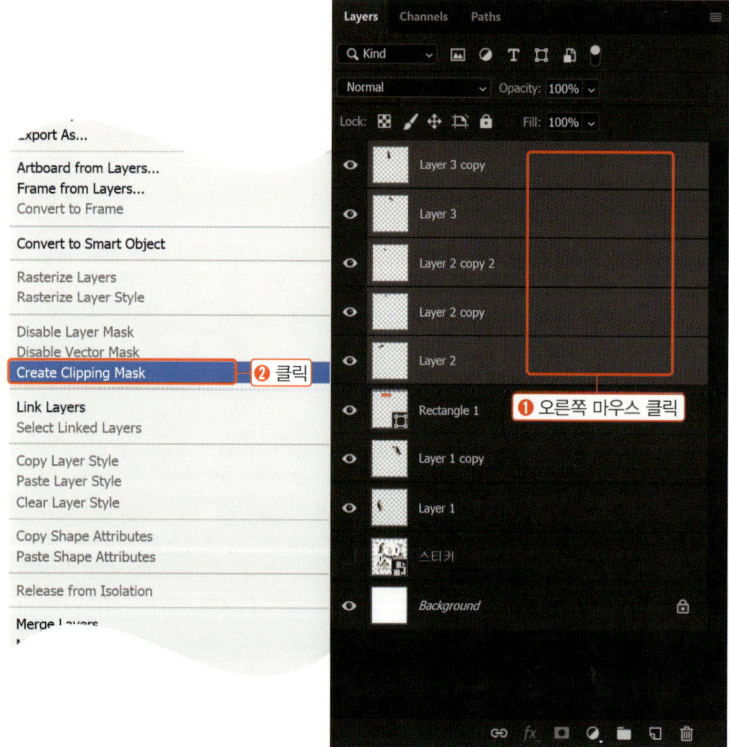

13 위의 방법들을 반복해서 배치하시면 됩니다. 단, 인쇄 후 가위로 직접 잘라서 사용하실 것을 생각해서 간격에 여유를 두고 배치해주세요.

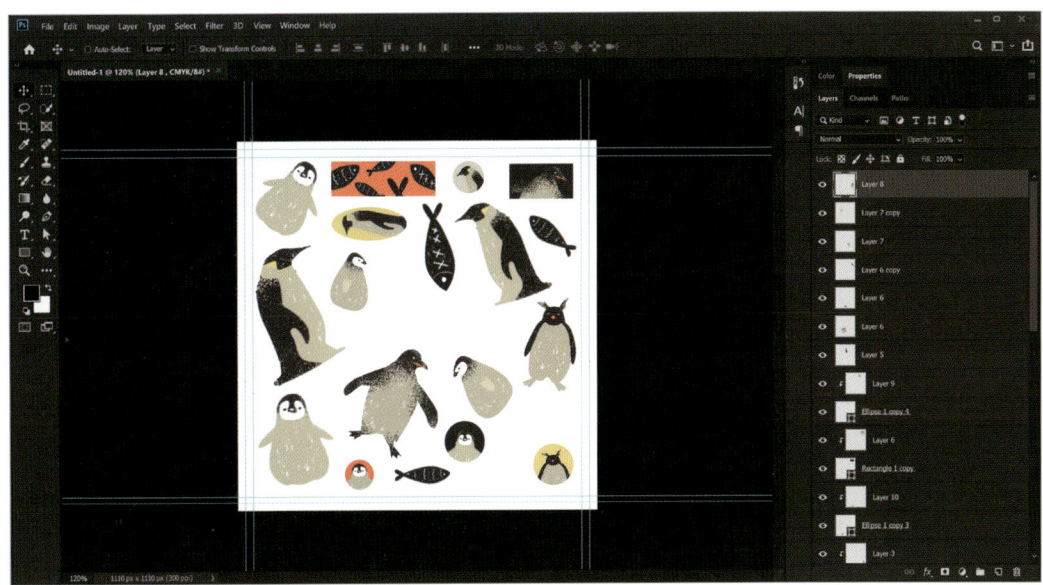

도형의 모양 따라 글씨 쓰기

01 ❶ Rectangle Tool(사각형 도구) ▢을 2초 정도 클릭하여 ❷ 원하는 도형 도구를 클릭해주세요. (여기서는 Ellipse Tool(타원 도구) ◯을 사용했습니다.) ❸ 옵션바의 도구 모드 'Shape(모양)'을 클릭하여 'Path(패스)'로 바꾸고 ❹ 화면을 드래그해서 도형 패스를 만들어주세요.

> **Tip** Path(패스)란 화면에는 보이지 않는 도형의 선을 의미해요. 이 선을 따라 글씨를 쓰거나 선택할 수 있답니다. 패스 관리는 같은 이름의 'Path(패스)'라는 패널에서 할 수 있어요.

02 도구 상자에서 ❶ Horizontal Type Tool(수평 문자 도구) T을 클릭하고, ❷ 옵션바에서 서체와 크기, 문자 색상을 설정해주세요.

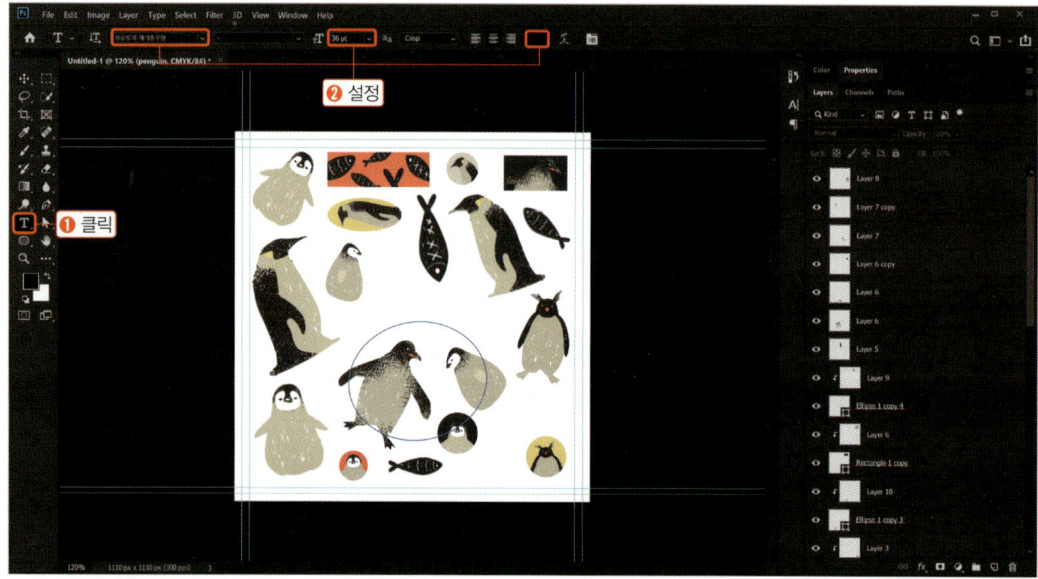

03 마우스를 **02**번에서 그린 패스에 가져다 놓아보면 마우스 모양이 화면처럼 변할 거예요. 이 때 ❶ 한 번 클릭하여 글씨를 입력하고 ❷ Ctrl + Enter 를 눌러 글씨를 마무리해주세요.

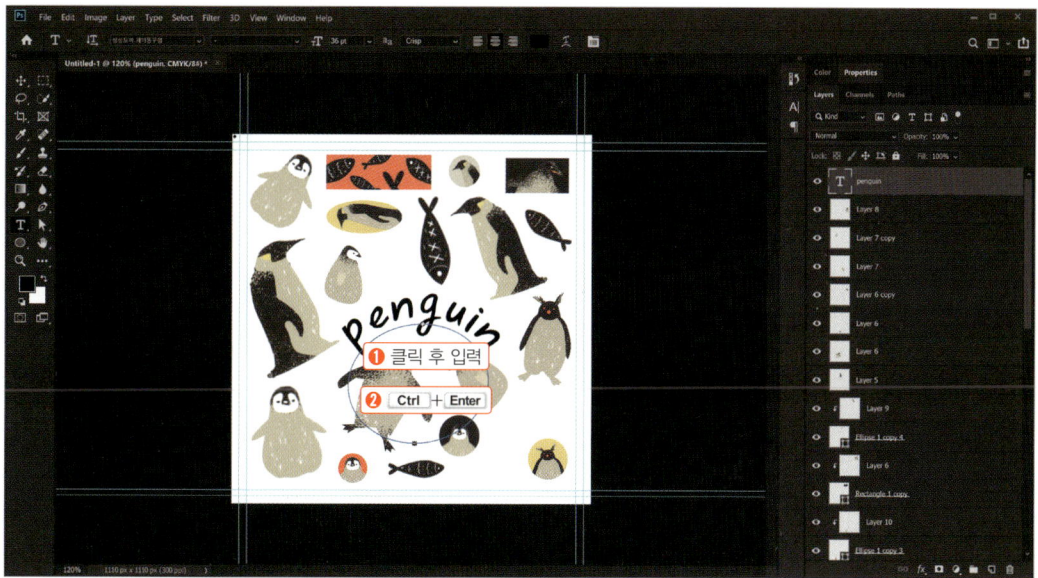

> **Tip** 화면에 있는 폰트는 '상상토끼 개미똥꾸멍'체입니다.

고수가 되고 싶다면 보너스 TIP

Path(패스)가 있는 상태에서 문자 도구를 사용하면, 마우스의 위치에 따라 다음과 같이 모양이 변할 거예요. 다양한 타이포그래피를 만들 때 활용해보세요.

패스 바깥쪽 : 일반 문자 쓰기

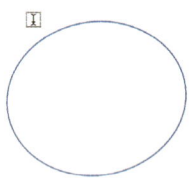

패스 테두리 쪽 : 도형의 모양 따라 문자 쓰기

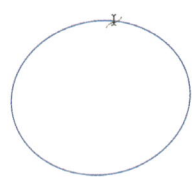
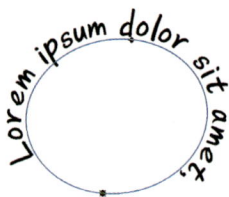

패스 안쪽 : 도형의 안쪽에 문자 쓰기

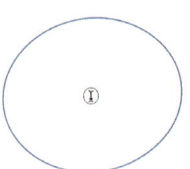

04 같은 방법으로 문자를 써서 화면의 빈 곳을 채워주세요.

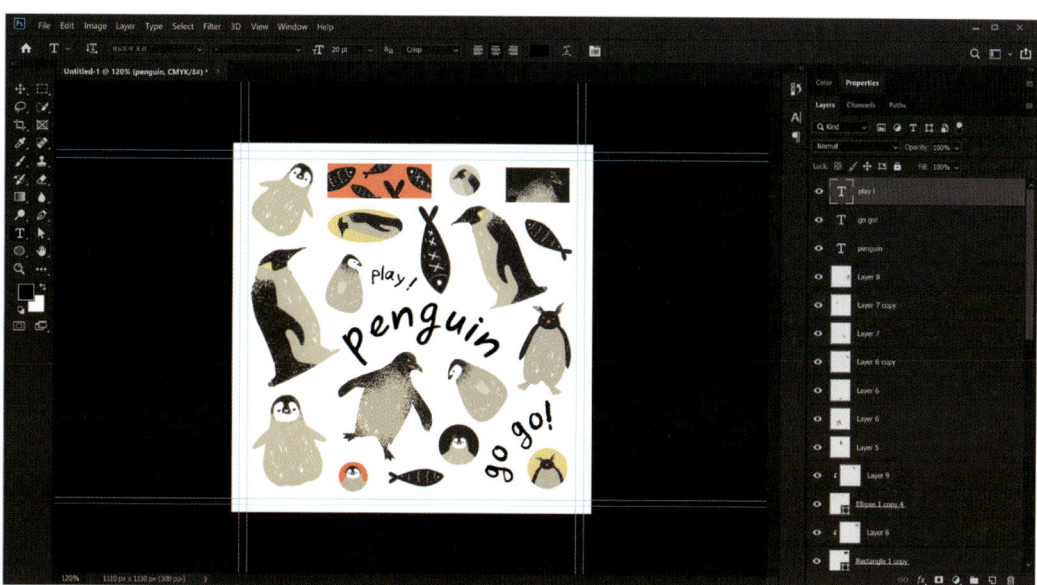

 · 굿즈를 만들 때에는 패스보다 모양을 더 많이 쓰기 때문에, Path(패스)를 다 그린 다음에는 **01**번에서 설정한 옵션바의 도구 모드를 다시 'Shape(모양)'으로 바꾸어주시는 게 좋아요.
· 화면에 있는 'play!'와 'gogo!'의 폰트는 '상상토끼 꽃길'체입니다.

05 `Ctrl` + `S`를 눌러 PSD로, `Ctrl` + `Shift` + `S`를 눌러 업체에서 요청한 형식으로 각각 저장해주세요. 파일들이 업체에 기재되어 있는 파일 유형과 맞는지 확인하신 후 주문하시면 됩니다.

내 디자인을 굿즈로, 직접 주문 넣기

01 인터넷에서 '스티커 제작'을 검색한 후 제작을 원하는 업체에 접속합니다.

02 접속한 업체에서 제작을 원하는 '스티커'의 카테고리로 들어갑니다.

03 '배경 있음'과 '배경 없음'을 선택하도록 나와있는지 확인합니다.

04 배경을 선택하도록 나와있는 경우 사이즈 입력 전 먼저 선택합니다.
   ※ **배경 있음** - 배경을 원하는 색이나 그림으로 인쇄 **배경 없음** - 배경을 흰색으로 하거나, 사방에 흰 테두리를 인쇄

05 배경을 선택한 후 제작을 원하는 재단 사이즈를 입력합니다.
   ※ 인스 제작 시 주로 많이 선택하는 사이즈는 가로(폭) 80mm 세로(높이) 80mm이니 참고하세요.

06 재단 사이즈에 맞는 작업 사이즈를 확인합니다.

07 제작한 도안의 사이즈가 작업 사이즈가 맞는지, 업체에 기재되어 있는 안전 사이즈 안으로 원하는 이미지가 모두 들어와 있는지 확인합니다.

08 업체의 안내문에 기재되어 있는 제작방법 및 파일 유형이 맞는지 확인합니다.

09 제작하고 싶은 용지를 선택합니다.
   ※ 스티커 제작에서 일반적으로 많이 제작하는 용지는 아트지이고, 투명 스티커를 만들 때는 투명 용지를 쓰기도 합니다.
     (용지 선택 TIP은 네임 스티커 클래스의 150p를 참고하세요.)
   ※ 용지 부분에서 광택도 같이 설정하도록 되어 있을 수 있으니 광택을 원하시면 골라주세요.

10 후가공이 필요한 경우, 업체에 기재되어 있는 후가공의 종류를 확인하여 선택합니다.
   ※ 필수 선택이 아니기 때문에, 후가공이 없이 제작하는 경우가 많습니다.

11 원하는 제작 수량을 입력합니다.

12 파일을 업로드합니다.

13 제목을 입력한 후 주문하기를 클릭하면 완료입니다. 인쇄가 시작되면 수정을 할 수 없으니, 가능한 곳은 업체에 시안을 꼭 확인해보는 것이 좋습니다. 배송이 시작되면 굿즈를 기다리는 일만 남았어요!

CLASS 13
마스킹 테이프

아무리 많아도 계속 모으게 되는 마스킹 테이프를 원하는 디자인으로 직접 만들어 볼까요? 메모 하나를 붙여도, 선물 하나를 포장해도 나만의 마스킹 테이프로 특별함을 더할 수 있답니다. 좋아하는 캐릭터나 귀여운 우리집 멍멍이로 만들 수도 있고, 클래스 7에서 배웠던 원고지 모양으로 명대사나 노래 가사를 넣어도 됩니다. 다양하게 만들어보세요.

완성작

이미지 가져오기

01 제작하려는 업체 사이트에 들어가서 원하는 크기를 고르고, 명시되어 있는 작업 사이즈로 새 창을 열어주세요. [File] - [New]([파일] - [새로 만들기])를 눌러 그대로 입력하시면 됩니다. 여기에서는 높이가 12mm인 작은 크기의 마스킹 테이프를 만들어볼 거예요.

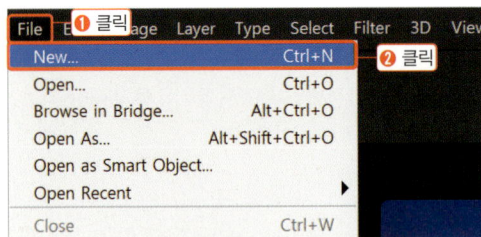

Width(폭) : 300 Millimeters
Height(높이) : 12 Millimeters
Resolution(해상도) : 300 Pixels/Inch
Color Mode(색상모드) : CMYK color

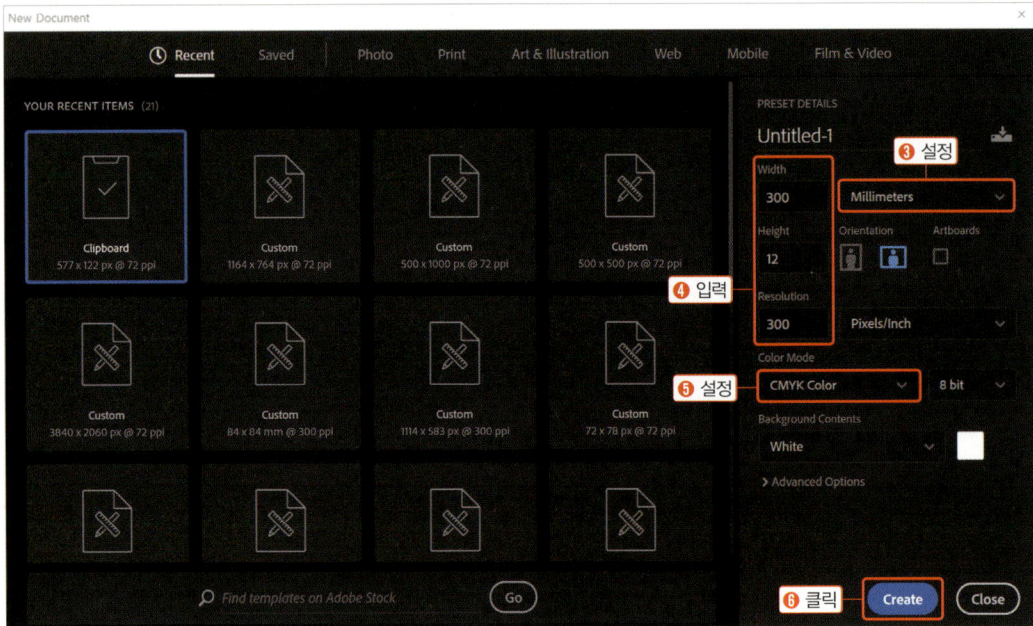

02 화면의 위 아래쪽에 안내선을 만들어줄 거예요. [View] – [New Guide Layout]([보기] – [새 안내선 레이아웃])를 눌러 업체에 명시되어 있는 안전 사이즈를 기준으로 안내선을 생성해주세요. 여기에서는 안전선으로 많이 쓰이는 1.5mm를 기준으로 설정해주었어요.

Margin(여백) 체크 – Top(위쪽), Bottom(아래쪽) : 1.5mm

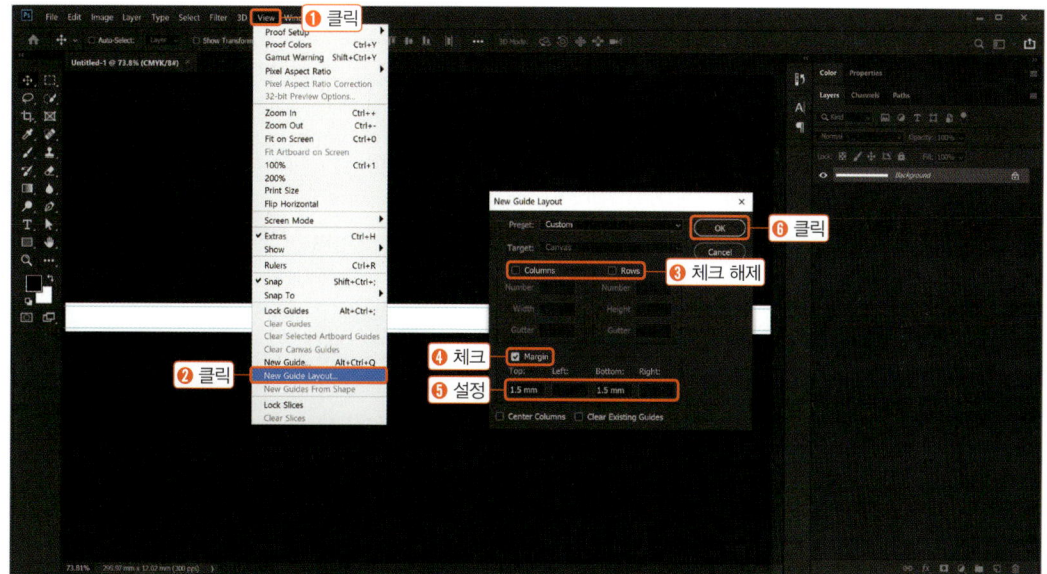

03 도구 상자에 있는 ❶ 전경색을 클릭하고, ❷ Color Picker(색상 피커)창에서 배경으로 넣고 싶은 색을 골라주세요.

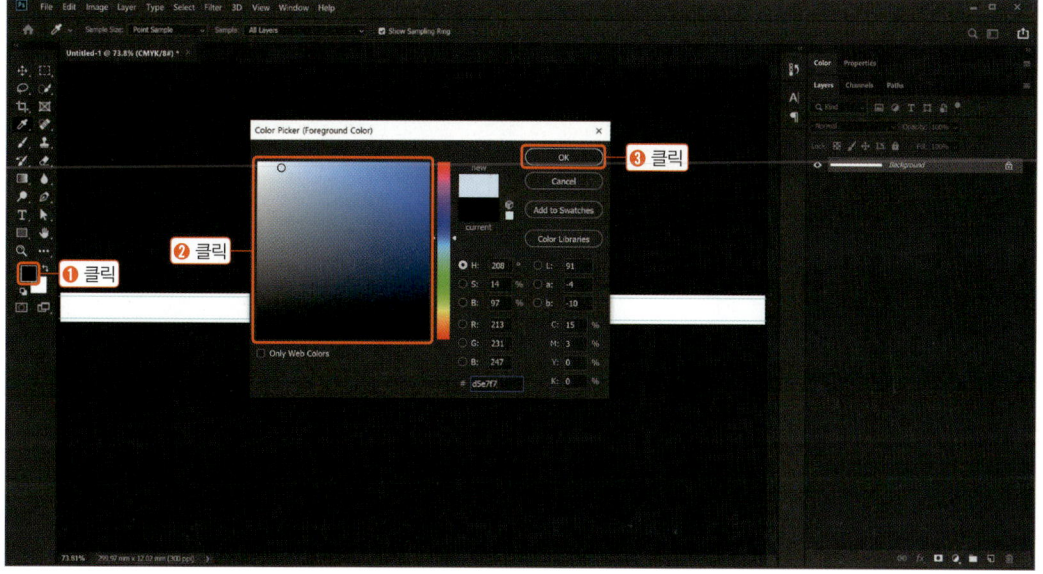

CLASS 13 마스킹 테이프

04 도구 상자에 있는 ❶ Gradient Tool(그레이디언트 도구)을 2초 정도 클릭하여 ❷ Paint Bucket Tool(페인트 통 도구)을 클릭하고, ❸ 화면을 한 번 클릭하여 색을 입혀주세요.

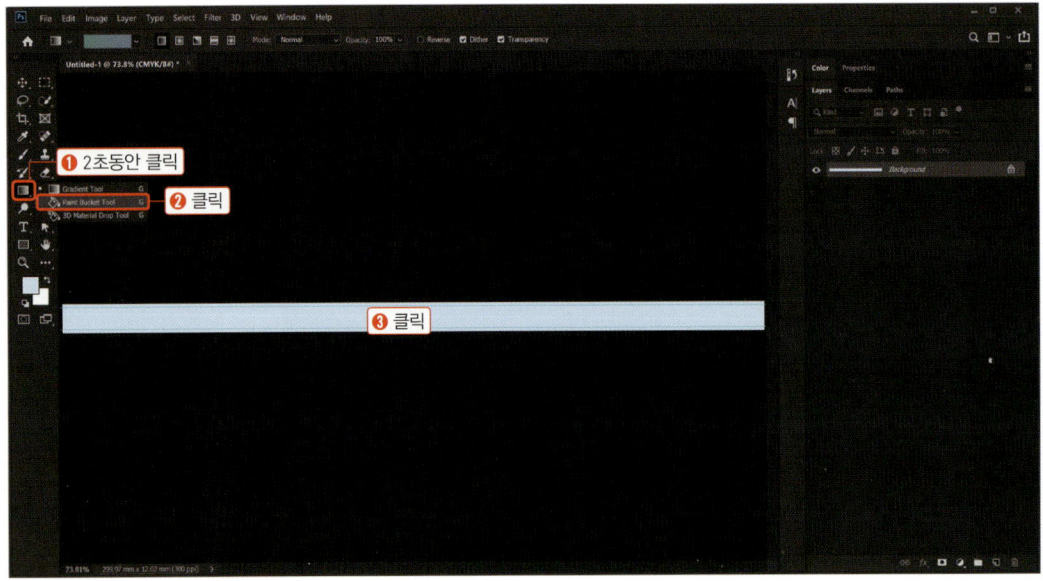

05 다섯 가지의 강아지 일러스트와 뼈다귀 도형을 일렬로 배열해줄 거예요. 가져올 일러스트 이미지를 ❶ [File] - ❷ [Place Embedded]([파일] - [포함 가져오기])를 눌러 각각 가져와주세요. ❸ 크기와 위치, 회전 값을 조정하고 ❹ Enter 를 눌러줍니다.

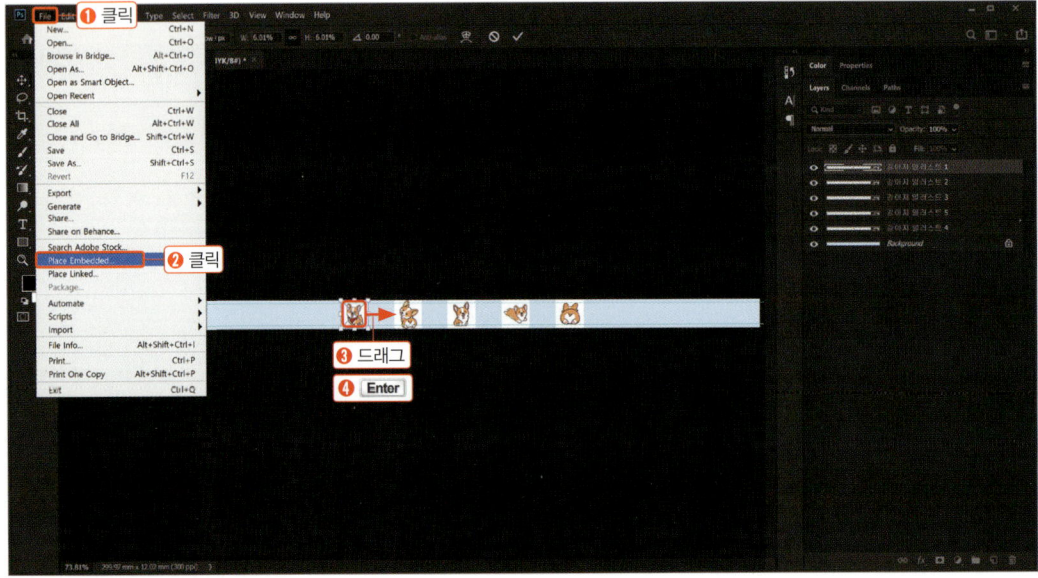

06 ❶ 맨 위에 있는 이미지 레이어를 클릭하고 ❷ 맨 밑에 있는 이미지 레이어를 Shift +클릭하여 중복 선택한 후 ❸ 오른쪽 마우스 클릭하여 ❹ 'Rasterize Layer Style(레이어 스타일 래스터화)'를 클릭해주세요.

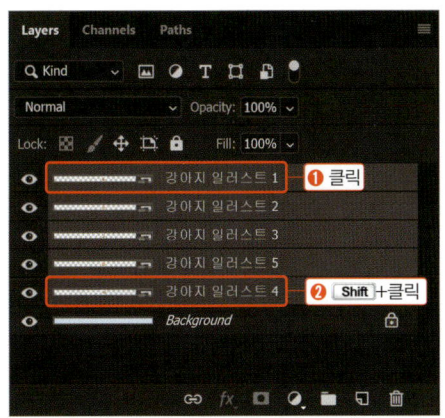

07 일러스트에 있는 흰 배경을 없애줄 거예요. ❶ Quick Selection Tool(빠른 선택 도구)을 2초 정도 클릭하여 ❷ Magic Wand Tool(자동 선택 도구)을 누른 다음 옵션바에서 ❸ 'Contiguous(인접)'을 체크해주세요.

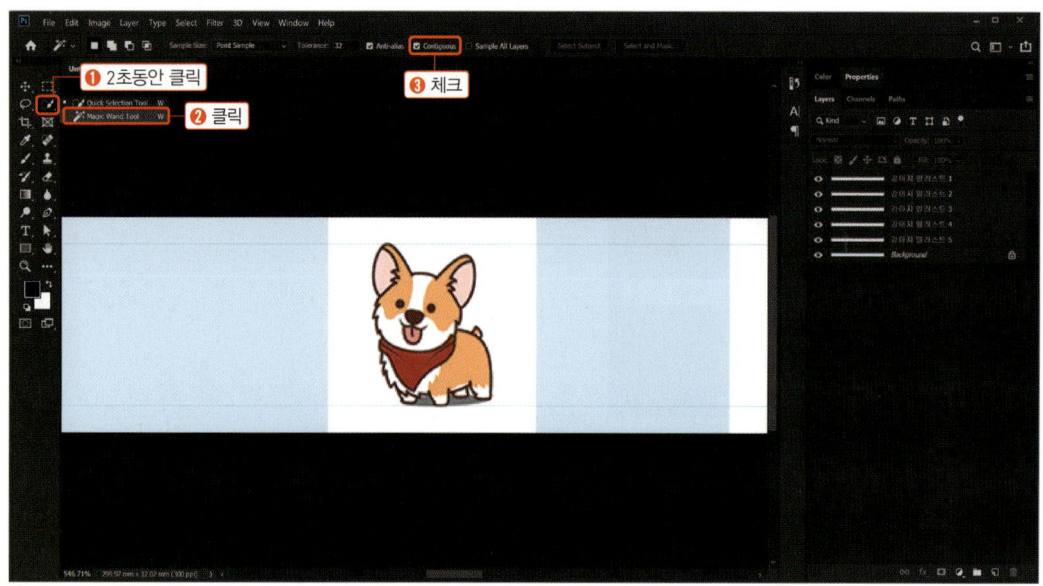

> **Tip** Contiguous(인접)을 체크하면 클릭한 곳과 인접해 있는 비슷한 색상만 선택되고, 체크 해제하면 사진 전체에서 비슷한 색상이 모두 선택됩니다. 모니터 해상도가 낮은 경우, Contiguous(인접) 메뉴가 체크박스가 아닌 아이콘으로 되어있을 수도 있어요. 메뉴의 위치는 같으니 똑같이 체크해주시면 돼요.

08 수정할 레이어를 클릭하고 ❶ 이미지의 흰 배경을 클릭해주세요. ❷ Delete 를 눌러 지우고 ❸ Ctrl + D 를 눌러 선택 영역을 해제해주세요. 다른 레이어도 같은 방법으로 반복해줍니다.

09 ❶ Rectangle Tool(사각형 도구)을 2초 정도 클릭하여 ❷ Custom Shape Tool(사용자 정의 모양 도구)을 클릭해주세요.

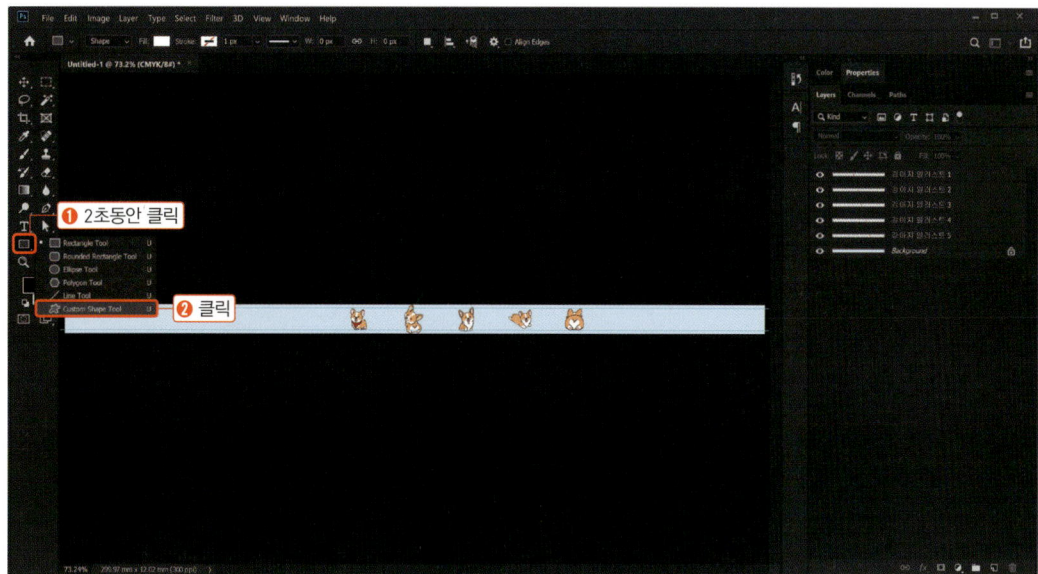

10 ❶ 옵션바의 'Shape(모양)'을 뼈다귀 모양으로 설정하고 화면에 ❷ Shift +드래그하여 그려주세요. ❸ 옵션바의 Fill(칠)색을 흰색으로, Stroke(획)색을 '없음'으로 지정해주세요.

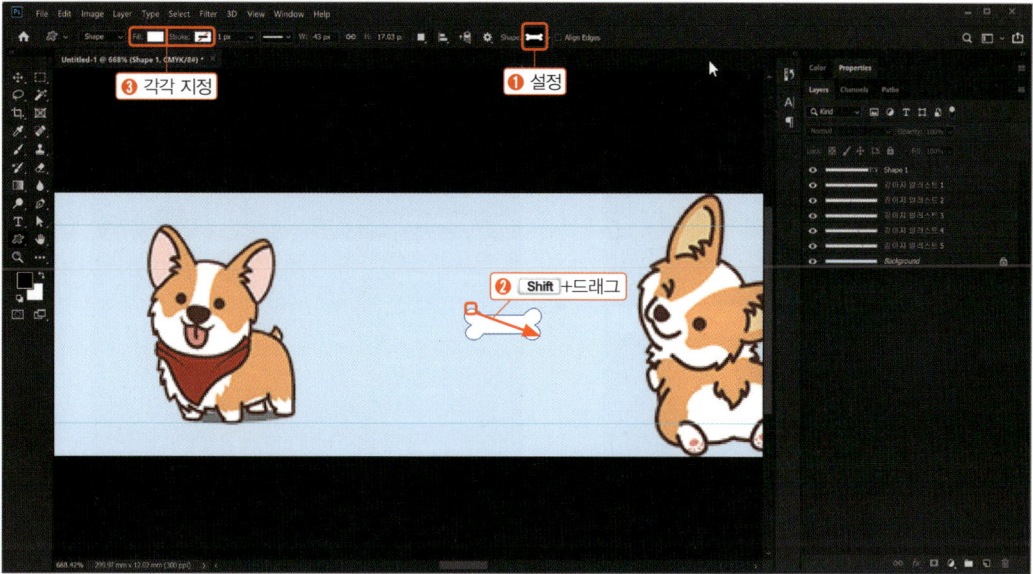

CLASS 13 마스킹 테이프 **171**

11 ❶ `Ctrl`+`T`를 눌러 주세요. ❷ 상자의 바깥 부분을 드래그하여 회전하고 ❸ `Enter`를 눌러주세요.

12 강아지 일러스트와 도형의 개수를 똑같이 맞춰줄 거예요. `Ctrl`+`J`를 4번 눌러 뼈다귀 도형 레이어를 네 번 복제하고, 레이어를 각각 드래그하여 다음과 같이 강아지 일러스트 레이어의 사이사이에 배치해주세요.

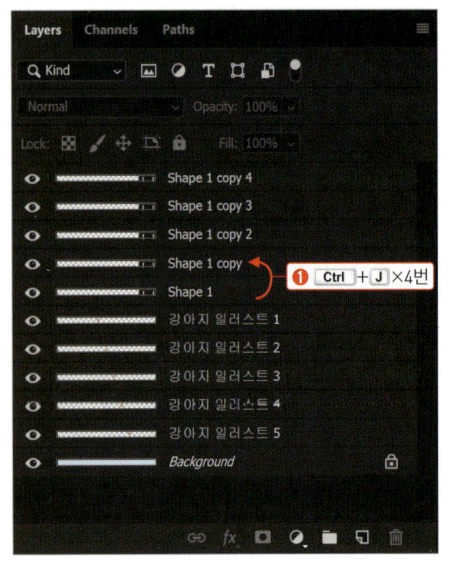

레이어 순서 바꾸기 전

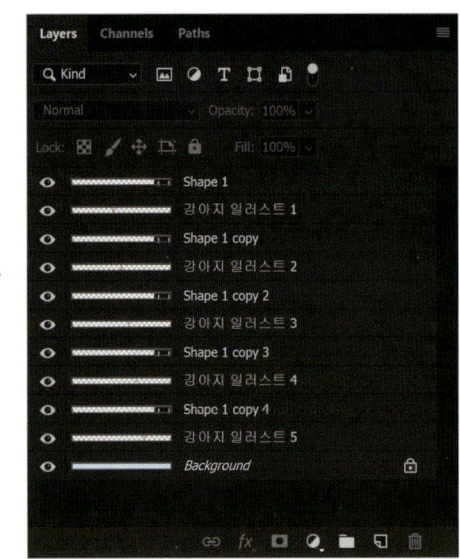

레이어 순서 바꾼 후

> **Tip** 지금처럼 여러 개의 레이어를 배치할 때에는 나중에 헷갈리지 않도록 레이어 순서를 화면에 배치할 순서와 맞게 해주시는 게 좋아요.

13 마스킹 테이프의 맨 앞쪽에 위치할 ❶ 강아지 일러스트 레이어와 뼈다귀 도형 레이어를 ❷ Ctrl +클릭하여 중복 선택해주세요. ❸ Move Tool(이동 도구) 을 클릭하고 ❹ 화면을 드래그하여 화면의 맨 앞쪽으로 이동시켜주세요.

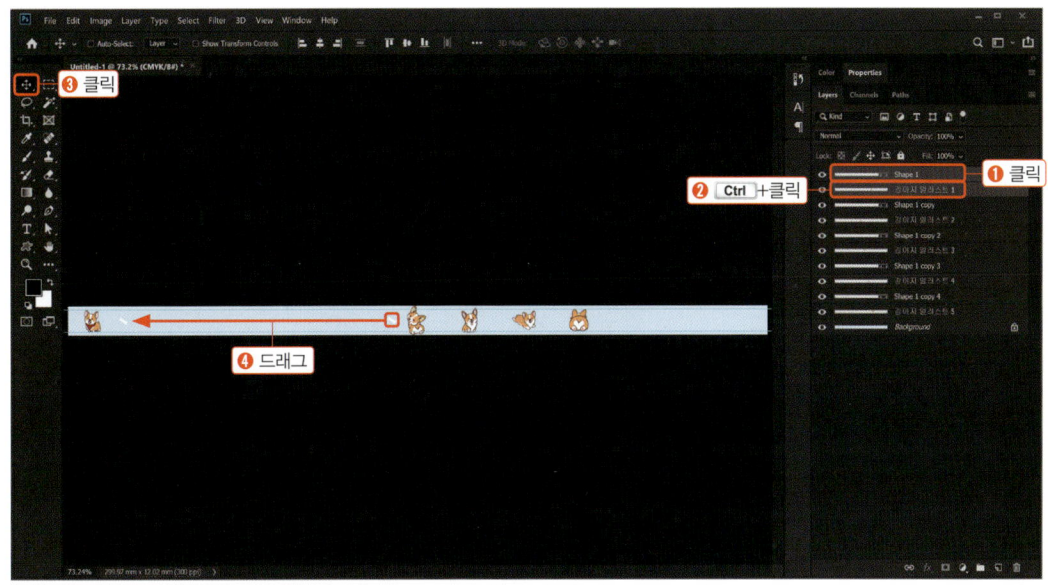

이미지를 같은 간격으로 배치하기

01 우선 몇 세트를 배치할 건지 계산해야 해요. 화면의 폭이 300mm이니 300을 딱 나눠떨어지게 하는 숫자로 하면 됩니다. 여기에서는 3세트를 배치해줄 거예요. [View] – [New Guide Layout]([보기] – [새 안내선 레이아웃])를 눌러 다음과 같이(5개의 일러스트×3세트=)15등분해 줄 안내선을 꺼내주세요. Columns(열) 체크 – Number(번호) : 15

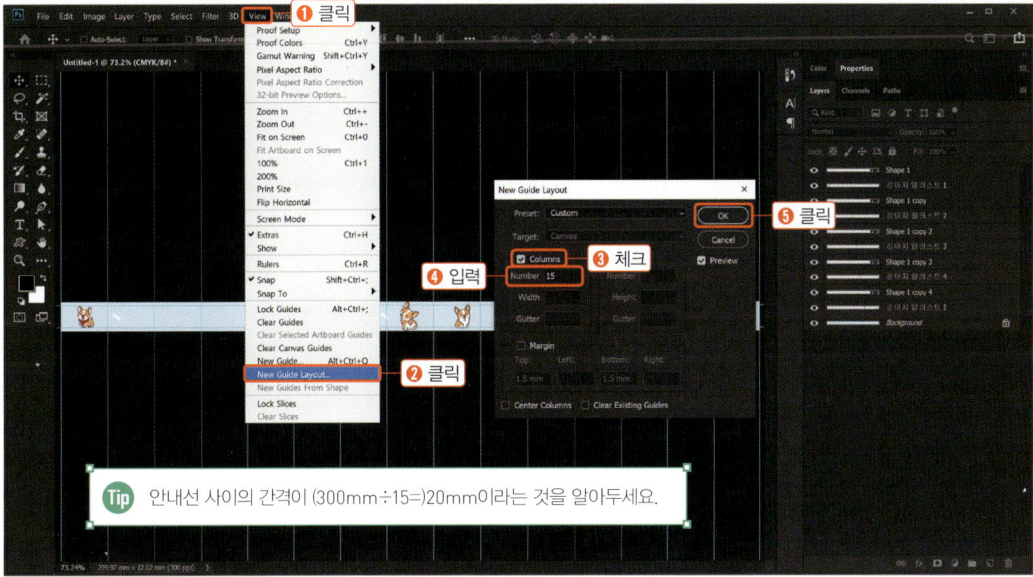

Tip 안내선 사이의 간격이 (300mm÷15=)20mm라는 것을 알아두세요.

02 레이어의 크기를 계산하기 위해 ❶ [Window] – ❷ [Info]([창] – [정보])를 눌러 정보 패널을 꺼내주세요.

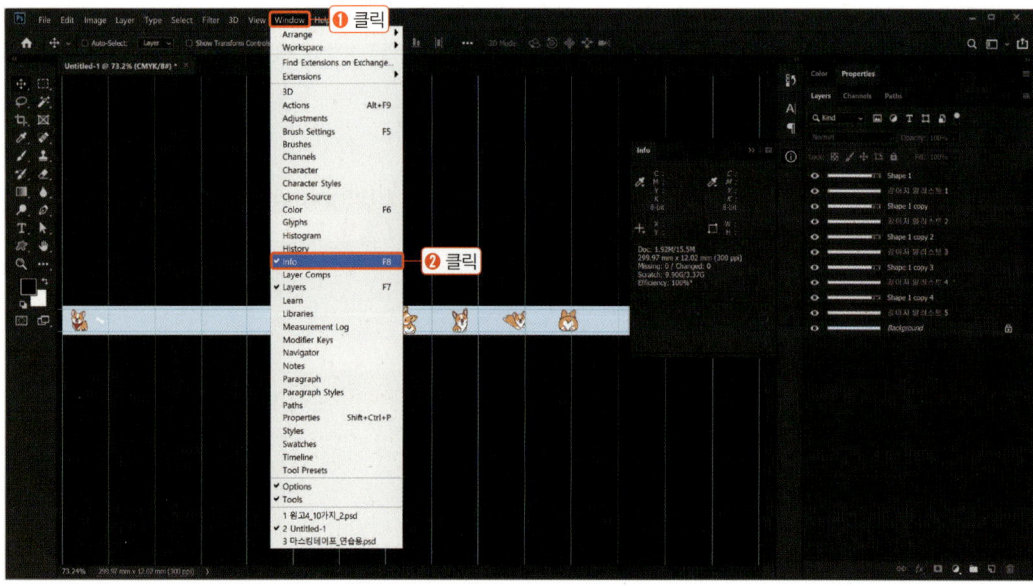

03 ❶ 강아지 일러스트 레이어의 썸네일을 Ctrl +클릭하여 해당 레이어만큼 선택하고, ❷ 정보 패널의 W 숫자를 확인해주세요. ❸ 뼈다귀 도형 레이어의 썸네일도 같은 방법으로 ❹ W 숫자를 확인해주세요. 확인이 끝났으면 ❺ Ctrl + D 를 눌러 선택을 해제해주세요.

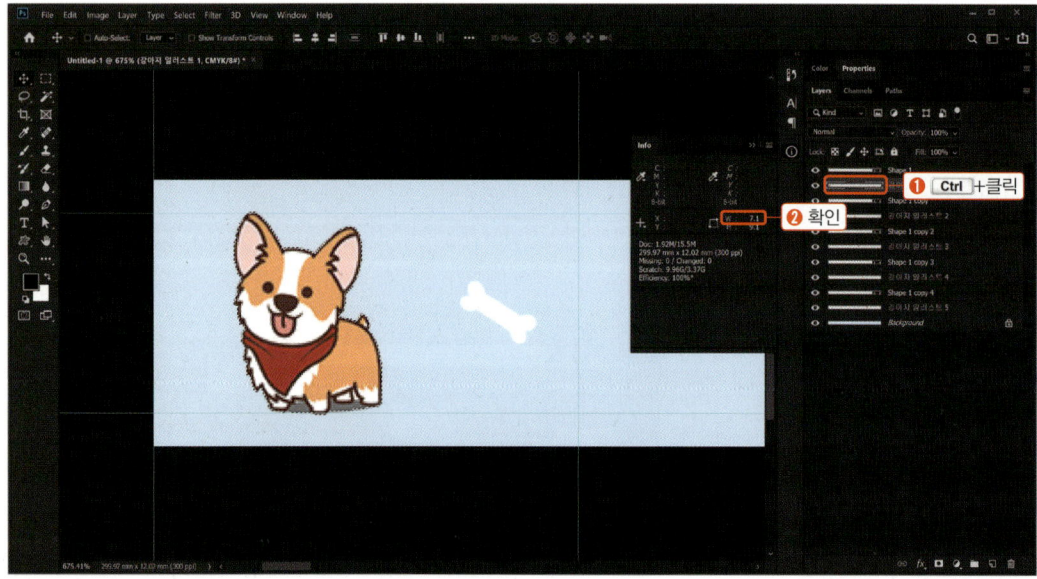

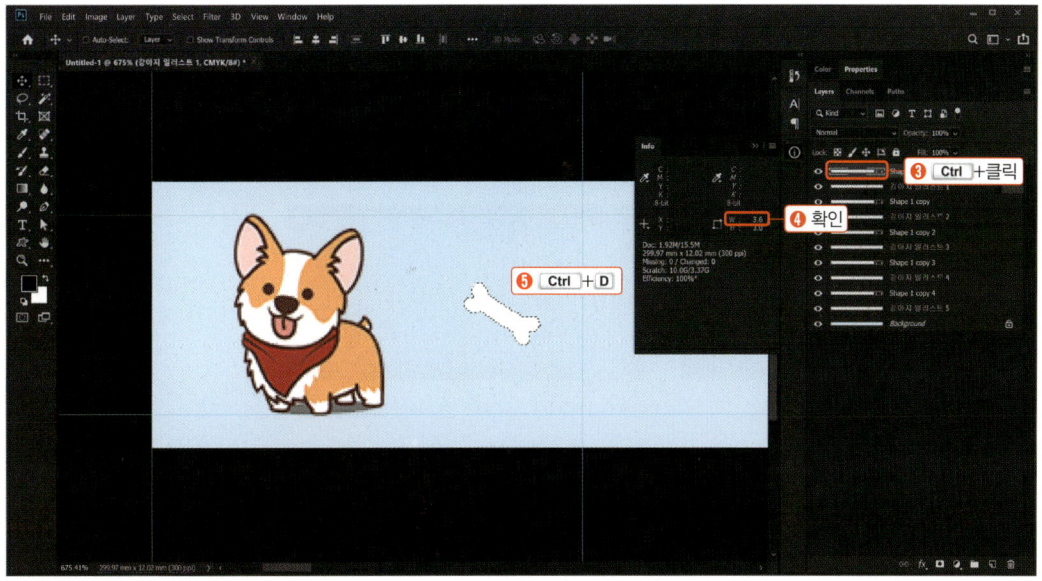

> **Tip** 여기에서는 가로로 배치하기 위해 W(Width, 폭) 숫자만 확인했어요. 세로로 배치할 때에는 H(Height, 높이) 숫자를 확인하시면 돼요.

04 깔끔하게 배치하기 위한 사각형 모양의 가이드를 그려줄 거예요. ❶ Rectangle Tool(사각형 도구)■을 클릭한 후, ❷ 옵션바에서 Fill(칠)색을 지정하고 Stroke(획)색을 '없음'으로 지정해주세요.

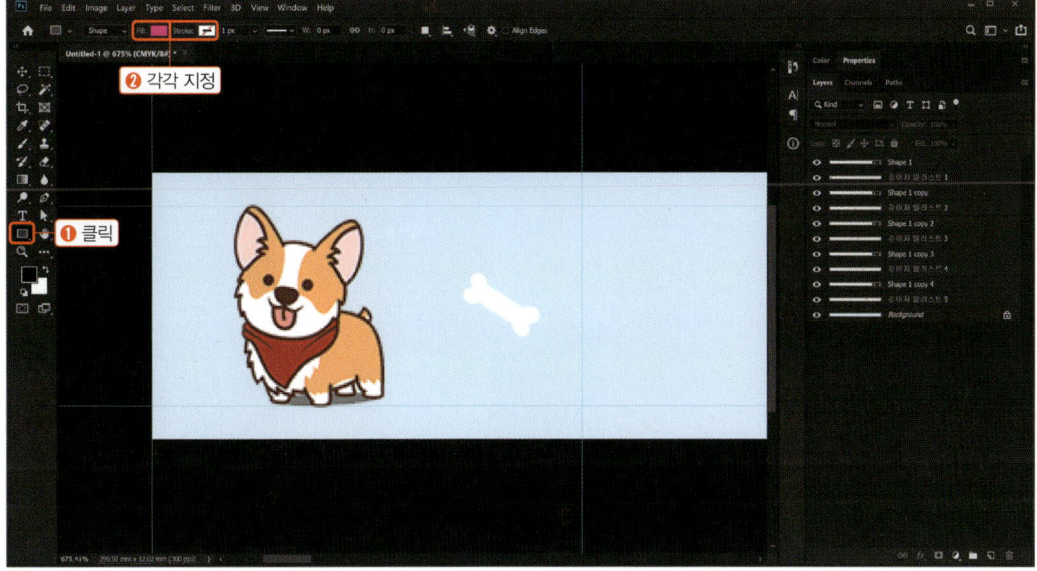

> **Tip** 이전까지 만든 Guide(안내선)들은 수직 혹은 수평으로 화면 전체를 분할하는 역할이었어요. 지금처럼 세부적인 작업을 위해 사각형 혹은 원형 등 다양한 모양의 가이드가 필요하다면 도형 도구로 직접 그려주면 된답니다.

05 여기에서는 강아지가 7.1mm, 뼈다귀가 3.6mm이에요. 넉넉하게 각각 8mm와 4mm로 가이드를 그려줄 거예요. 화면을 한 번 클릭하여 창이 뜨면 Width(폭)와 Height(높이)를 모두 8mm로 설정해주세요. 같은 방법으로 폭과 높이가 4mm인 사각형도 그려주세요.

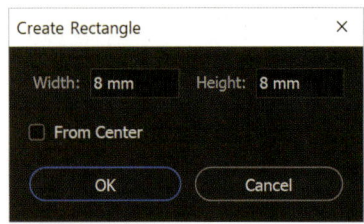 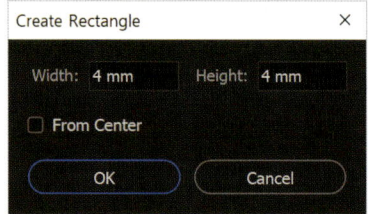

 배치할 강아지 일러스트들의 크기가 다 달라서 넉넉하게 계산했어요. 작업하는 이미지 크기에 따라 반올림해서 만들어주셔도 된답니다.

06 여백을 표시할 가이드도 만들어줄 거예요. 안내선 사이의 간격에서 강아지와 뼈다귀의 폭만큼 빼면, 20mm - 8mm(강아지) - 4mm(뼈다귀) = 8mm예요. 두 개의 여백이 필요하므로 4mm의 정사각형을 두 개 그려주면 된답니다. 화면을 한 번 클릭하여 창이 뜨면 Width(폭)와 Height(높이)를 모두 4mm로 설정해주세요. 눈에 잘 띄게 하기 위해 Fill(칠)색을 다르게 설정하는 것이 좋습니다.

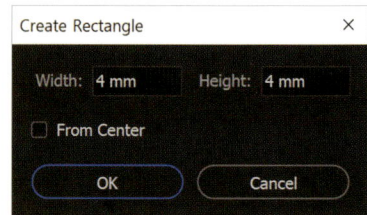

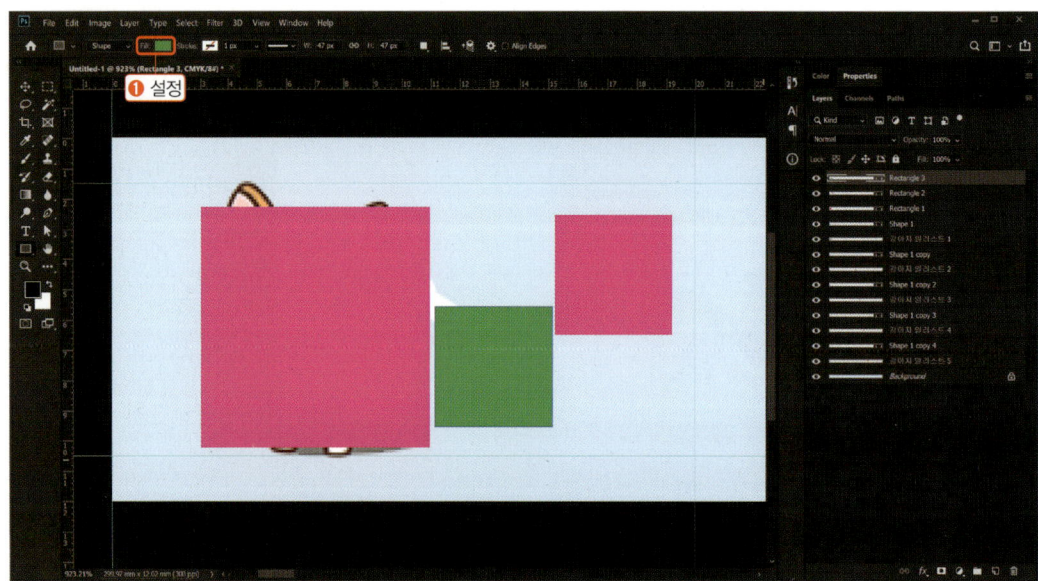

07 ❶ Ctrl + J 를 눌러 06에서 만든 사각형 레이어를 복제해주세요. ❷ Move Tool(이동 도구) 을 클릭하고 ❸ 각 사각형들을 드래그하여 안내선에 맞게 이동해주세요.

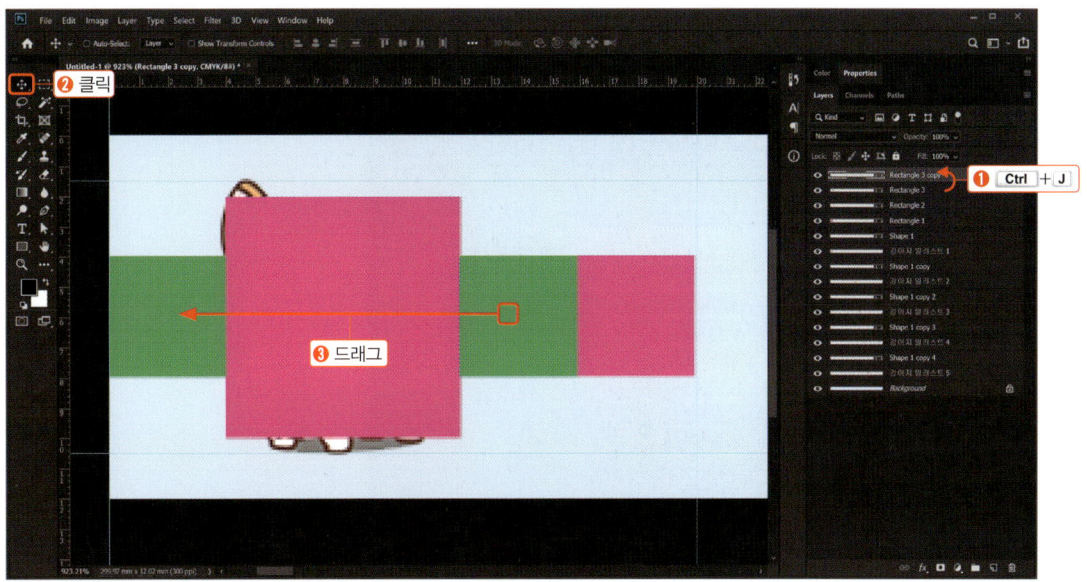

08 ❶ 맨 위에 있는 사각형 레이어를 클릭하고, ❷ 맨 밑에 있는 사각형 레이어를 Shift +클릭하여 중복 선택해주세요. 레이어 패널의 ❸ Opacity(불투명도)를 50%로 낮춰주세요.

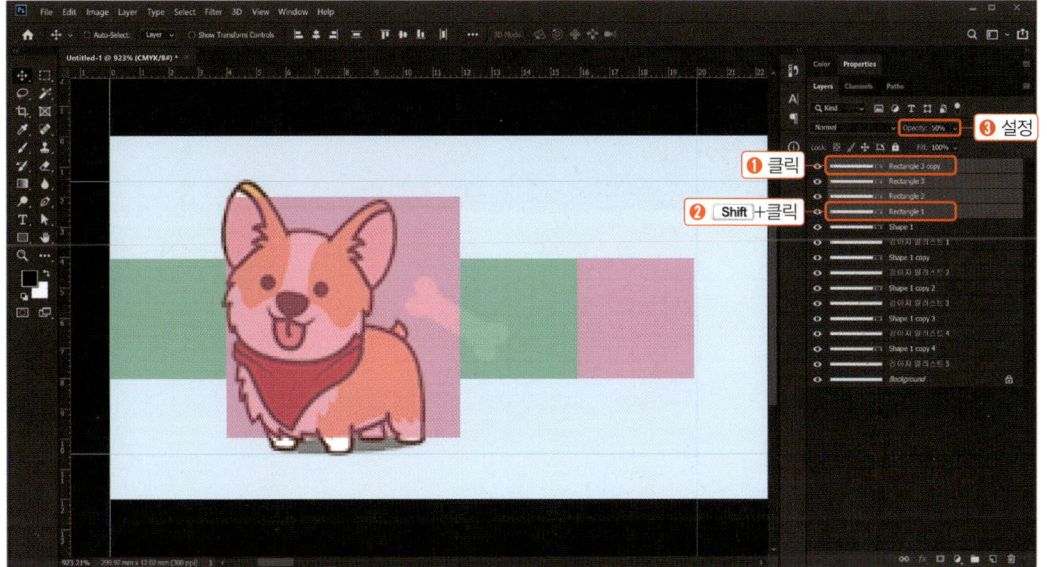

CLASS 13 마스킹 테이프

09 이 사각형 레이어들은 가이드 역할만 할 거예요. 다른 레이어들과 역할이 다르다는 것을 표시하기 위해 레이어의 눈 색상을 바꿔주면 좋아요. ❶ 레이어의 눈에 오른쪽 마우스 클릭하여 ❷ 색상을 골라주세요.

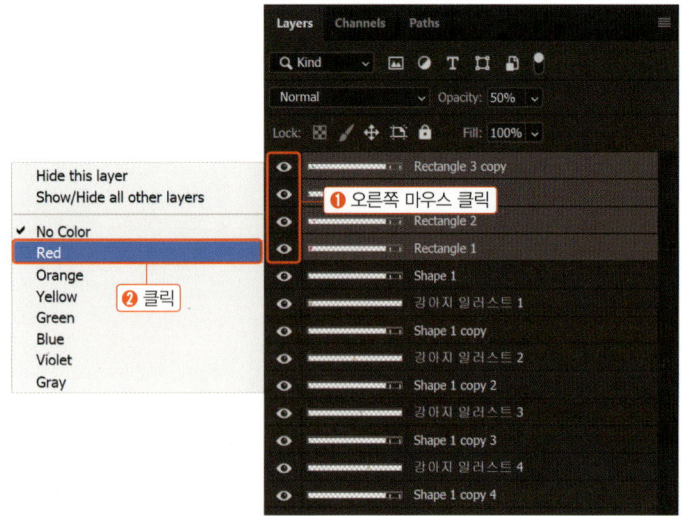

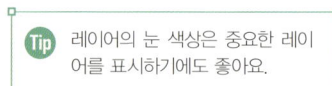

Tip 레이어의 눈 색상은 중요한 레이어를 표시하기에도 좋아요.

10 ❶ 강아지 일러스트 레이어를 클릭하고 ❷ `Ctrl`+`T`를 눌러주세요. 이 사각형들을 기준으로 ❸ 이동과 크기 조정을 하고 ❹ `Enter`를 눌러줍니다. 뼈다귀 도형 레이어도 같은 방법으로 조정해주세요. 이때 레이어의 세로 길이는 위, 아래쪽에 있는 안내선을 넘어가지 않도록 해주세요.

Tip 사각형 가이드를 넉넉하게 크게 그려줬기 때문에 도형에 딱 맞출 필요는 없어요. 전체적으로 봤을 때 크기와 간격이 비슷하게 보일 수 있을 정도로만 조정해주세요.

11 사각형 레이어들끼리 항상 함께 이동시키기 위해 Link Layers(레이어 연결)을 시켜줄 거예요. ❶ 맨 위에 있는 사각형 레이어를 클릭한 다음, ❷ 맨 밑에 있는 사각형 레이어를 Shift +클릭하여 중복 선택해주세요. ❸ Link Layers(레이어 연결) 버튼을 눌러주세요.

12 ❶ 화면을 드래그하여 사각형 레이어들을 옆으로 이동시키고, 같은 방법으로 ❷ 나머지 강아지 일러스트와 뼈다귀 도형들을 배치해주세요.

13 배치를 완료했으면 사각형 레이어들의 눈을 각각 클릭해서 꺼주고, 화면을 축소하여 전체적으로 봐주세요. 분명 안내선에 맞춰 조정했는데에도 네 번째 강아지는 너무 작아 보이고, 다섯 번째 강아지는 너무 커 보이네요. 이미지마다 차지하는 면적과 비율이 다르기 때문이에요. 이 땐 사각형 레이어보다는 눈대중으로 맞춰주시는 게 더 좋아요. 각 레이어들을 Ctrl + T 로 크기 조정하고 Enter 를 눌러주세요.

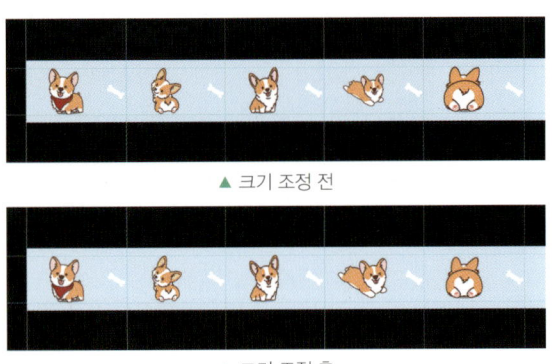

▲ 크기 조정 전

▲ 크기 조정 후

14 ❶ 사각형 레이어들의 눈을 다시 클릭해서 켜주세요. ❷ 맨 위에 있는 사각형 레이어를 클릭하고, ❸ 맨 밑에 있는 사각형 레이어를 Shift +클릭하여 중복 선택해주세요. ❹ Move Tool (이동 도구) 을 클릭하고 ❺ 사각형들을 드래그하여 다음으로 배치할 안내선에 맞춰 이동해주세요.

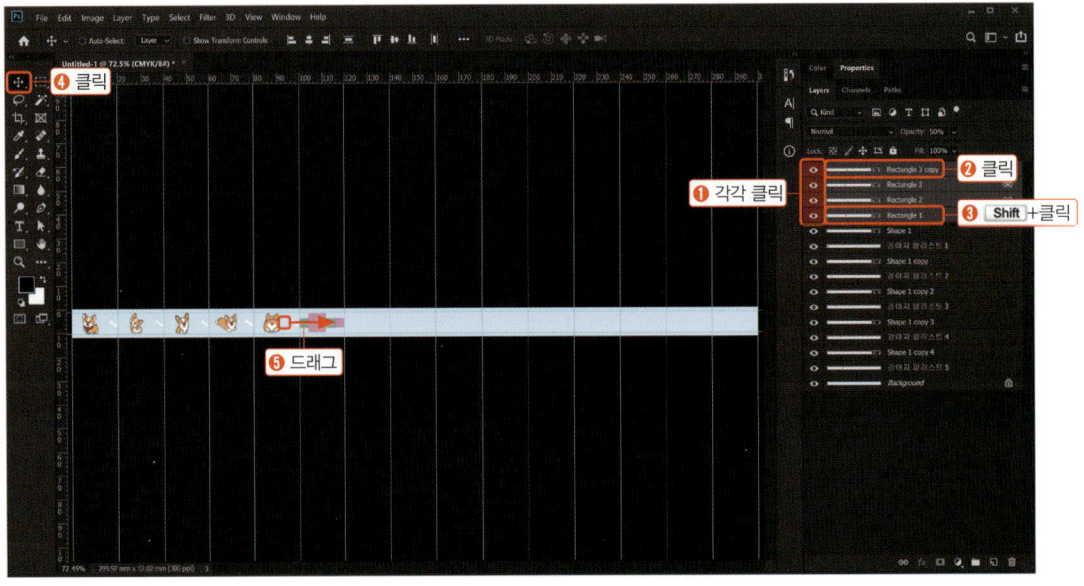

15 강아지 일러스트 레이어와 뼈다귀 도형 레이어들 중 ❶ 맨 위에 있는 것을 클릭, ❷ 맨 밑에 있는 것을 Shift +클릭하여 중복 선택하고 ❸ Ctrl + G 를 눌러 그룹으로 묶어주세요.

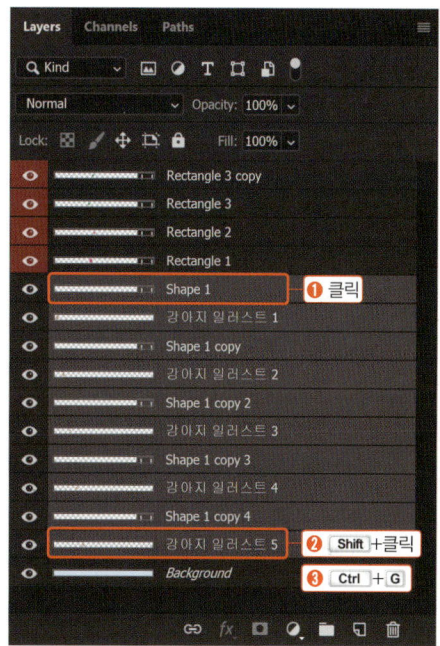

16 ❶ Ctrl + J 를 눌러 그룹을 복제하고, ❷ 사각형 레이어에 맞춰 이동시켜주세요. 같은 방법으로 한 번 더 반복해 배치를 해주시면 완성이에요.

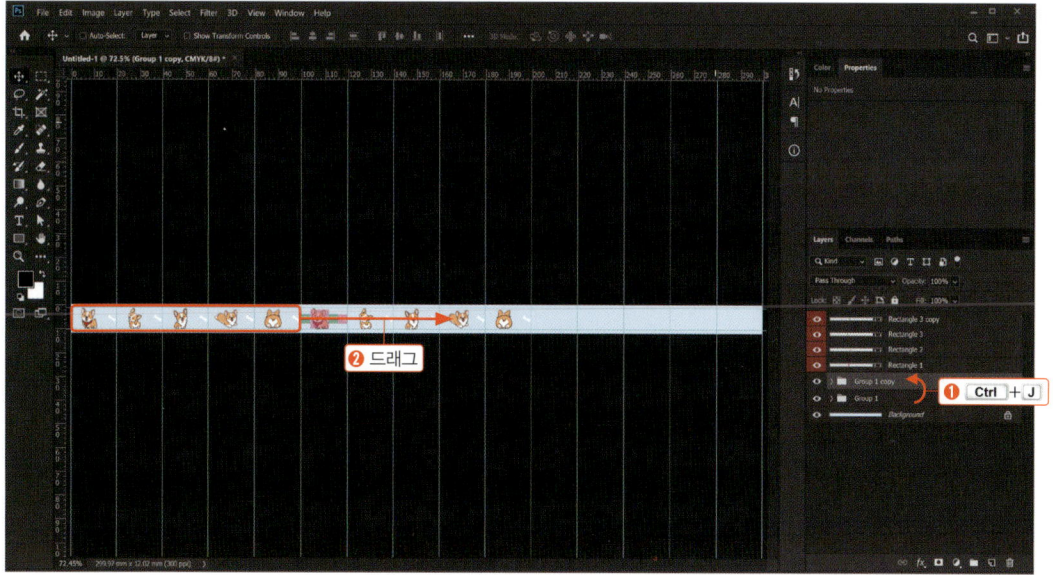

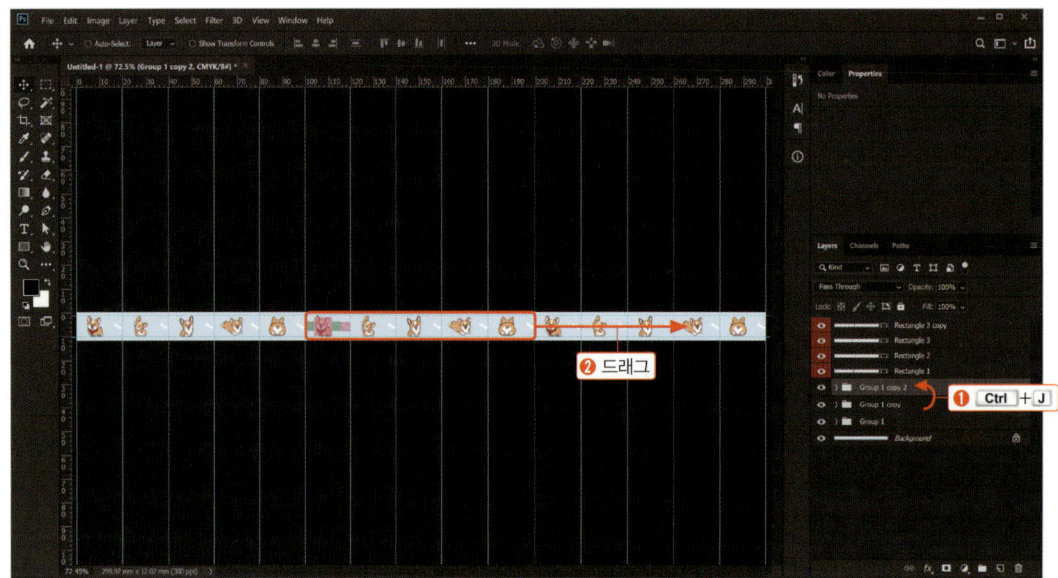

17 사각형 레이어들의 눈을 클릭해서 꺼주고 Ctrl+S를 눌러 PSD로, Ctrl+Shift+S를 눌러 업체에서 요청한 형식으로 각각 저장해주세요. 저장한 전체 파일들이 업체에 기재되어 있는 파일 유형과 맞는지 확인하신 후 주문하시면 됩니다.

내 디자인을 굿즈로, 직접 주문 넣기

01 인터넷에서 '마스킹 테이프 제작'을 검색한 후 제작을 원하는 업체에 접속합니다.

02 접속한 업체에서 '마스킹 테이프' 카테고리로 들어갑니다.

03 업체에 기재되어 있는 규격 중 사이즈를 선택합니다.

04 재단 사이즈에 맞는 작업 사이즈를 확인합니다.

05 제작한 도안의 사이즈가 작업 사이즈가 맞는지, 업체에 기재되어 있는 안전 사이즈 안으로 원하는 이미지가 모두 들어와 있는지 확인합니다.

※ 마스킹 테이프의 이미지를 자연스럽게 이어지게 만들려면 왼쪽 끝과 오른쪽 끝을 유의해 디자인해야 합니다. 자연스럽게 이어지는지 확인할 수 있는 가장 좋은 방법은 다른 캔버스를 생성해, 제작한 마스킹 테이프 도안을 옮겨와 Ctrl + J 를 눌러 복사해준 후 도안을 이어보며 자연스러울 때까지 계속해서 수정해주는 것이 좋습니다. 이미지가 반복되어 제작되기 때문에 조금이라도 부자연스럽다면 만족스럽지 못한 결과물을 얻을 수 있습니다.

06 업체의 안내문에 기재되어 있는 제작방법 및 파일 유형이 맞는지 확인합니다.

07 풀림 방향을 선택하도록 나와 있는 경우 선택합니다.

일반적으로 많이 제작하는 방향은 정방향입니다.
업체와 디자인에 따라 제작이 가능한 풀림 방향이 모두 다르기 때문에 상담 후 선택하는 방법이 가장 좋습니다.
예를 들어 R사의 풀림 방향은 아래와 같은 종류가 있습니다.

- **정방향** – 주문 수량 모두 정방향으로 제작
  (패턴이 맞으며, 디자인의 여분이 충분한 경우 제작 가능)
- **정방향·역방향** – 주문 수량의 절반이 나누어져 정방향과 역방향으로 나누어 제작
  (디자인의 여분이 없는 경우 상하가 반전되어 제작)
- **투터치** – 주문 수량 모두 정방향으로 제작
  (디자인의 여분이 없지만 정방향으로 제작해야 하는 경우 선택. 일반적으로는 추가비용이 드는 경우가 많음)

08 제작할 수량을 입력합니다.

09 포장이 필요한 경우 추가합니다.

10 파일을 업로드합니다.

11 제목을 입력한 후 주문하기를 클릭하면 완료입니다. 인쇄가 시작되면 수정을 할 수 없으니, 가능한 곳은 업체에 시안을 꼭 확인해보는 것이 좋습니다. 배송이 시작되면 굿즈를 기다리는 일만 남았어요!

CLASS

14
스마트폰 케이스

늘 보고 싶은 것, 내가 좋아하는 이미지로 패턴 케이스를 만들어볼까요?
추억이 담긴 사진으로 커플 폰케이스를 만들 수도 있고, 좋아하는 꽃이나 과일, 덕질하는 캐릭터 등
원하는 이미지를 넣으면 나만의 폰케이스가 탄생합니다. 이번 클래스에서는 이미지를
포토샵 브러시로 만들어 사용하는 법도 배울 수 있어요.

완성작

나만의 브러시 만들기

01 이미지의 일부를 브러시로 만들어줄 거예요. [File] – [Open]([파일] – [열기])를 눌러 이미지 파일을 열어주세요.

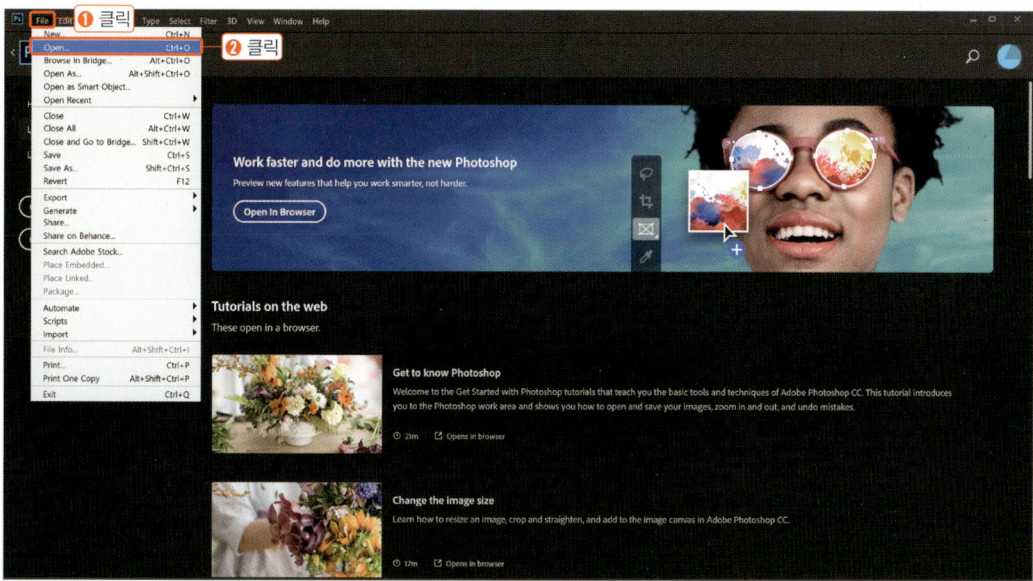

> **Tip** 이미지는 배경이 흰색 혹은 검은색 등 단색으로 되어 있는 것이 좋아요.

02 이미지가 있는 배경 레이어를 일반 레이어로 바꾸어줄 거예요. 레이어 패널의 ❶ 'Background(배경)' 레이어를 더블 클릭하고, New Layer(새 레이어)창이 나오면 ❷ 'OK(확인)' 버튼을 눌러주세요.

03 이미지의 나뭇잎 부분만 브러시로 만들어주기 위해 배경을 제거할 거예요. ❶ Quick Selection Tool(빠른 선택 도구) 을 2초 정도 클릭하여 ❷ Magic Wand Tool(자동 선택 도구) 을 눌러주세요. ❸ 옵션바의 'Contiguous(인접)'를 체크 해제해주세요.

> **Tip** 지금은 나뭇잎 안에 있는 흰색 배경도 지우기 위해 'Contiguous(인접)'를 체크 해제해주었어요. 나뭇잎 안의 흰색 부분을 남기고 싶다면 체크해두시면 됩니다.

04 ❶ 이미지의 배경 부분을 클릭하고 ❷ `Delete`를 눌러 배경을 지워주세요. ❸ `Ctrl`+`D`를 눌러 선택을 해제해주세요.

05 ❶ Rectangular Marquee Tool(사각형 선택 윤곽 도구) 을 클릭하고 브러시로 등록할 이미지가 포함되도록 ❷ 드래그해주세요.

06 ❶ [Edit] – ❷ [Define Brush Preset]([편집] – [브러시 사전 설정 정의])를 클릭해주세요. 창이 뜨면 브러시 ❸ 이름을 설정하고 ❹ 'OK(확인)' 버튼을 눌러주세요.

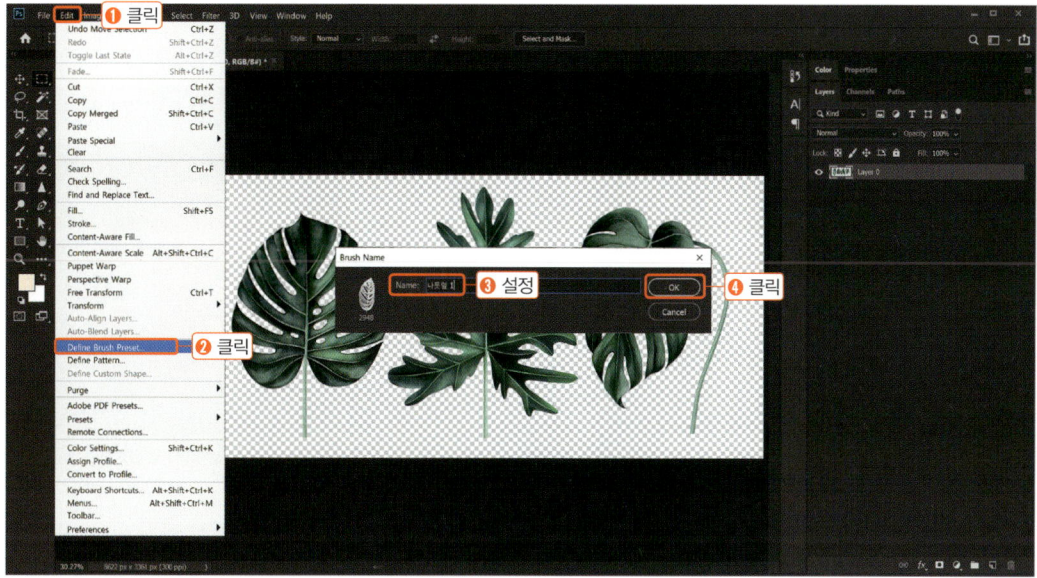

07 같은 방법으로 다른 부분도 브러시로 등록해줍니다.

브러시를 활용한 폰케이스 만들기

01 먼저 폰케이스를 제작할 업체 홈페이지에 접속하고 폰케이스 템플릿을 다운로드해 주세요. [File] – [Open]([파일] – [열기])를 눌러 파일을 열어주세요.

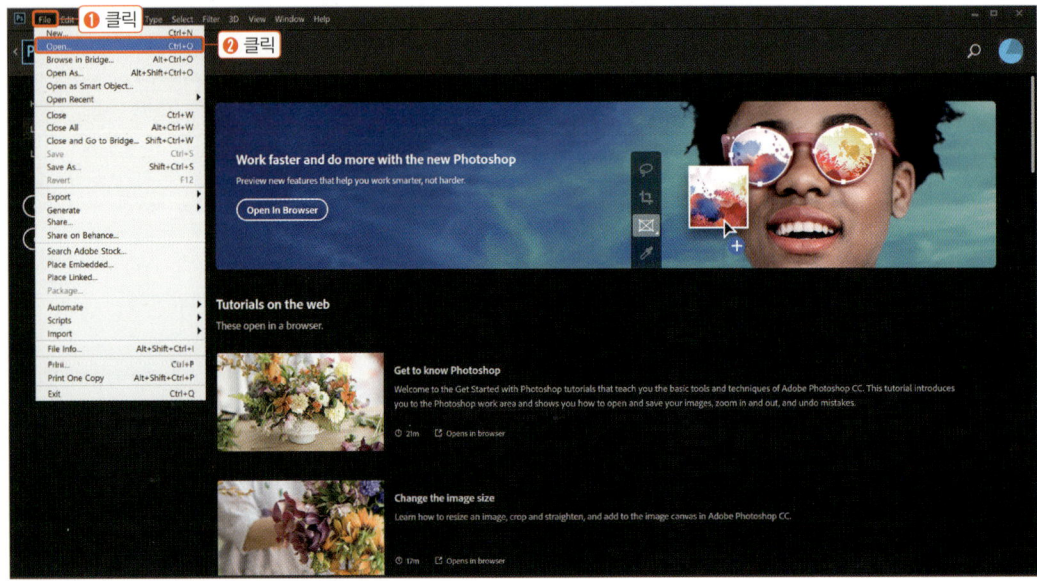

02 레이어 패널의 ❶ 새 레이어 버튼 을 눌러주세요.

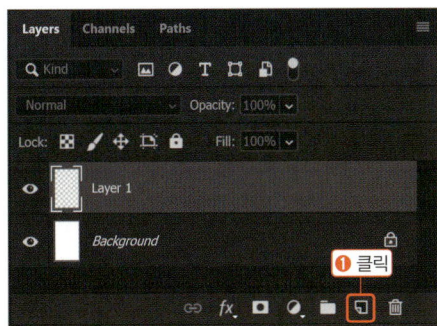

03 도구 상자에 있는 ❶ 전경색을 클릭하고, ❷ Color Picker(색상 피커)창에서 배경에 입혀줄 색을 골라주세요.

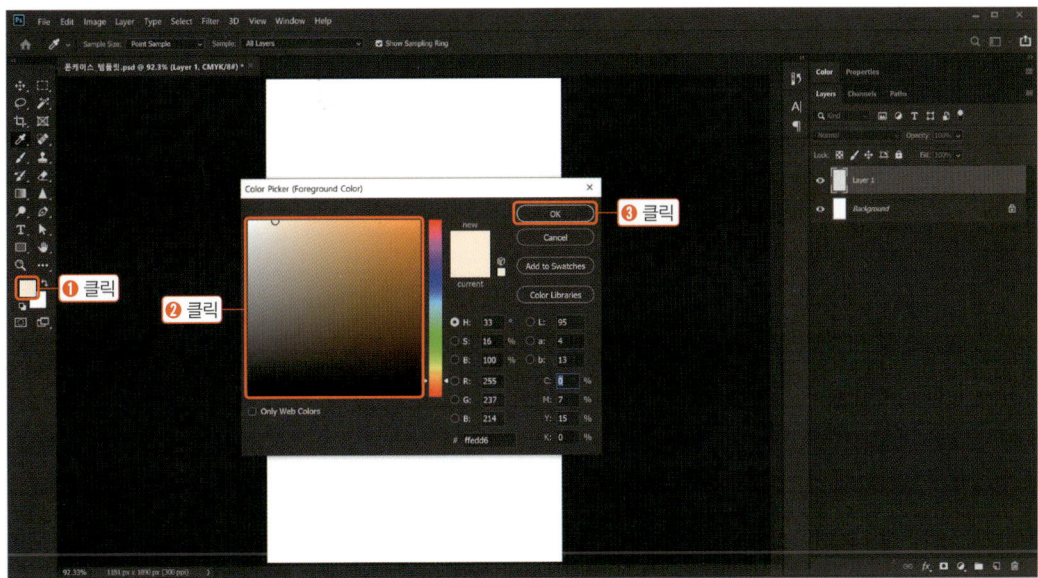

04 도구 상자의 ❶ Gradient Tool(그레이디언트 도구) 을 2초 정도 클릭하여 ❷ Paint Bucket Tool(페인트 통 도구) 을 클릭하고, ❸ 화면을 한 번 클릭하여 색을 입혀주세요.

05 레이어 패널의 ❶ 새 레이어 버튼 을 눌러 또 하나의 레이어를 추가해주세요. ❷ 레이어의 이름을 각각 더블 클릭하고 헷갈리지 않게 바꿔주세요.

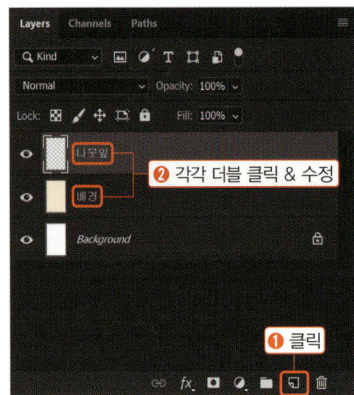

06 ① Brush Tool(브러시 도구) 을 클릭하고 ② 옵션바의 브러시 종류를 ③ 이전에 등록했던 브러시로 골라주세요. 단축키 [와] 를 눌러 브러시 크기를 조정해주세요.

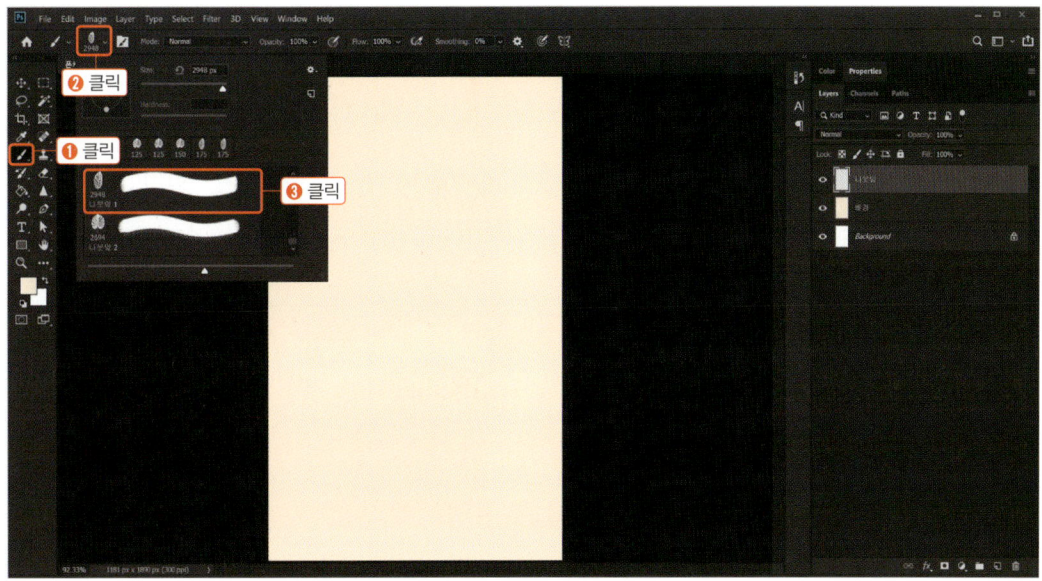

Tip 최근에 등록했던 브러시일수록 밑에 있답니다.

07 도구 상자의 ① 전경색을 클릭하고, ② Color Picker(색상 피커)창에서 원하는 브러시 색상을 골라주세요.

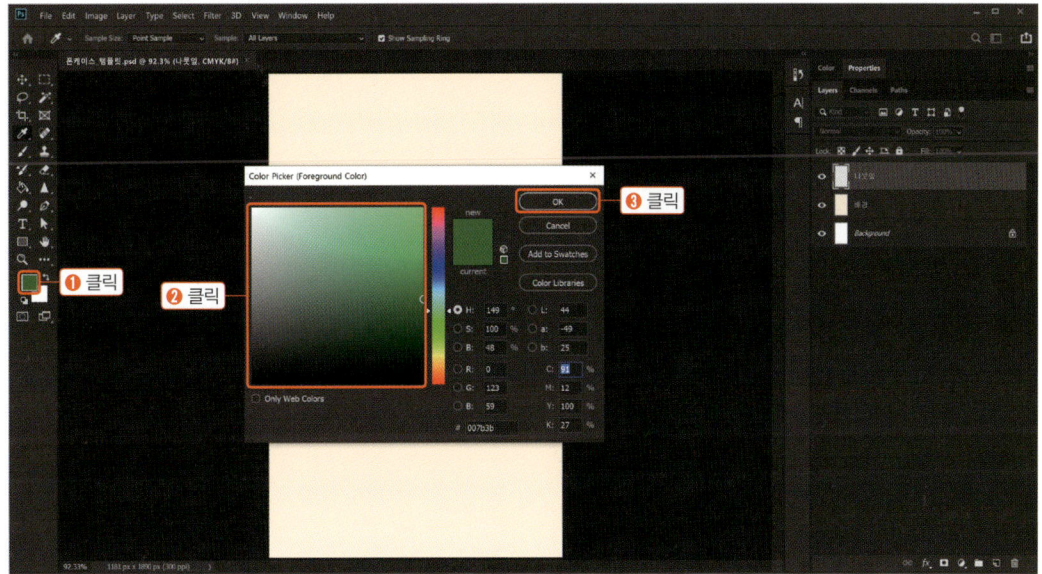

08 옵션바의 [ ] 버튼을 눌러 Brush Setting(브러시 설정) 패널을 열어주세요.

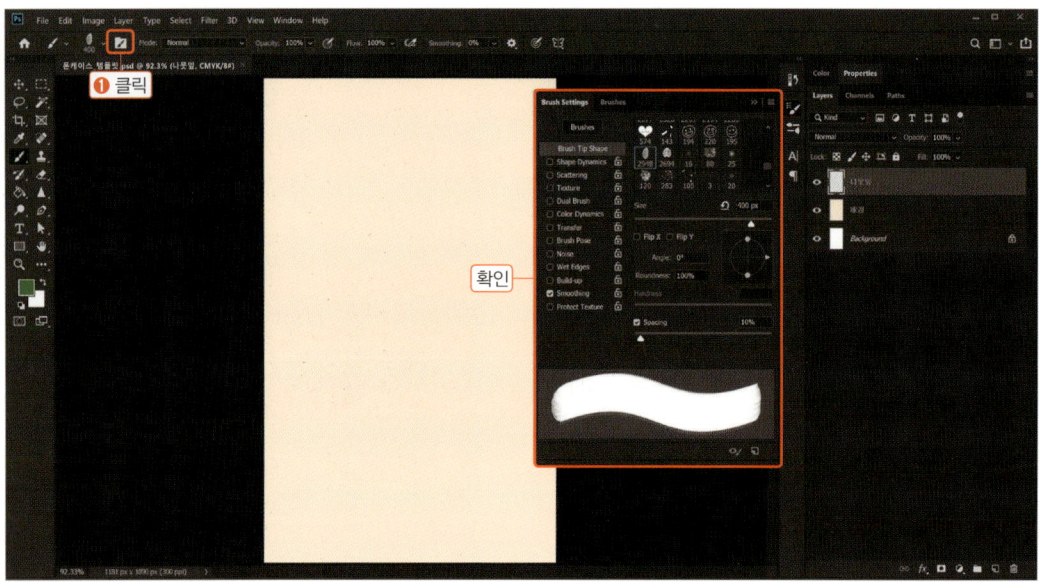

09 ❶ Spacing(간격)을 올려 브러시가 하나씩 보일 수 있게 만들어주세요. ❷ 삼각형 모양을 드래그하여 원하는 Angle(각도)를 설정해주세요.

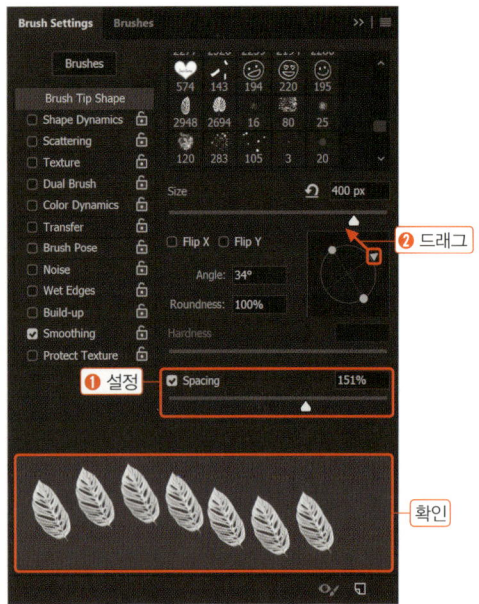

10 화면을 클릭하여 다양한 각도와 크기로 브러시를 찍어주세요. 다른 모양의 브러시도 같은 방법으로 찍어줍니다.

11 도구 상자에서 ❶ Horizontal Type Tool(수평 문자 도구) T 을 클릭하고, ❷ 옵션바에서 서체와 문자 색상, 크기를 각각 설정해주세요. ❸ 화면을 한 번 클릭하여 글씨를 입력하고 ❹ Ctrl + Enter 를 눌러 글씨를 마무리해주세요.

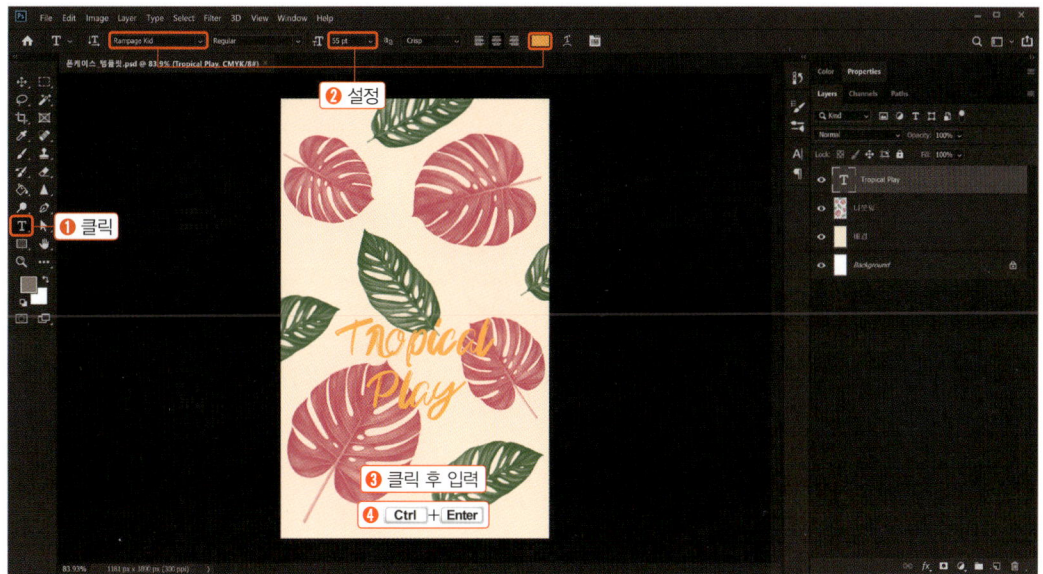

> **Tip**
> - 화면에 있는 폰트는 'Rampage Kid'체입니다.
> - 기종에 따라 다르지만 대부분의 스마트폰은 후면 상단에 카메라가 있기 때문에, 글씨 등을 배치할 때에는 화면의 중심보다 좀 더 아래에 배치하는 것이 안정적으로 보여요.

12 Ctrl + Shift + S 를 눌러 업체에서 원하는 형식으로 저장해주세요. 그리고 저장한 전체 파일들이 업체에 기재되어 있는 파일 유형과 맞는지 확인하신 후 주문하시면 됩니다.

내 디자인을 굿즈로, 직접 주문 넣기

01 인터넷에서 '폰케이스 제작'를 검색한 후 제작을 원하는 업체에 접속합니다.

02 접속한 업체에서 '폰케이스' 카테고리로 들어갑니다.

03 제작을 원하는 핸드폰 기종을 선택합니다.

04 업체의 안내문에 기재되어 있는 제작방법 및 파일 유형이 맞는지, 업체에 기재되어 있는 안전 사이즈 안으로 원하는 이미지가 모두 들어와 있는지 확인합니다.

※ 디자인에 테두리가 들어가게 되면 맞추기가 힘들 수 있습니다. 테두리가 들어가는 디자인은 더 좋은 결과물을 위해서 주의가 필요합니다.

05 업체에서 제공하는 템플릿이 있는 경우 원하는 종류와 사이즈의 템플릿으로 작업한 것이 맞는지 확인합니다.

06 제작할 수량을 입력합니다.

07 종류와 광택, 기종을 선택합니다.

※ 하드, 젤리, 범퍼 등 원하는 종류의 케이스와 광택을 선택합니다.

08 파일을 업로드합니다.

09 제목을 입력한 후 주문하기를 클릭하면 완료입니다. 인쇄가 시작되면 수정을 할 수 없으니, 가능한 곳은 업체에 시안을 꼭 확인해보는 것이 좋습니다. 배송이 시작되면 굿즈를 기다리는 일만 남았어요!

CLASS 15
포스터

소장하고 싶은 콘텐츠나 스타의 포스터를 직접 만들어 볼까요? 전단지 제작 등에도 활용할 수 있어요.
이번 클래스에서는 A2 크기의 단일 색상으로 된 흑백 포스터를 제작해보겠습니다.
여기에 직접 쓴 손글씨도 넣고, 빈티지한 느낌을 더해볼 거예요.
A2의 크기는 420mm×594mm인데 인쇄 시 실수로 여백이 생기는 것을 방지하기 위해
실제 작업하는 새 창은 이것보다 상하좌우 2mm씩 크게 만들어야 해요.

완성작

잡지 느낌 포스터

빈티지 느낌 포스터

잡지 느낌의 흑백 이미지 만들기

01 [File] - [New]([파일] - [새로 만들기])를 눌러 다음과 같이 설정해주세요.

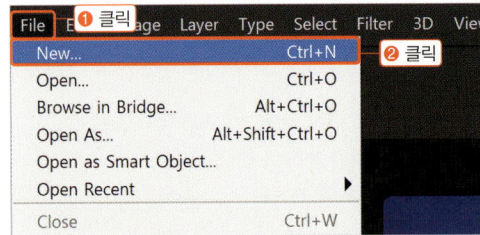

Width(폭) : 424 Millimeters
Height(높이) : 598 Millimeters
Resolution(해상도) : 300 Pixels/Inch
Color Mode(색상모드) : CMYK color

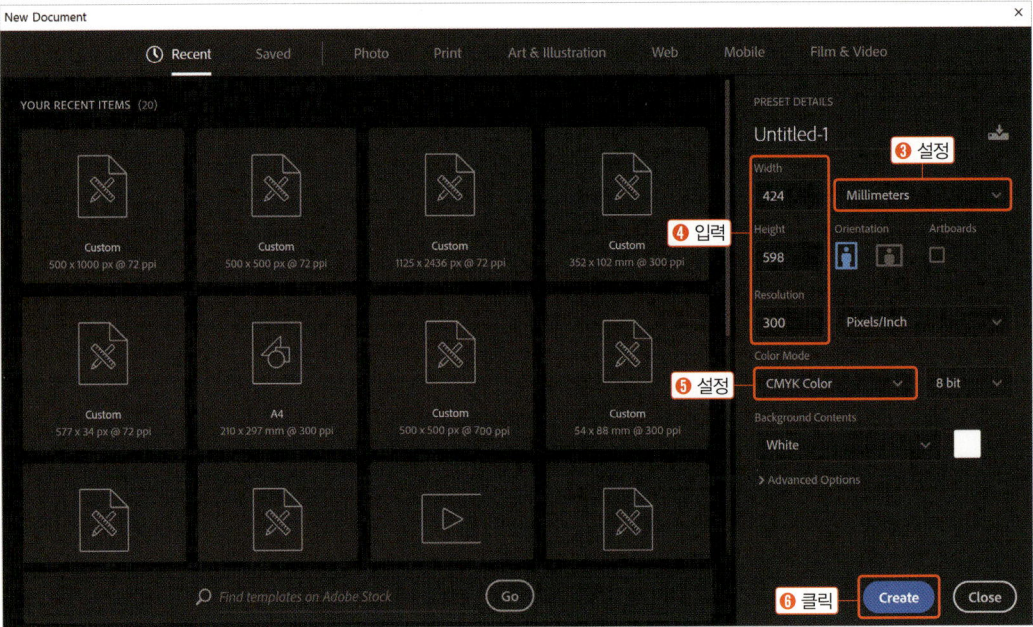

02 재단 사이즈와 안전 사이즈에 맞는 안내선을 꺼내줄 거예요. [View] - [New Guide Layout] ([보기] - [새 안내선 레이아웃])를 눌러 업체에 명시된 사이즈를 입력해주세요. 여기에서는 각각 2mm와 20mm로 설정했어요.

1) Margin(여백) 체크 - Top(위쪽), Left(왼쪽), Bottom(아래쪽), Right(오른쪽) : 2mm
2) Margin(여백) 체크 - Top(위쪽), Left(왼쪽), Bottom(아래쪽), Right(오른쪽) : 20mm

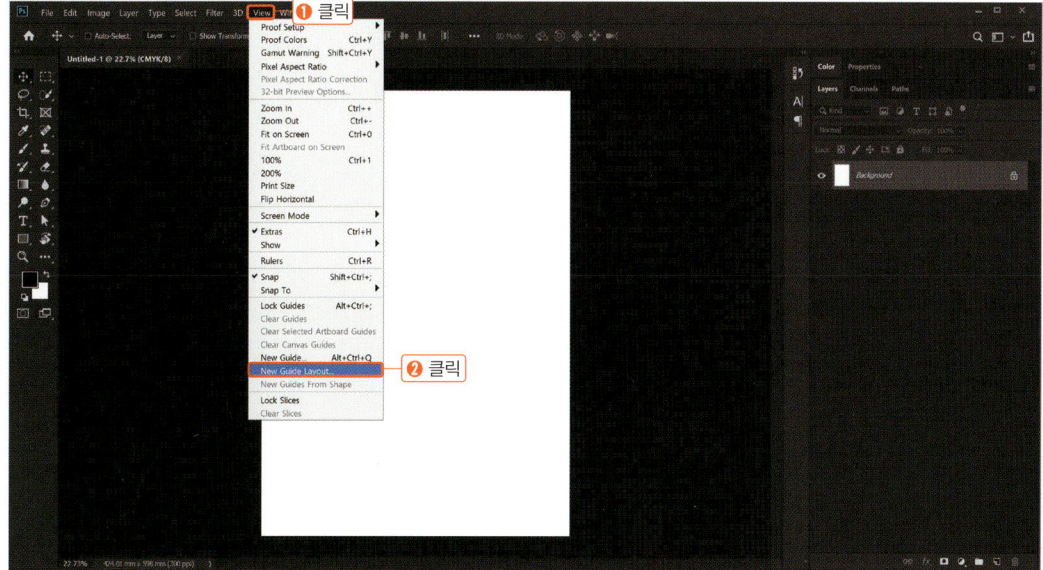

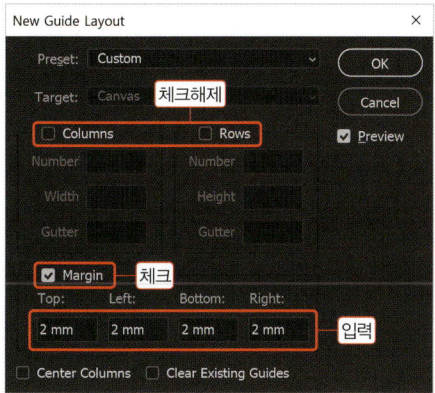

〈재단 사이즈 안내선〉

〈안전 사이즈 안내선〉

> **Tip** 인쇄는 1)번에서 만든 안내선까지 된다 생각하고, 포스터의 중요한 내용들은 2)번에서 만든 안내선 안에 배치하시면 된답니다.

03 사진을 넣어 줄 사각형을 만들어줄 거예요. ❶ Rectangle Tool(사각형 도구) 을 클릭한 후, ❷ 옵션바에서 Fill(칠)색을 지정하고 Stroke(획)색을 '없음'으로 지정해주세요. ❸ 화면을 드래그하여 다음과 같이 사각형을 그려주세요.

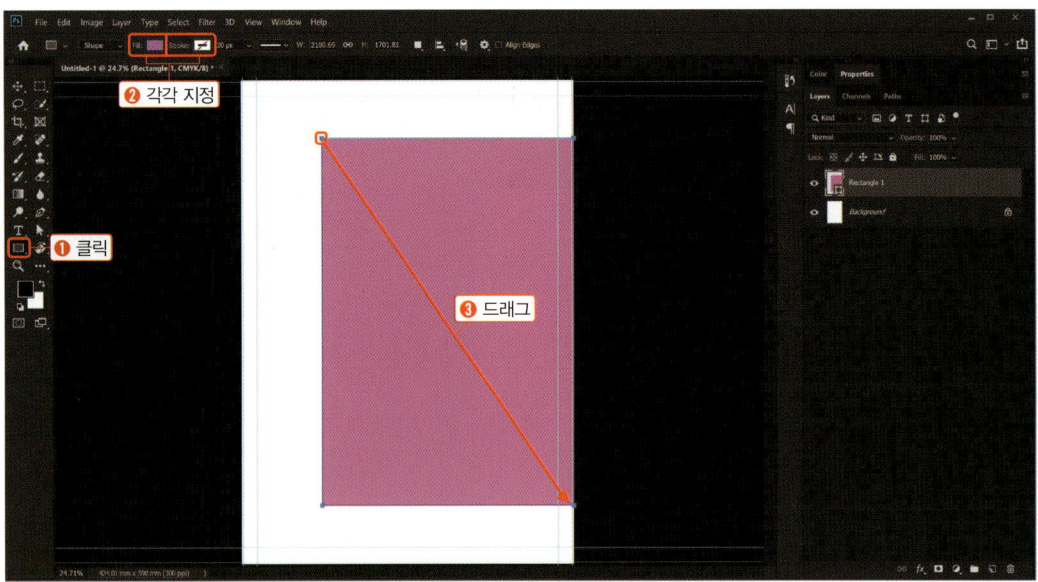

04 ❶ [File] - ❷ [Place Embedded]([파일] - [포함 가져오기])를 눌러 넣을 사진을 가져와주세요. ❸ 크기와 위치, 회전 값을 조정하고 ❹ Enter 를 눌러줍니다.

05 사각형 레이어와 사진 레이어 사이를 Alt +클릭하여 클리핑 마스크를 만들어주세요.

> Tip 사진 레이어에 오른쪽 마우스를 클릭하여 Create Clipping Mask(클리핑 마스크 만들기)를 클릭해도 됩니다.

06 사진을 흑백으로 만들어줄 거예요. 레이어 패널의 ❶ 새 조정 레이어 버튼 을 클릭하고, ❷ Photo Filter(포토 필터)를 클릭해주세요.

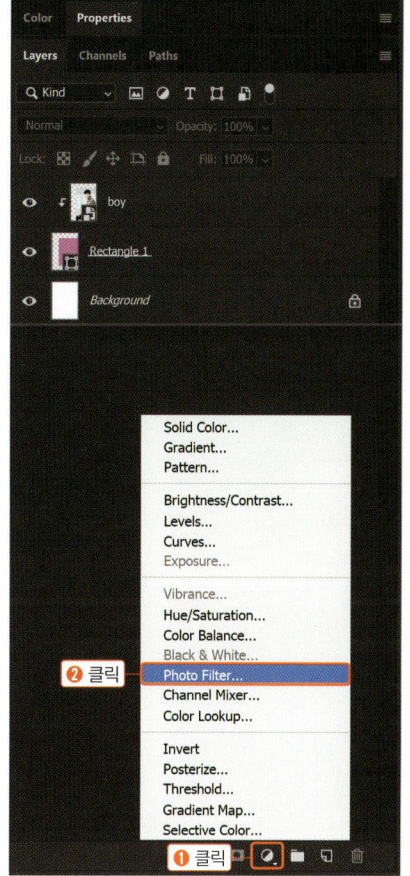

CLASS 15 포스터 199

07 Properties(속성) 패널에서 Color(색상)를 원하는 색으로, Density(농도)를 100%로 설정해주세요.

> Tip 색상을 검정색으로 하면 흑백 이미지를 만들 수 있어요.

08 'Photo Filter(포토 필터) 1' 레이어와 사진 레이어 사이를 Alt +클릭하여 클리핑 마스크를 만들어주세요.

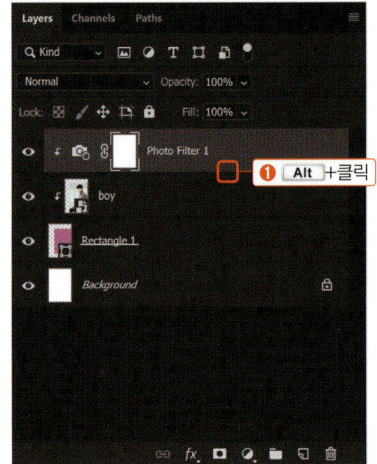

> Tip 조정 레이어는 원래 밑에 있는 모든 레이어의 색상을 바꾸지만, 지금처럼 클리핑 마스크를 만들어주면 바로 밑에 있는 레이어에만 색보정을 할 수 있어요. 클리핑 마스크는 밑에 있는 레이어를 하나의 틀로 삼아 위에 있는 레이어를 담아주는 기능이기 때문이죠.

09 도구 상자에서 ❶ Horizontal Type Tool(수평 문자 도구) T 을 클릭하고, ❷ 옵션바에서 서체와 크기, 문자 색상을 설정해주세요. ❸ 화면을 한 번 클릭하여 글씨를 입력하고 ❹ Ctrl + Enter 를 눌러 글씨를 마무리해주세요.

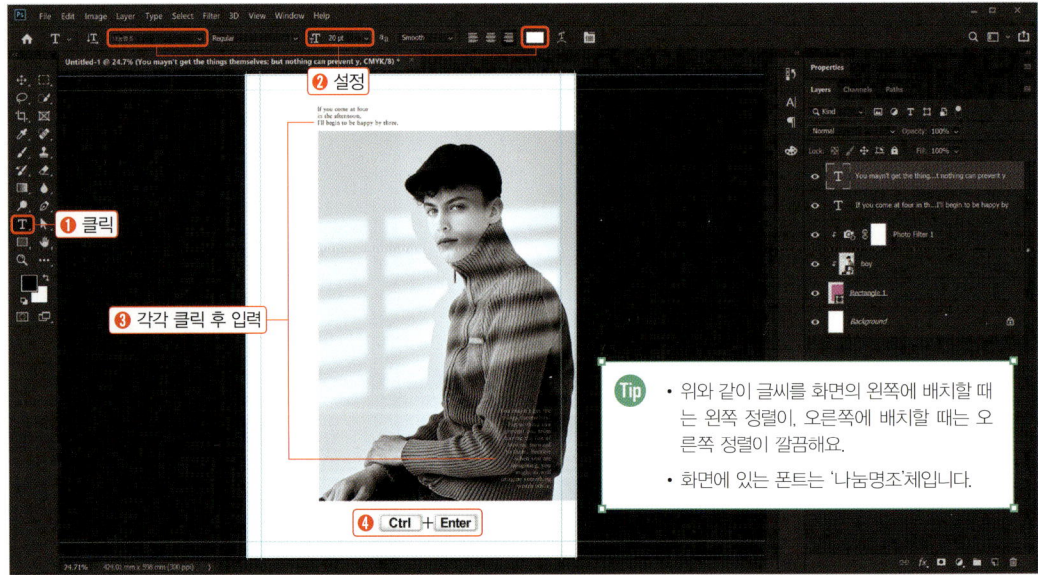

10 ❶ Rectangle Tool(사각형 도구)을 클릭한 후, ❷ 옵션바에서 Fill(칠)색을 '없음'으로 하고 Stroke(획)색을 원하는 색으로 지정해주세요. ❸ 화면을 드래그하여 다음과 같이 사각형을 그려주세요.

11 ❶ 레이어 패널의 새 레이어 마스크 버튼을 클릭하고, ❷ Brush Tool(브러시 도구)을 클릭해주세요. ❸ 전경색을 검은색으로 설정한 뒤 ❹ 사각형의 가려줄 부분을 드래그해주세요.

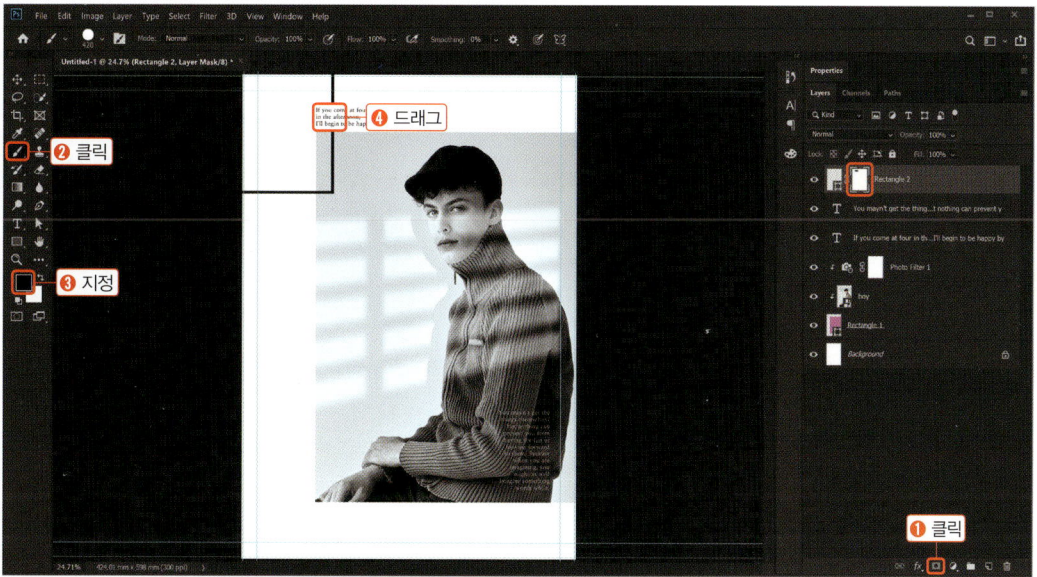

Tip Brush Tool(브러시 도구)로 Shift +드래그하면 일직선으로 칠할 수 있어요.

직접 종이에 쓴 손글씨를 사진에 합성하기

01 ❶ [File] – ❷ [Place Embedded]([파일] – [포함 가져오기])를 눌러 손글씨 사진을 가져와주세요. ❸ 크기와 위치, 회전 값을 조정하고 ❹ Enter 를 눌러줍니다.

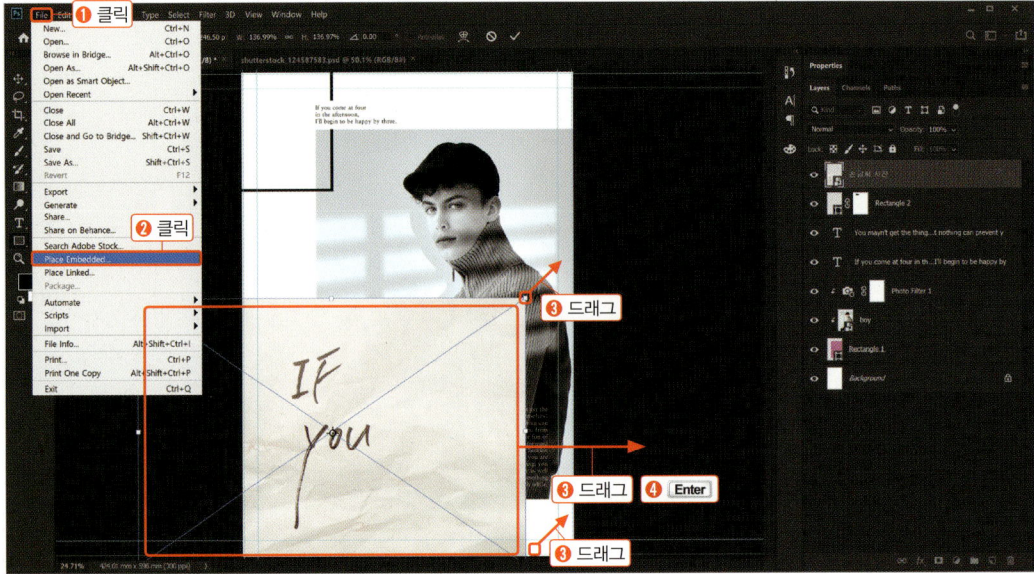

02 ❶ [Image] – [Adjustments] – ❷ [Level]([이미지] – [조정] – [레벨])을 클릭하고 ❸ 다음과 같이 조정하여 대비를 높여주세요. 종이가 구겨진 부분은 최대한 안 보이게, 글씨는 최대한 또렷하게 만들어주시면 됩니다.

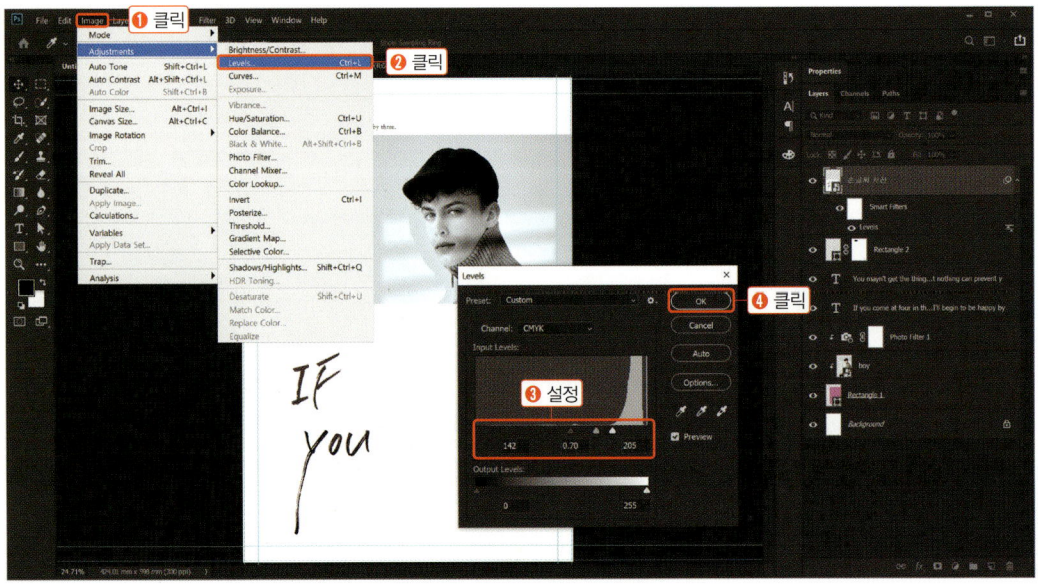

> **Tip** 위처럼 검은색 화살표와 흰색 화살표의 사이가 가까워질수록 대비가 높고 또렷한 사진이 만들어져요.

고수가 되고 싶다면 보너스 TIP

밝기를 강하게 조정할 수 있는 Level(레벨)

Level(레벨)은 Curves(곡선)보다 강렬한 느낌으로 보정이 되기 때문에 밝기를 극단적으로 조정할 때 많이 쓸 수 있어요.

각 영역은 이미지의 톤을 담당하고 있어요.

❶ 이미지의 어두운 영역
❷ 이미지의 중간 톤 영역
❸ 이미지의 밝은 영역
❹ 방향으로 드래그하면 어둡게,
❺ 방향으로 드래그하면 밝게 바뀝니다.

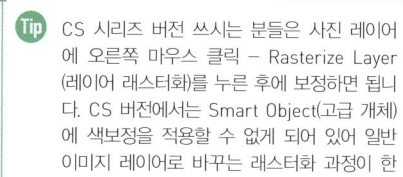

Tip CS 시리즈 버전 쓰시는 분들은 사진 레이어에 오른쪽 마우스 클릭 – Rasterize Layer (레이어 래스터화)를 누른 후에 보정하면 됩니다. CS 버전에서는 Smart Object(고급 개체)에 색보정을 적용할 수 없게 되어 있어 일반 이미지 레이어로 바꾸는 래스터화 과정이 한 번 필요해요.

03 ❶ [Image] – [Adjustments] – ❷ [Hue/Saturation]([이미지] – [조정] – [색조/채도])를 클릭하고, ❸ Saturation(채도)를 –100으로 설정해주세요.

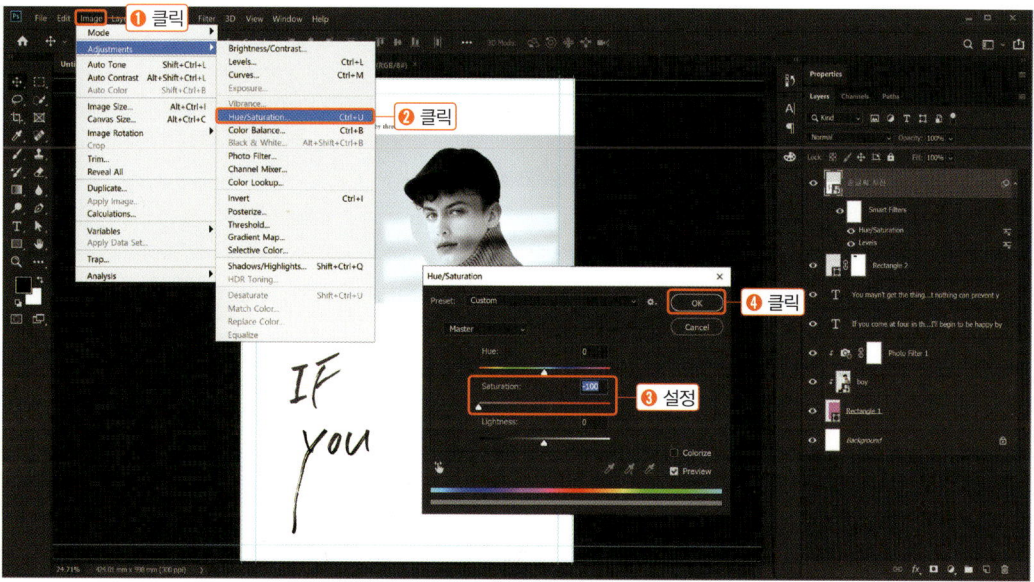

04 레이어 패널의 ❶ 'Normal(표준)'을 클릭하여 ❷ 'Multiply(곱하기)'로 바꾸어주세요.

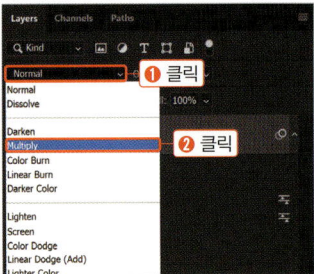

> 지금은 이미지의 밝은 부분(종이)을 없애기 위해서 어두운 느낌으로 합성하는 'Multiply(곱하기)'로 해주었어요.

빈티지한 레트로 느낌의 이미지 만들기

01 이 부분은 선택사항이에요. 깔끔한 느낌을 원한다면 생략하셔도 됩니다. 사진의 화질을 떨어뜨리기 위해 모자이크 효과를 줄 거예요. 사진 레이어를 선택하고, ❶ [Filter] – [Pixelate] – ❷ [Mosaic]([필터] – [픽셀화] – [모자이크])를 클릭해주세요. ❸ Cell Size(셀 크기)를 5~10 사이로 조정해주세요.

> CS 시리즈 버전 쓰시는 분들은 사진 레이어에 오른쪽 마우스 클릭 – Rasterize layer(레이어 래스터화)를 누른 후에 필터를 적용시켜주세요.

02 사진에 노이즈를 추가해줄 거예요. ❶ [Filter] – [Noise] – ❷ [Add Noise]([필터] – [노이즈] – [노이즈 추가])를 클릭하고, ❸ Amount(양)를 5~15 사이로, Distribution(분포)은 Uniform/Gaussian(균일/가우시안) 각각 클릭해보고 원하는 것으로, Monochromatic(단색)은 체크해주세요.

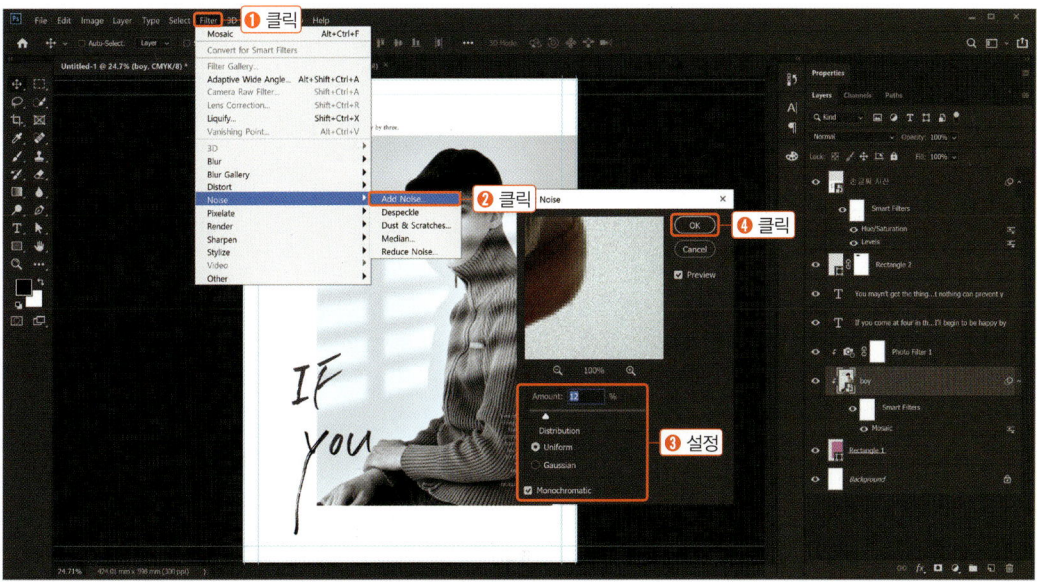

고수가 되고 싶다면 보너스 TIP

Monochromatic(단색)을 체크하면 지금과 같이 감성적인 느낌의 노이즈 효과를 줄 수 있고, 체크하지 않으면 옛날 TV와 같은 노이즈 효과를 줄 수 있어요.

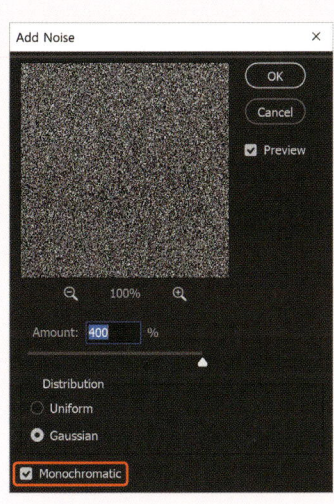 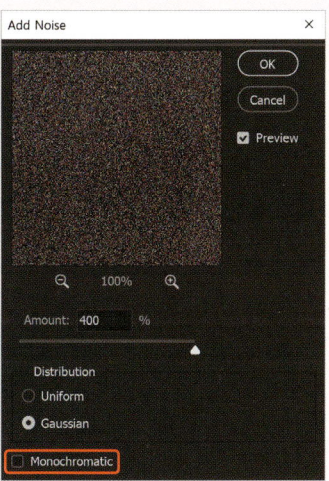

03 인위적으로 들어간 모자이크와 노이즈를 부드럽게 하기 위해 흐림 효과를 넣어줄 거예요. ❶ [Filter] – [Blur] – ❷ [Gaussian Blur]([필터] – [흐림 효과] – [가우시안 흐림 효과])를 클릭하고 ❸ Radius(반경)을 2~5 사이로 조정해주세요.

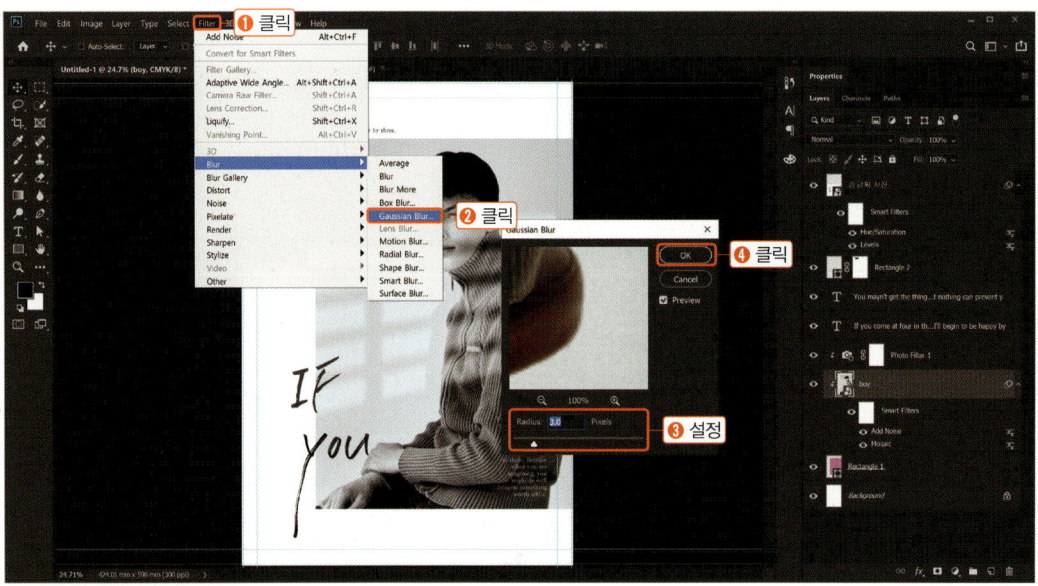

Tip 모자이크 효과에 입력했던 숫자보다는 작게 해주시는 게 좋아요.

04 빛바랜 느낌을 위해 스크래치를 만들어줄 거예요. ① 새 레이어 버튼 을 누르고 새 레이어를 ② 맨 위로 드래그해 올려주세요. ③ 전경색과 배경색을 각각 검은색, 흰색으로 설정합니다. ④ [Filter] - [Render] - ⑤ [Fiber]([필터] - [렌더] - [섬유])를 클릭하고 ⑥ Variance(분산)를 1~3 사이로, Strength(강도)를 원하는 정도로 조정해주세요.

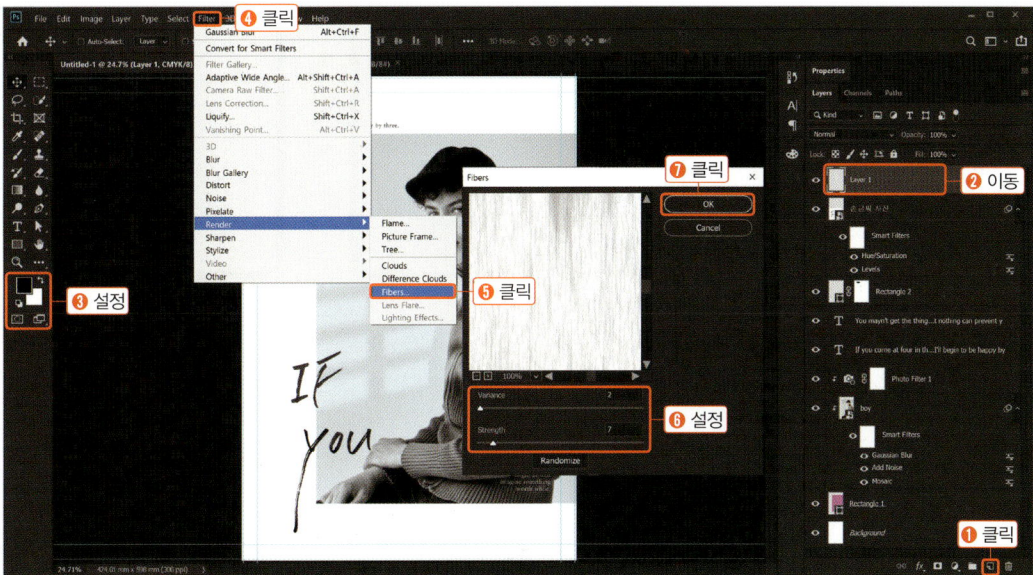

> **Tip**
> - Fiber(섬유) 효과는 말 그대로 섬유질 이미지를 만들어 주는 메뉴예요. 지금처럼 스크래치 효과나 커튼 모양, 부직포 재질 등을 만들 때 사용할 수 있어요.
> - Fiber(섬유) 효과는 전경색과 배경색으로 만들어진답니다.

05 'Normal(표준)'을 'Lighter Color(밝은 색상)'로, Opacity(불투명도)를 20%로 조정해주세요.

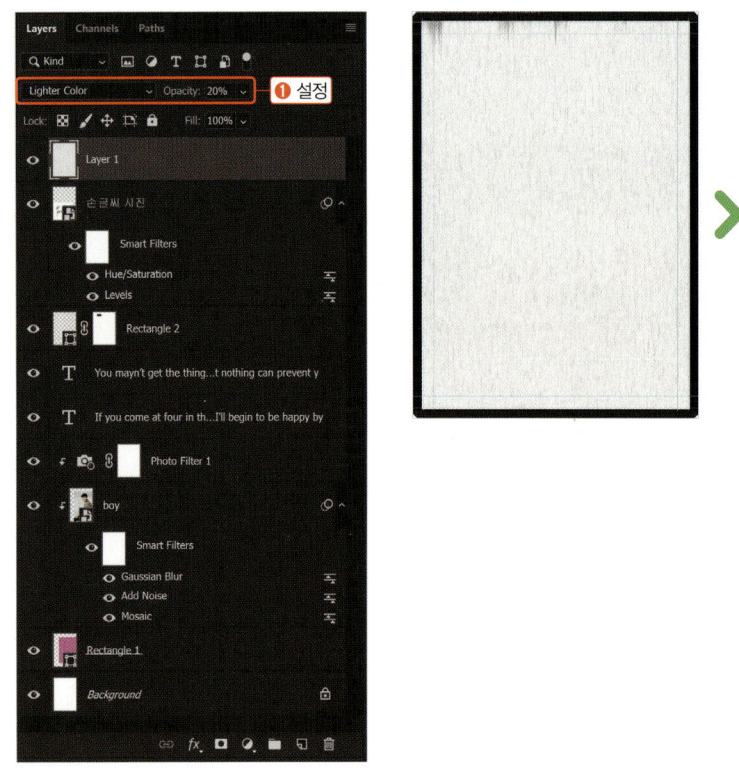

06 Ctrl + S 를 눌러 PSD로, Ctrl + Shift + S 를 눌러 Photoshop PDF로 각각 저장해주세요. 포스터 인쇄를 원할 경우, 저장한 전체 파일들이 업체에 기재되어 있는 파일 유형과 맞는지 확인하신 후 주문하시면 됩니다.

내 디자인을 굿즈로, 직접 주문 넣기

01 인터넷에서 '포스터 제작'을 검색한 후 제작을 원하는 업체에 접속합니다.

02 접속한 업체에서 '포스터' 카테고리로 들어갑니다.

03 제작을 원하는 재단 사이즈를 입력합니다. 업체에 기재되어 있는 규격이 있다면 사이즈를 선택합니다.

※ 포스터로 주로 많이 제작하는 사이즈는 A2이니 참고하세요.

04 재단 사이즈에 맞는 작업 사이즈를 확인합니다.

05 제작한 도안의 사이즈가 작업 사이즈가 맞는지, 업체에 기재되어 있는 안전 사이즈 안으로 원하는 이미지가 모두 들어와 있는지 확인합니다.

06 업체의 안내문에 기재되어 있는 제작방법 및 파일 유형이 맞는지 확인합니다.

07 제작하고 싶은 용지를 선택합니다.

※ 일반적으로 많이 제작하는 용지는 아트지입니다.

08 인쇄 도수를 선택합니다.

※ 도수 선택 TIP은 포토카드 클래스의 31p를 참고하세요.

09 제작할 수량을 입력합니다.

10 후가공이 필요한 경우 업체에 기재되어 있는 후가공의 종류를 확인하여 선택합니다.

11 파일을 업로드합니다.

12 제목을 입력한 후 주문하기를 클릭하면 완료입니다. 인쇄가 시작되면 수정을 할 수 없으니, 가능한 곳은 업체에 시안을 꼭 확인해보는 것이 좋습니다. 배송이 시작되면 굿즈를 기다리는 일만 남았어요!

큰마음 먹고 배운 포토샵! 한번 써먹고 썩히기에는
너무 아까운 능력이에요. 앞으로도 계속 이곳 저곳
활용하며 계속 능력을 키워나갈 수 있도록
유용한 활용법들을 모았습니다. 키보드로
척척 고수들이 쓰는 단축키나 파일을 정리하는
방법부터, 유용한 무료 소스 사이트 소개까지
금손되는 꿀팁들을 7가지 공개합니다!

PART 04

더 쉽고 빠르게
포토샵 활용하기

CLASS

FINAL
포토샵 금손되는 7가지 비법

포토샵을 금손처럼 척척 활용할 수 있는 TIP 7가지를 알려드립니다.
열심히 배운 포토샵, 앞으로도 여기저기 활용해보세요!

나도 고수처럼 보이는 단축키

굿즈 제작 시 많이 쓰이는 단축키 위주로 알아볼까요? 포토샵의 모든 단축키를 보시려면 `Ctrl` + `Shift` + `Alt` + `K`를 눌러 아래와 같은 창이 나오면 'Summerize(요약)' 버튼을 클릭해주세요.

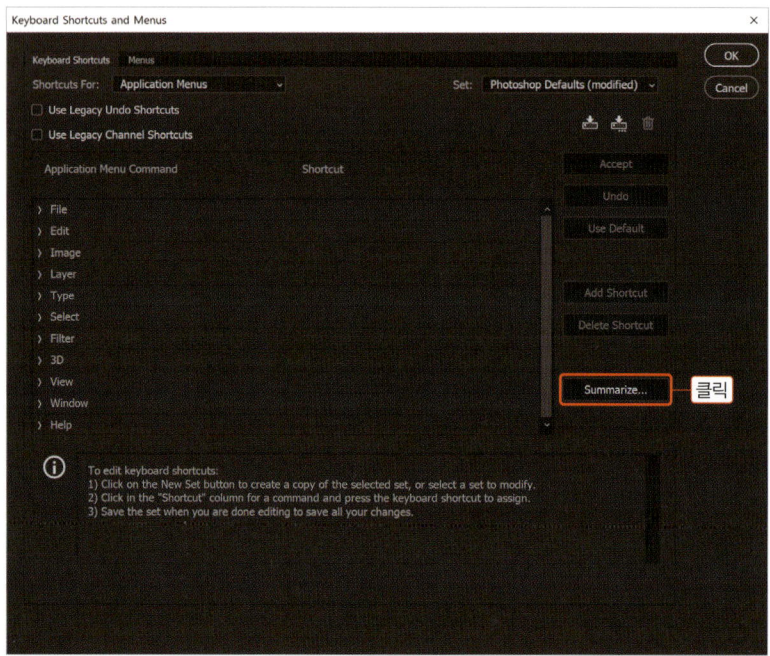

> **Tip** 이 메뉴는 포토샵의 모든 단축키를 볼 수 있을 뿐만 아니라, 내 마음대로 단축키를 바꿀 수도 있어요. 바꾸고자 하는 메뉴를 클릭하고 단축키를 눌러주면 됩니다.

파일 관련

- `Ctrl` + `N` : 새 창 만들기(New)
- `Ctrl` + `O` : 열기(Open)
- `Ctrl` + `S` : 저장(Save)
- `Ctrl` + `Shift` + `S` : 다른 이름으로 저장(Save As)
- `F12` : 되돌리기(Revert)

편집 관련

- `Ctrl` + `Z` : 실행 되돌아가기(Undo)
  (Photoshop CC 2018 이전 버전에서는 실행 한 단계 취소)
- `Ctrl` + `Alt` + `Z` : 실행 한 단계 취소(Toggle Last State)
  (Photoshop CC 2018 이전 버전에서는 실행 되돌아가기)
- `Ctrl` + `Shift` + `Z` : 다시 실행하기(Redo)
- `Ctrl` + `T` : 자유 변형(Free Transform)
- `Ctrl` + `C` : 복사(Copy)
- `Ctrl` + `V` : 화면 가운데에 붙여넣기(Paste)
- `Ctrl` + `Shift` + `V` : 복사한 위치에 붙여넣기(Paste in Place)
- `Ctrl` + `K` : 환경설정(Preferences)

레이어 관련

- `Ctrl` + `J` : 레이어 복제(New Layer via Copy)
- `Ctrl` + `E` : 레이어 병합(Merge Layers)
- `Ctrl` + `G` : 레이어 그룹화(Group Layers)
- `Ctrl` + `Shift` + `G` : 레이어 그룹 해제(Ungroup Layers)
- `Ctrl` + `,` : 레이어 숨기기 / 표시 (Hide / Show Layers)
- `Ctrl` + `/` : 레이어 잠그기(Lock Layers)
- `Delete` / `Back Space` : 지우기(Delete)

선택 관련

- `Ctrl` + `A` : 모두 선택(Select All)
- `Ctrl` + `D` : 선택 해제(Deselect)
- `Ctrl` + `Shift` + `I` : 반전 선택(Select Inverse)

필터 관련

`Ctrl` + `Alt` + `F` : 가장 최근에 했던 필터(Last Filter)
　　　　　　　　　(Photoshop CC 2016 이전 버전에서는 `Ctrl` + `F`)
`Ctrl` + `Shift` + `X` : 픽셀 유동화(Liquify)

보기 관련

`Ctrl` + `R` : 눈금자 표시 / 숨기기(Show / Hide Rulers)
`Ctrl` + `;` : 안내선 표시 / 숨기기(Show / Hide Guides)
`Ctrl` + `Alt` + `;` : 안내선 잠그기 / 잠금 해제(Lock / Unlock Guides)
`Tab` : 옵션바, 도구 상자, 패널 숨기기 / 표시(Hide / Show Options, Tools, Panels)
`F` : 전체 화면 모드(Full Screen Mode)
`Ctrl` + `Y` : 인쇄 시 색상으로 보기(Proof Colors)
`Ctrl` + `0` : 화면에 이미지 맞추기(Fit on Screen)

이미지 조정 관련

`Ctrl` + `M` : 곡선(Curves)
`Ctrl` + `U` : 색조 / 채도(Hue / Saturation)
`Ctrl` + `B` : 색상 균형(Color Balance)

도구 관련

`V` : 이동 도구(Move Tool)
`M` : 선택 윤곽 도구(Rectangular Marquee Tool, …)
`C` : 자르기 도구(Crop Tool)
`B` : 브러시 도구(Brush Tool)
`E` : 지우개 도구(Eraser Tool)
`U` : 도형 도구(Rectangle Tool, Rounded Rectangle Tool, …)
`I` : 스포이드 도구(Eyedropper Tool)
`T` : 문자 도구(Horizontal Type Tool, …)
`Ctrl` : (현재 클릭되어 있는 도구와 상관없이)누르면서 드래그하면 이동 도구(Move Tool)
`Space Bar` : (현재 클릭되어 있는 도구와 상관없이)누르면서 드래그하면 손 도구(Hand Tool)

 Tip 도구 관련된 단축키는 자판이 영문 상태일 때만 쓸 수 있어요. 도구 관련 단축키를 눌러도 안될 경우에는 키보드의 한/영 키를 한 번 누른 후 다시 해보시면 됩니다.

헷갈리지 않는 파일 보관·정리 노하우

노하우1. 프로젝트 별로 폴더 만들기 & 접두어 동일하게

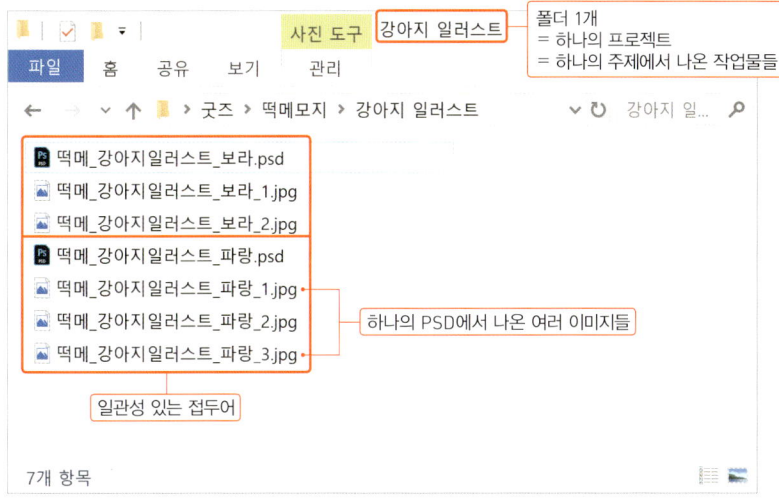

❶ 하나의 주제에서 나온 작업물들 = 하나의 프로젝트

하나의 주제에서 나온 작업물들을 모두 묶어서 하나의 프로젝트로 생각하면 됩니다. 한 프로젝트당 폴더를 하나씩 만들고, 폴더 이름에 어떤 사진 혹은 그림이 들어있는지 표기해주는 것이 좋아요. 강아지 일러스트가 들어간 떡메모지를 만드는 경우를 예로 들어볼게요.

- 여러 디자인의 떡메모지 中 강아지 일러스트가 있는 떡메모지의 경우
  굿즈 〉 떡메모지 〉 강아지 일러스트

- 강아지 일러스트가 있는 여러가지 굿즈 中 떡메모지의 경우
  굿즈 〉 강아지 일러스트 〉 떡메모지

이런 식으로 작업하는 스타일에 따라 폴더 구조를 찾기 쉽게 만들어 주시면 됩니다.

❷ 같은 디자인의 파일들은 이름 or 접두어를 동일하게 표기

윈도우에서는 PSD 미리 보기가 안되기 때문에 같은 디자인의 파일이라면 PSD와 JPEG의 이름을 서로 동일하게 하는 것이 좋아요. 하나의 PSD 파일에서 여러 콘셉트로 이미지들을 만들었을 때에는 PSD와 JPEG들의 접두어를 동일하게 놓아야 나중에 파일 이름 때문에 헷갈리지 않습니다. 또한 굿즈 특성상 작업물을 인쇄소 등에 넘겨주고 다시 받아야 하는 경우가 있으니 폴더명뿐만 아니라 파일 이름에도 일관성을 주는 게 좋아요.

노하우2. Bridge 사용하기

Bridge란, Adobe 사에서 제공하는 파일 관리 프로그램입니다. Adobe Photoshop을 설치하면 CS 시리즈 버전에서는 자동으로 설치되고, CC 시리즈 버전에서는 Creative Cloud를 실행하시고 설치할 수 있어요. JPEG나 PNG 등 이미지 파일은 물론이고, 운영체제에 따라 미리 보기가 안되는 PSD, AI, PDF, PPT, 영상 파일 등을 한눈에 보면서 관리할 수 있는 프로그램입니다.

필요에 따라 [Window] – [Favorite]([창] – [즐겨찾기])에 자주 쓰는 폴더를 등록해놓고 편하게 경로를 찾을 수 있고, [Window] – [Filter]([창] – [필터])로 원하는 파일들을 필터링해서 볼 수도 있어요. 각 메뉴에 관한 더 자세한 설명은 아래 홈페이지로 들어가 확인해보세요.

https://helpx.adobe.com/kr/bridge/using/view-files-bridge.html

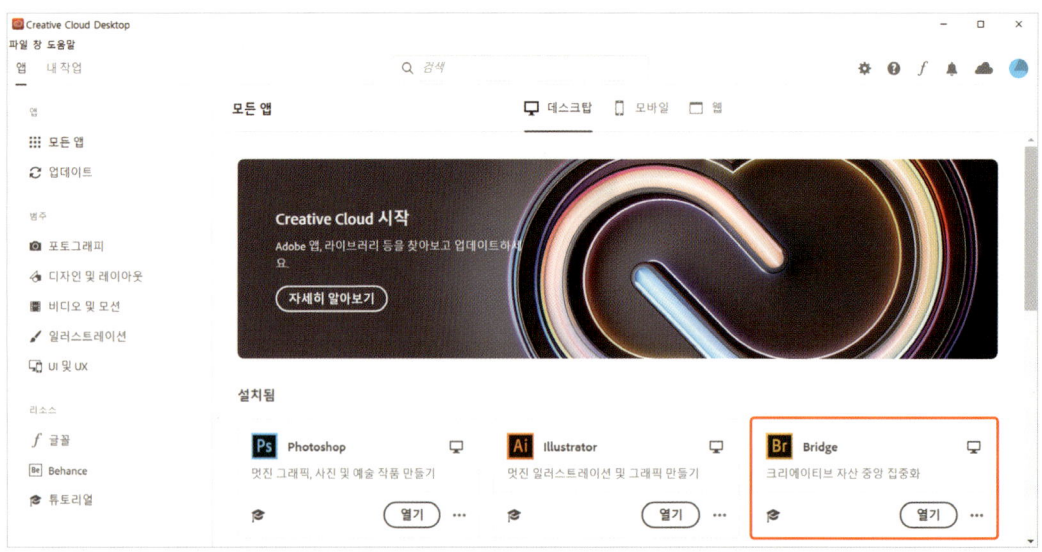

써도 괜찮은 무료 글꼴 사이트 소개

폰트나 사진, 디자인 소스 등 저작권법에 따라 보호받는 저작물들은 저작권자의 허락 없이 사용(복제·배포·전송 등)하는 경우에 저작권 침해 문제가 발생할 수 있어요. 이러한 문제를 예방하기 위해 상업적으로 사용할 수 있는 무료 폰트 사이트들을 소개합니다.

눈누 상업용 무료 한글 폰트 사이트 : https://noonnu.cc/

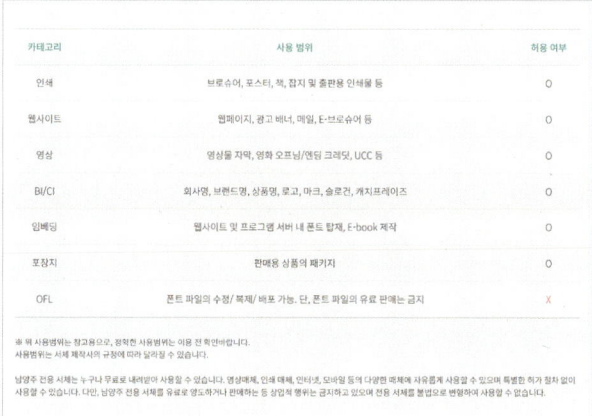

여러 가지 상업적으로 사용 가능한 한글 폰트를 보기 쉽게 정렬했을 뿐만 아니라, 내가 입력할 문구를 미리 써서 어울리는 폰트를 편하게 고를 수도 있어요. 각 폰트를 클릭하면 다운로드할 수 있는 링크 버튼과 저작권 사용 범위가 나와있답니다. 상업적으로 이용 가능한 폰트라 하더라도, 꼭 사용 범위를 세밀하게 검토 후에 사용하셔야 해요.

FONCO : http://font.co.kr/yoonfont/free/main.asp

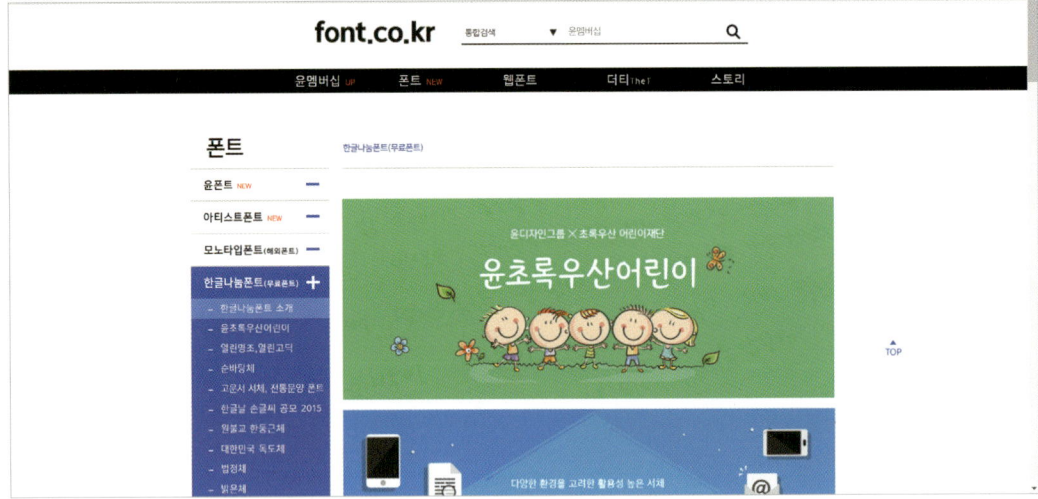

윤디자인 그룹에서 만든 한글 나눔 폰트 사이트입니다. 감성적인 명조체부터 귀여운 손글씨까지 다운로드할 수 있는 곳이에요. 위 사이트에 있는 '폰트 매니저' 프로그램을 설치해야 다운로드할 수 있어요.

어비폰트 : http://uhbeefont.com/

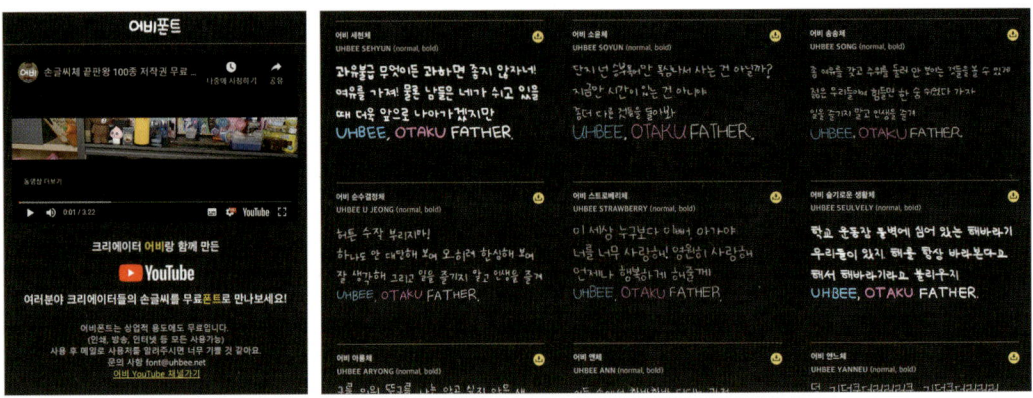

유튜브 크리에이터 어비님이 만든 무료 폰트 사이트예요. 실제 크리에이터들을 포함한 여러 사람들의 손글씨를 직접 따서 만든 폰트이기 때문에 다양하고 개성 있는 손글씨가 많이 있어요. 눈누에서 찾을 수 없는 독특한 폰트들도 있답니다.

Dafont : https://www.dafont.com/

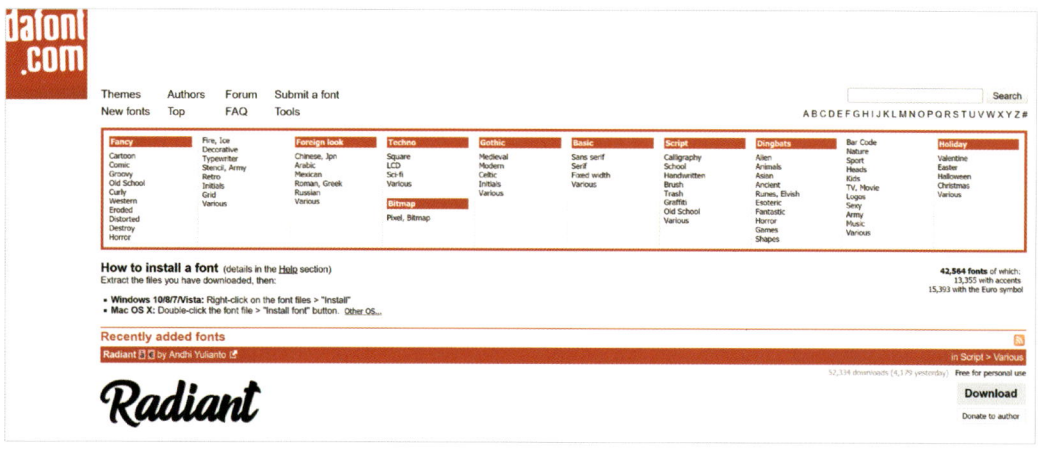

방대한 양의 영문 폰트가 모여 있는 사이트예요. 다양한 세리프, 산세리프, 손글씨체 계열뿐만 아니라 해리포터, 스타워즈 등 로고로 익숙한 폰트들까지 다운로드할 수 있습니다. 상업적으로 사용하실 때는 'Only as'에 '100% Free'를 체크하고 'Submit' 버튼을 클릭해 검색하면 됩니다.

무료 고퀄 이미지·소스 사이트 소개

pixabay(픽사베이) – 이미지 다운로드 사이트
https://pixabay.com/ko/

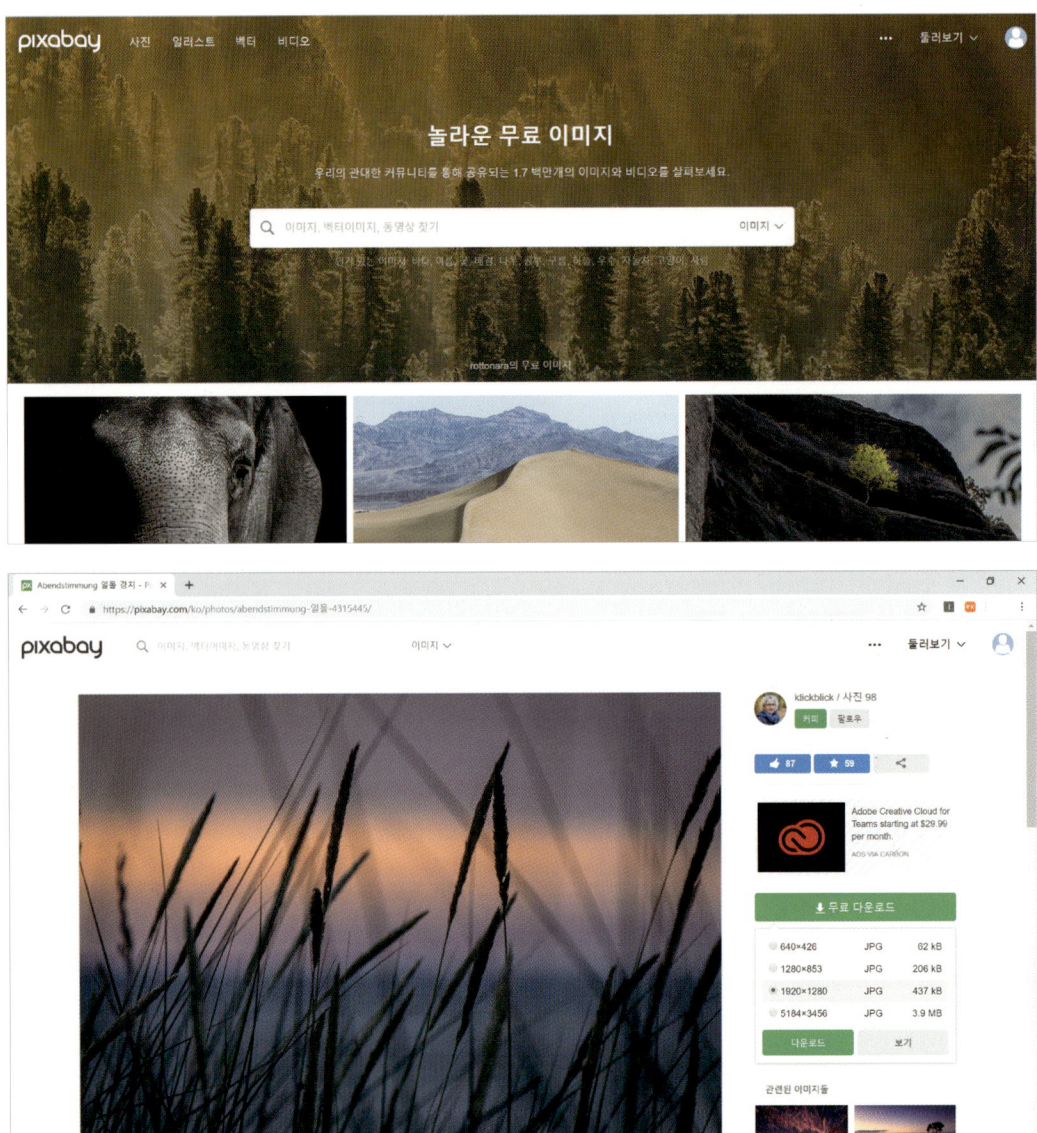

상업용으로 사용 가능한 무료 이미지를 다운로드할 수 있는 대표적인 사이트예요. 이러한 이미지 사이트는 대부분 영어로 검색해야 하는데, 픽사베이는 한글로도 검색할 수 있다는 장점이 있어요. 또한 하나의 이미지를 원하는 크기별로 다운로드할 수 있어서 용도에 맞춰 다운로드하기 좋은 사이트랍니다.

freepik - 디자인 소스 & 이미지 다운로드 사이트
https://www.freepik.com/

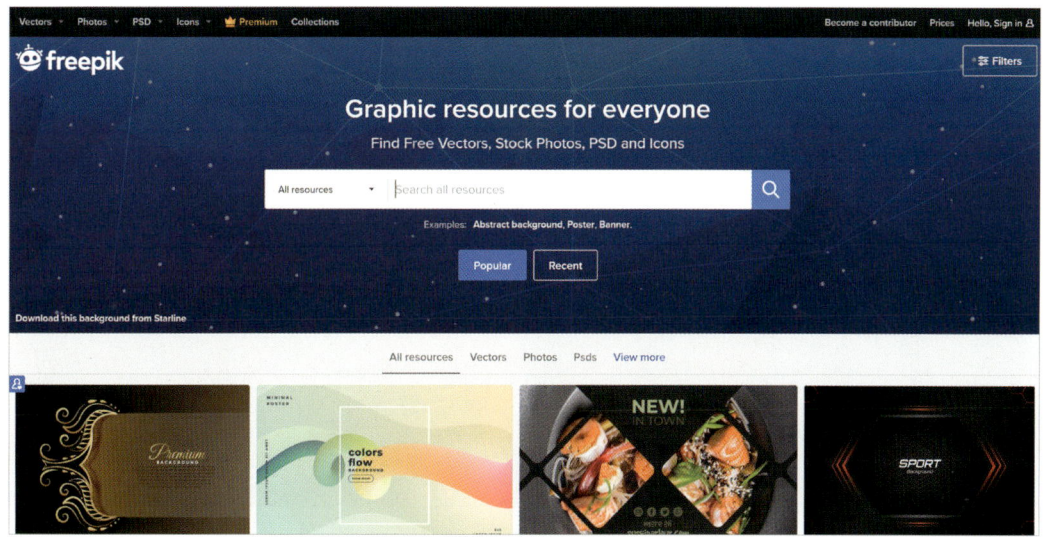

페이지 상단 탭에 보이는 것처럼 사진뿐만 아니라 PSD 파일의 디자인 소스부터 화질이 깨지지 않는 벡터 형식의 디자인 소스와 아이콘까지도 다운로드할 수 있는 사이트예요. 다만 무료로 다운로드할 수 있는 자료는 상업적으로 이용하실 때 출처를 남겨주셔야 해요. 출처 남기는 방법은 다운로드 페이지에 쓰여있으니 꼭 지켜주세요.

이미지 왼쪽 상단에 왕관 모양이 있는 경우는 유료 구독하는 회원들만 이용할 수 있으니 주의해주세요. 상단의 Vectors 탭에 있는 대부분의 벡터 형식의 파일은 Adobe Illustrator에서 제작한 AI 파일로 되어 있지만, 포토샵에서도 AI 파일을 [File] - [Open]([파일] - [열기])로 열거나 [File] - [Place Embedded/Linked]([파일] - [포함/연결 가져오기])로 가져올 수 있어요. 검색은 영어로 해야 합니다.

Unsplash – 이미지 다운로드 사이트
https://unsplash.com/

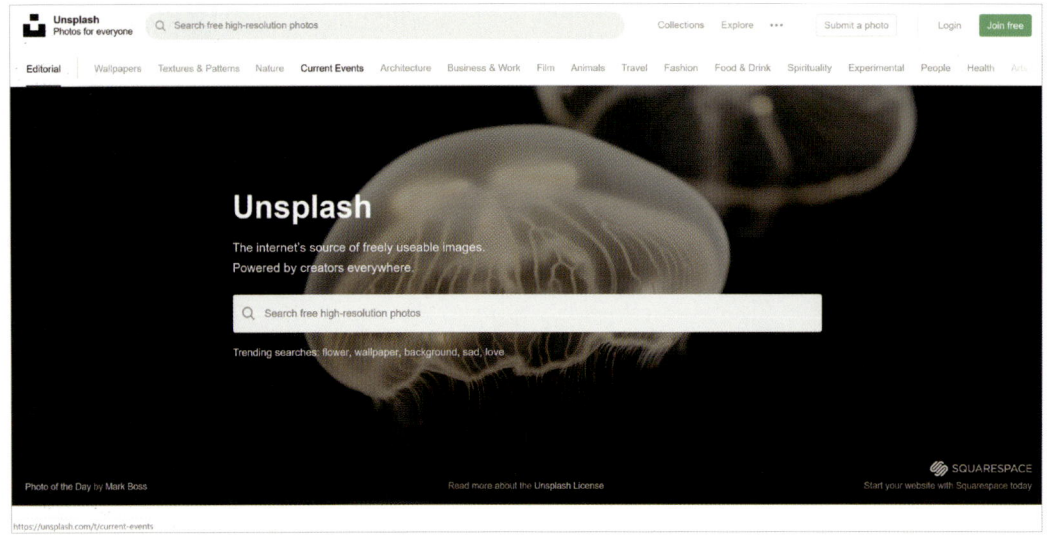

세계 각국의 사진가들이 직접 찍은 품질 좋은 사진들을 다운로드할 수 있어요. 대부분이 전문가가 보정을 해놓은 사진들이기 때문에 별도의 보정 작업을 하지 않아도 될 정도라서 추천합니다. 화질 좋고 분위기 있는 사진들을 찾고 싶을 때 특히 유용하고, 별도의 출처 표기 없이 상업적으로도 사용이 가능해요. 검색은 영어로 해야 하지만 상단에 있는 주제별 탭을 클릭해서 찾아도 된답니다.

365psd - 디자인 소스 & 이미지 다운로드 사이트
https://kr.365psd.com/

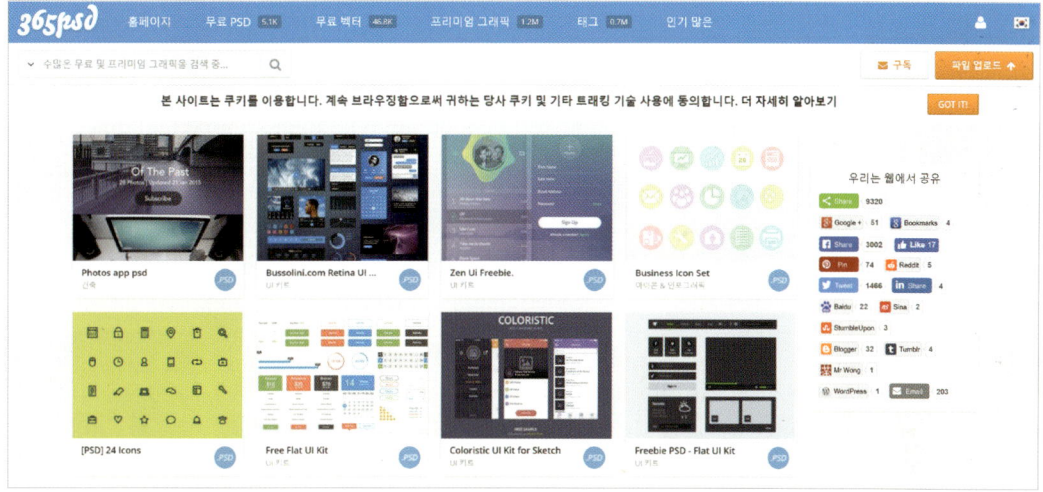

사진보다는 그래픽 위주의 소스를 다운로드할 때 쓸 수 있는 사이트예요. 화면의 상단 탭에 있는 '무료 PSD'와 '무료 벡터' 메뉴에서 카테고리를 골라 방대한 양의 이미지 소스들을 볼 수 있어요. '프리미엄 그래픽' 탭에 있는 소스들은 유료 구독자만 가능하고, 무료 소스는 페이스북이나 트위터 등에 공유를 해야만 다운로드할 수 있답니다. 주소 앞부분에 'kr'이 들어가서 사이트가 한글로 번역되어 보이는 것뿐이고, 직접 검색을 하실 때에는 영어만 가능해요.

Brusheezy – 디자인 소스, 브러시 다운로드 사이트
https://www.brusheezy.com/

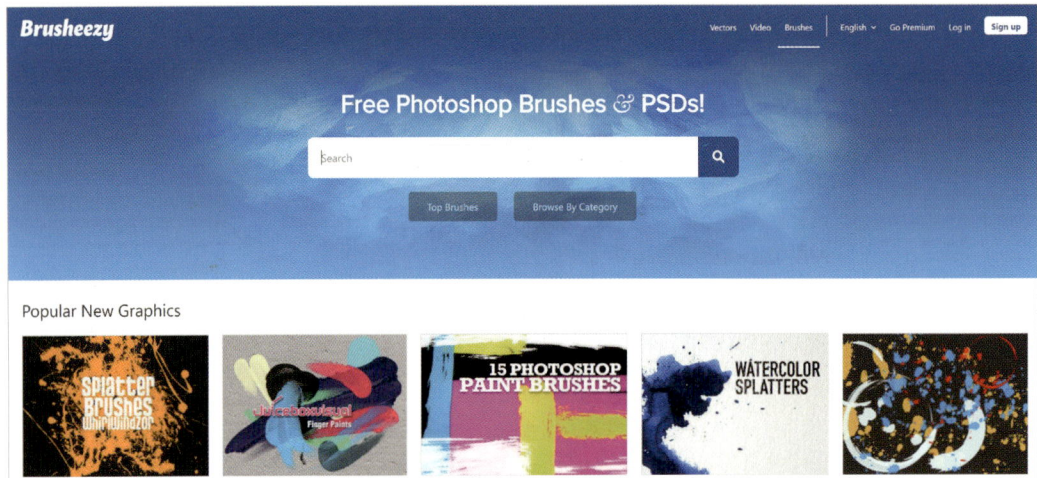

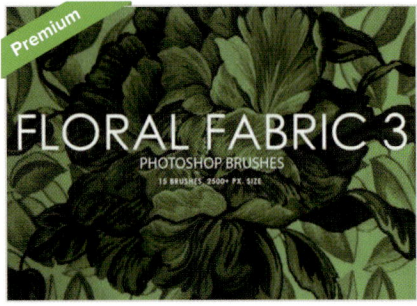

다양하고 감각적인 브러시와 다양한 패턴 등의 디자인 소스들이 있는 사이트예요. 화면처럼 이미지 왼쪽 상단에 초록색의 'Premium' 리본이 있는 소스들은 유료 구독자만 다운로드할 수 있고 리본이 없는 경우는 무료로 받을 수 있습니다. 무료로 다운로드한 파일들은 작품에 출처를 표기해야 하고, 출처 표기 방법은 해당 사이트에 쓰여있어요. 역시 영어로만 검색됩니다.

Photoshop Brushes – 디자인 소스 & 브러시 다운로드 사이트
https://myphotoshopbrushes.com/

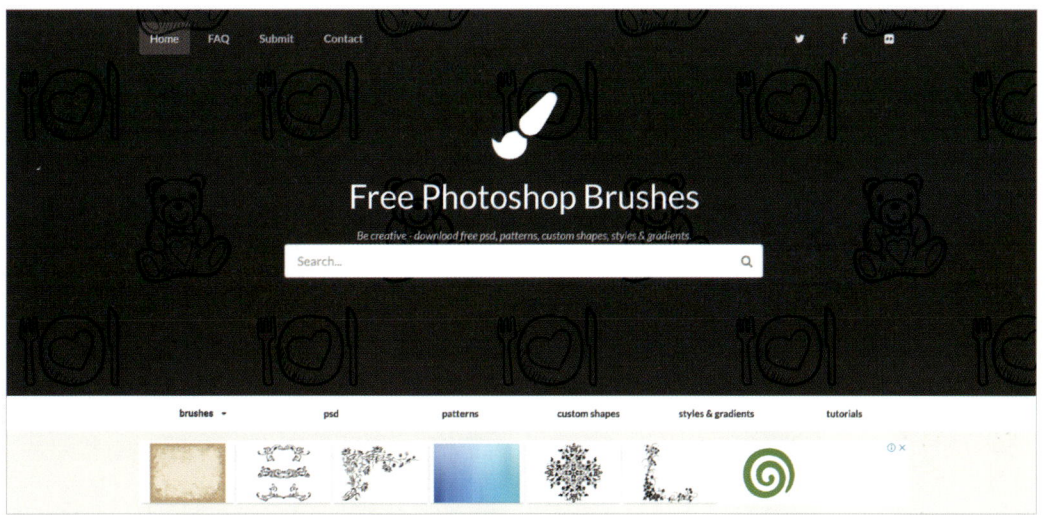

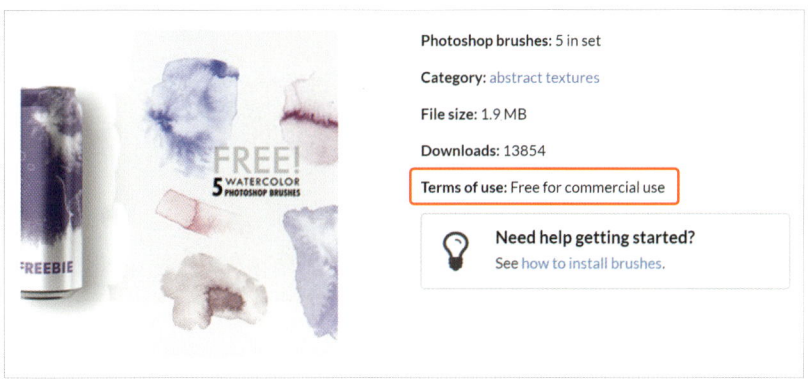

화려한 모양의 브러시부터 패턴, 모양, 그레이디언트 등 다양한 디자인 소스들이 모여있는 사이트예요. 다운로드할 때 'Terms of use'란에 'Free for commercial use'라 쓰여 있으면 상업적으로 바로 쓸 수 있고, 'Creative Commons Attribution'라 쓰여 있으면 상업적으로 쓸 때 출처를 남겨야 하며, 'Free for personal use only'라 되어 있으면 상업적인 용도가 아닌 개인적인 용도로만 사용 가능해요. 소스들마다 저작권 범위가 다르니 꼭 주의해주세요. 언어는 영어로만 검색할 수 있습니다.

반복작업 쉽게 빨리 하는 법

반복작업1. 레이어를 각각 빨리 저장하는 방법

하나의 PSD 파일에 있는 여러 개의 레이어를 각각의 이미지 파일로 저장하고 싶을 때 빠르게 저장할 수 있는 방법을 알아볼까요?

01 우선 저장하고 싶은 이미지의 확장자(파일 형식)를 지정해 줄 거예요. ❶ [Edit] – [Preferences] – ❷ [Export]([편집] – [환경설정] – [내보내기])를 눌러 환경설정 창을 열어주세요.

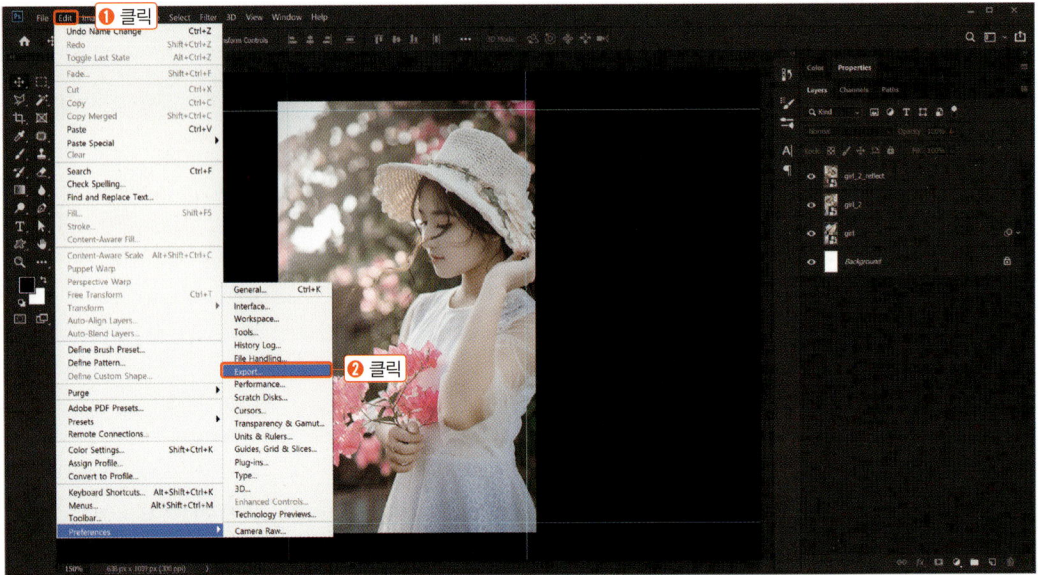

02 Quick Export Format(빠른 내보내기 형식)의 파일 형식을 원하는 것으로 변경해주세요. 여기서는 JPG로 변경해보겠습니다.

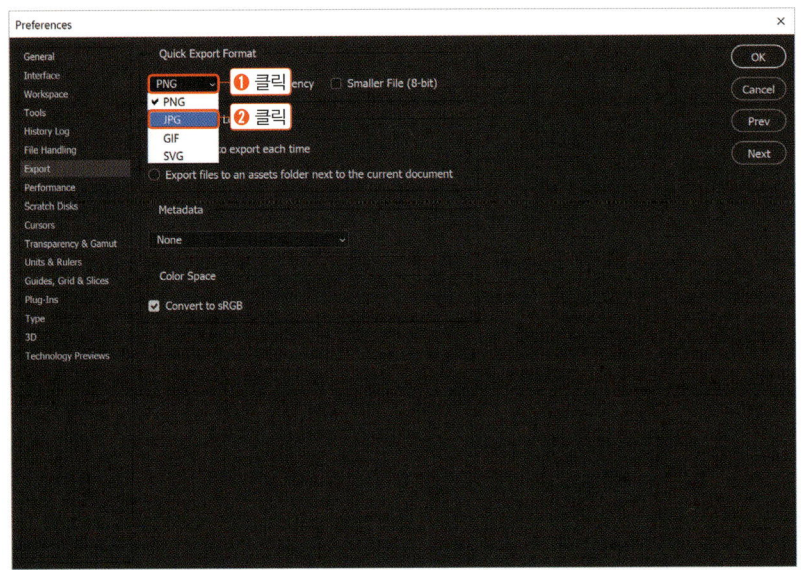

03 저장하고 싶은 모든 레이어들을 Ctrl +클릭 혹은 Shift +클릭하여 중복 선택해주세요.

04 레이어에 오른쪽 마우스 클릭하고 'Quick Export as JPG(JPG로 빠른 내보내기)'를 클릭해주세요. 저장 경로와 이름을 지정하면 됩니다.

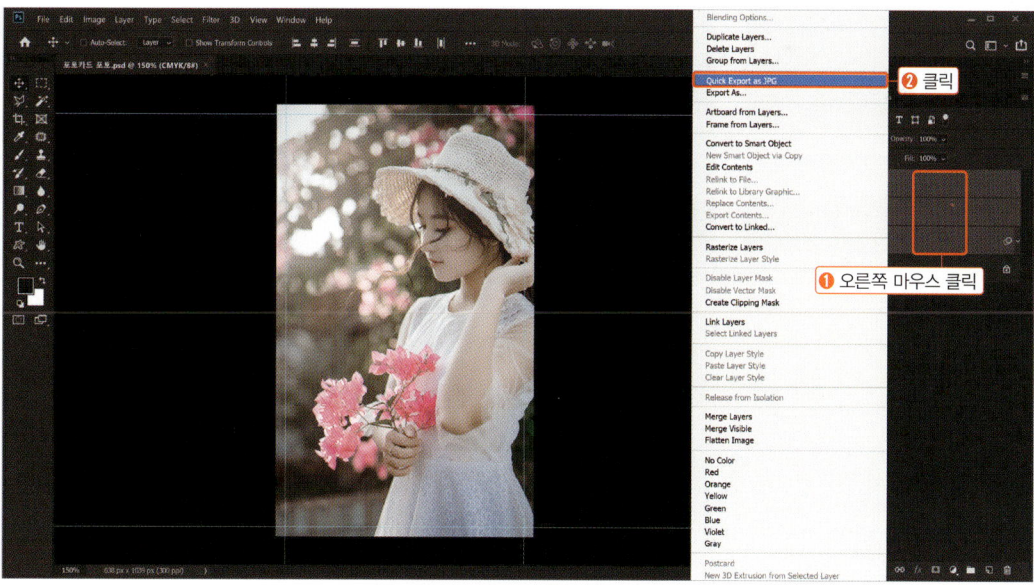

반복작업2. 빠른 작업 취소 방법

여러 작업 내역이 쌓였을 때 `Ctrl`+`Z` (Photoshop CC 2018 이전 버전은 `Ctrl`+`Alt`+`Z`)를 수십 번 눌러 되돌아가기 힘들 때가 있어요. 이런 경우에 쓸 수 있는 기능을 소개해드릴게요.

방법 1 History(작업 내역) 패널

메뉴바에서 [Window] - [History]([창] - [작업 내역])을 눌러 History(작업 내역) 패널을 꺼내주세요. 쌓여 있는 작업 내역 중 가장 아래에 있는 기능이 가장 최근에 했던 작업이에요. 여러 단계를 거슬러 올라가 취소하고 싶을 때 원하는 단계의 작업을 클릭해주면 바로 그 단계로 되돌아갈 수 있어요.

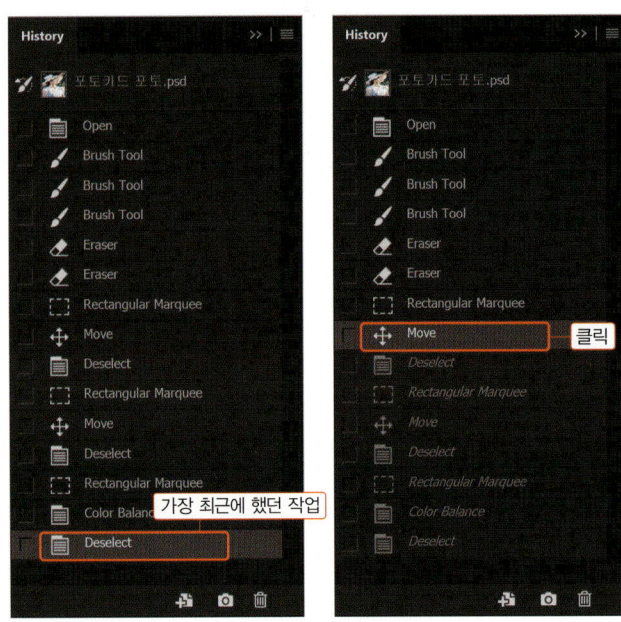

방법 2 단축키 F12

파일을 처음 열었을 때의 상태로 되돌아갈 수 있는 Revert(되돌리기) 단축키예요. 모든 작업을 한 번에 초기화하고 싶을 때 빠르게 쓸 수 있습니다. History(작업 내역) 패널에서 되돌아가는 것과는 다르게 'Revert(되돌리기)'도 하나의 작업으로 인식하기 때문에 `F12`와 실행 취소인 `Ctrl`+`Z` 단축키를 번갈아 누르면 파일의 처음 상태와 현재 상태를 비교하기 위해서도 쓸 수 있답니다.

> 포토샵에서는 기본적으로 최근 50개까지의 작업 내역을 저장할 수 있어요. 그 이상으로 되돌아가려면 처음 파일을 열었을 때의 상태로 돌아가는 수밖에 없답니다. 이런 것을 방지하기 위해 작업의 중간 단계에서 `Ctrl`+`Shift`+`S`를 눌러 사본을 저장해 두는 것도 좋은 방법이에요.

반복작업3. 여러 장의 이미지를 한 번에 수정하는 방법

상황에 따라 다음 두 가지 방법 중 선택해서 작업해보세요.

방법 1 Action(액션)

Action(액션)이란 많이 쓰는 일련의 작업 과정을 녹화해놓고 필요할 때마다 재생시켜 그 과정을 자동으로 반복 실행시킬 수 있는 기능이에요. [Window] – [Actions]([창] – [액션])을 클릭하여 액션 패널을 꺼내어 사용할 수 있답니다.

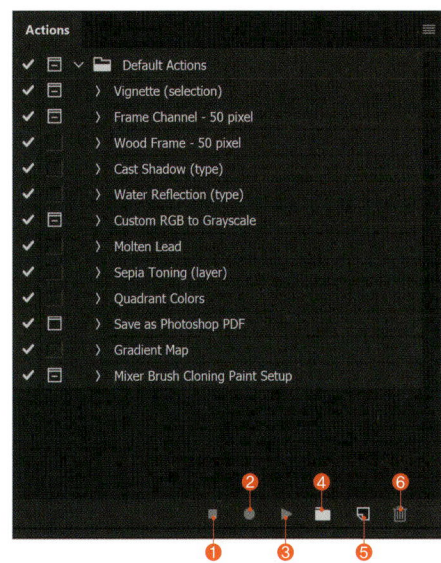

❶ 정지
❷ 녹화
❸ 재생
❹ 새 세트(폴더) 만들기
❺ 새 액션 만들기
❻ 삭제

❹, ❺를 순서대로 누르면 액션을 묶어 놓는 폴더가 생성되고 바로 녹화가 시작돼요. 이때 반복 실행할 과정을 진행하면 되고, 중간에 ❶을 눌러 잠깐 녹화를 정지하거나 ❷를 눌러 다시 이어서 녹화할 수 있어요. ❸을 누르면 재생할 수 있습니다.

01 수정할 이미지들을 가져와주세요. 여기에서는 하나의 파일에 두 장의 사진을 가져왔지만, 각 사진을 서로 다른 파일에 가져와도 됩니다.

02 ❶ 수정할 이미지 레이어를 클릭하고 ❷ Actions(액션) 패널에 폴더를 추가하고 ❸ 새 액션을 만들어주세요. 폴더와 액션의 이름을 각각 지정해줍니다.

03 일련의 수정 작업을 진행하고 ❶ 정지 버튼을 눌러주세요.

04 ❶ 똑같이 수정할 이미지 레이어를 클릭하고, ❷ 적용할 액션을 클릭한 뒤 ❸ 재생 버튼을 클릭해주세요.

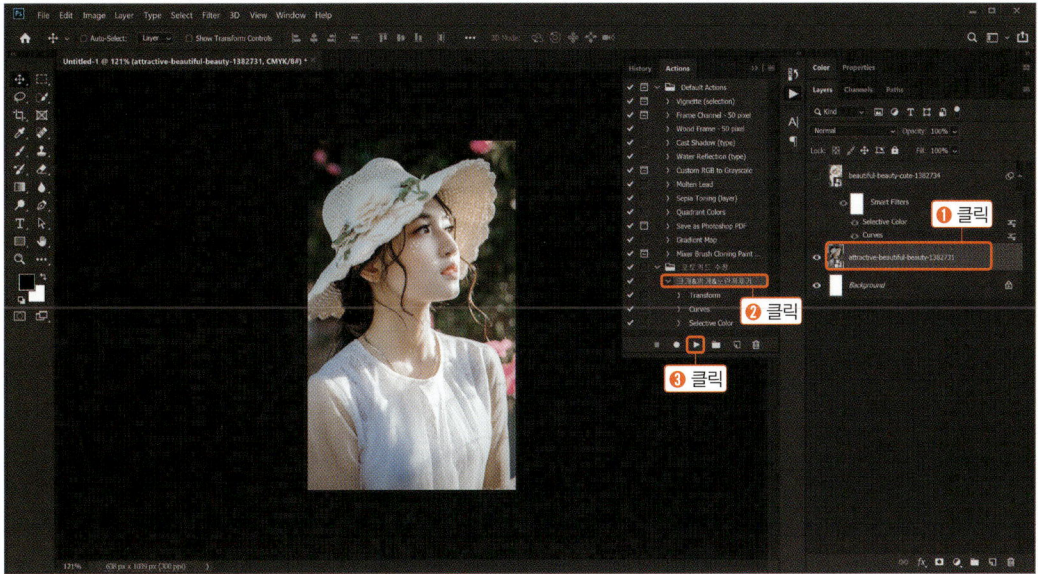

05 같은 작업이 완성되었습니다. 앞으로는 이런 식으로 Actions(액션) 패널에 있는 재생 버튼만 클릭하여 같은 수정 작업을 한 번에 진행할 수 있어요.

방법 2 Adjustment Layer(조정 레이어)

Adjustment Layer(조정 레이어)란 여러 레이어의 밝기나 색상, 채도 등을 한 번에 조정할 수 있는 레이어예요. 레이어 패널 아래쪽의 '조정 레이어 만들기' 버튼을 눌러 생성할 수 있답니다. 조정 레이어는 밑에 있는 모든 레이어들을 조정할 수 있어요. 만약 바로 밑에 있는 하나의 레이어에만 적용시키고 싶을 때에는 조정 레이어에 오른쪽 마우스 클릭하여 'Create Clipping Mask(클리핑 마스크 만들기)'를 눌러주시면 돼요.

01 ❶ Layers(레이어) 패널의 조정 레이어 만들기 버튼을 클릭하고, ❷ 적용할 메뉴를 클릭해주세요. 아래 화면에서는 Brightness/Contrast(명도/대비)를 클릭했어요.

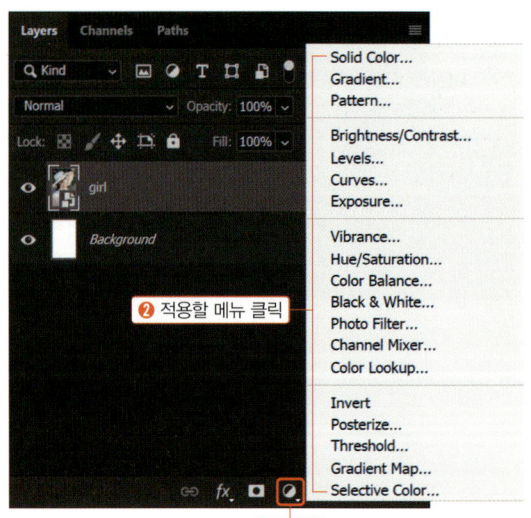

02 Properties(속성) 패널에서 원하는 값으로 조정해주세요. 이렇게 하면 조정 레이어 밑에 있는 모든 레이어에 한꺼번에 보정이 된답니다.

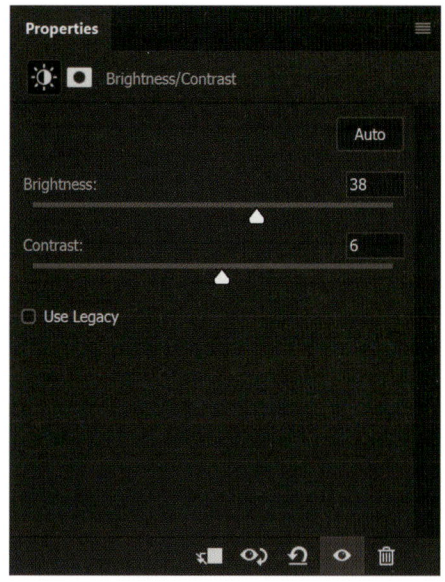

03 만약 여러 장의 이미지 레이어가 있고 하나의 레이어에만 보정을 하고 싶을 때는 보정할 레이어 위에 조정 레이어를 놓고, ❶ 조정 레이어에 오른쪽 마우스 클릭하여 ❷ 'Create Clipping Mask(클리핑 마스크 만들기)'를 클릭하면 돼요. 하나의 레이어에만 조정 레이어가 적용되면 레이어 모양이 오른쪽과 같이 변한답니다.

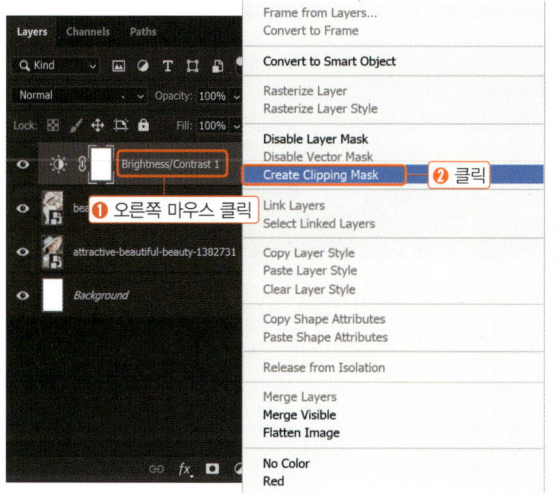 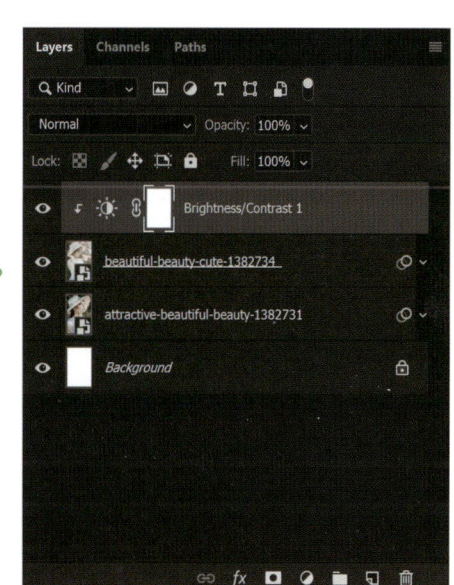

반복작업4. 자주 쓰는 색상을 저장하는 방법

자주 쓰는 색상 혹은 색 조합을 저장하는 방법이 두 가지 있어요.

방법 1 Swatches (견본) 활용하기

Swatches(견본)란, 자주 쓰는 색상을 저장해놓고 필요할 때마다 꺼내서 쓸 수 있는 팔레트 같은 패널이에요. 패널이 없다면 [Window] – [Swatches]([창] – [견본])을 클릭해주세요.

01   도구 상자에 있는 전경색을 클릭하고 자주 쓰는 색상을 선택해주세요.

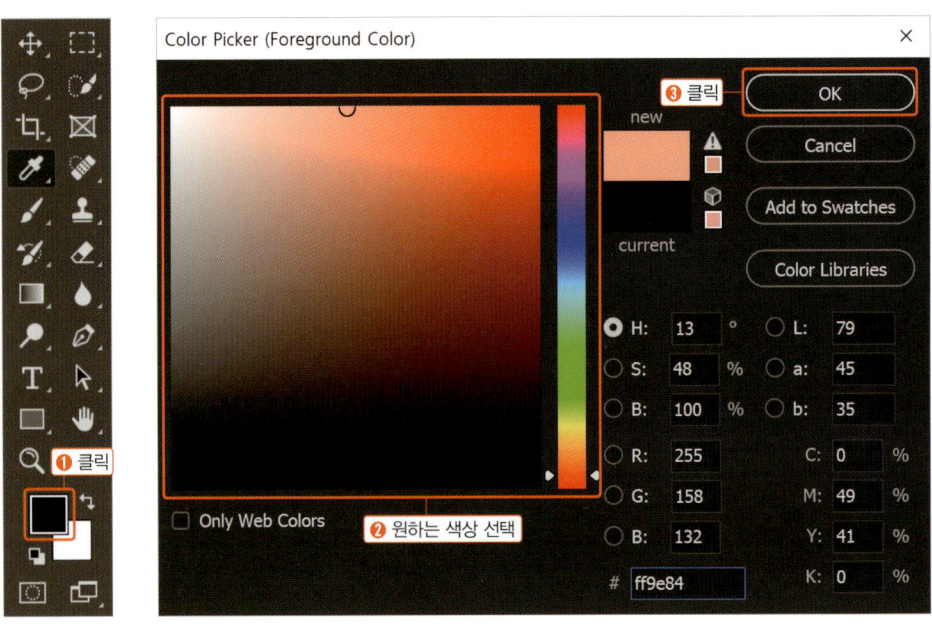

02   Swatches(견본) 패널의 새 견본 만들기 버튼을 클릭하고, 이름을 입력해주세요.

03 견본 패널에 색상이 등록된 색상은 클릭하면 바로 전경색으로 설정된답니다.

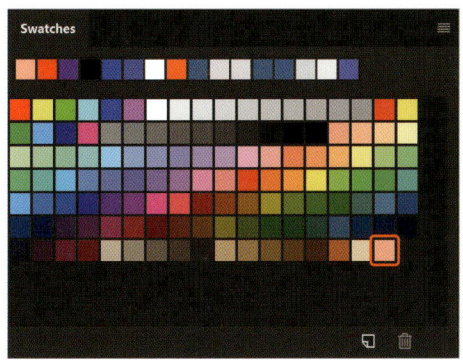

방법 2 이미지 파일로 저장

자주 쓰는 색상을 JPG나 PNG 등의 이미지 파일로 저장하여 필요할 때마다 가져오는 방법도 있어요. [File] – [Place Embedded/Linked]([파일] – [포함/연결 가져오기])로 색상 이미지 파일을 가져오고, Eyedropper Tool(스포이드 도구)로 색상 부분을 클릭하면 전경색으로 지정된답니다.

만능 템플릿 만들기

포토카드, 슬로건, 포스터 등을 만들 때마다 매번 같은 크기의 새 창을 만들고, 같은 간격의 안내선을 꺼내기 번거로우셨죠? 포토샵 템플릿(PSDT)을 만들어 두면, 비슷한 작업물을 만들 때마다 반복되는 작업을 줄일 수 있어요. 포토카드 템플릿을 만들어봅시다.

01 먼저 [File] – [New]([파일] – [새로 만들기])를 눌러 작업 사이즈로 새 창을 만들어주세요.

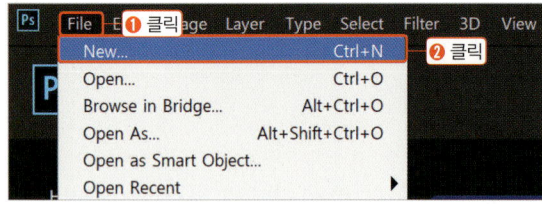

Width(폭) : 54 Millimeters
Height(높이) : 88 Millimeters
Resolution(해상도) : 300 Pixels/Inch
Color Mode(색상모드) : CMYK color

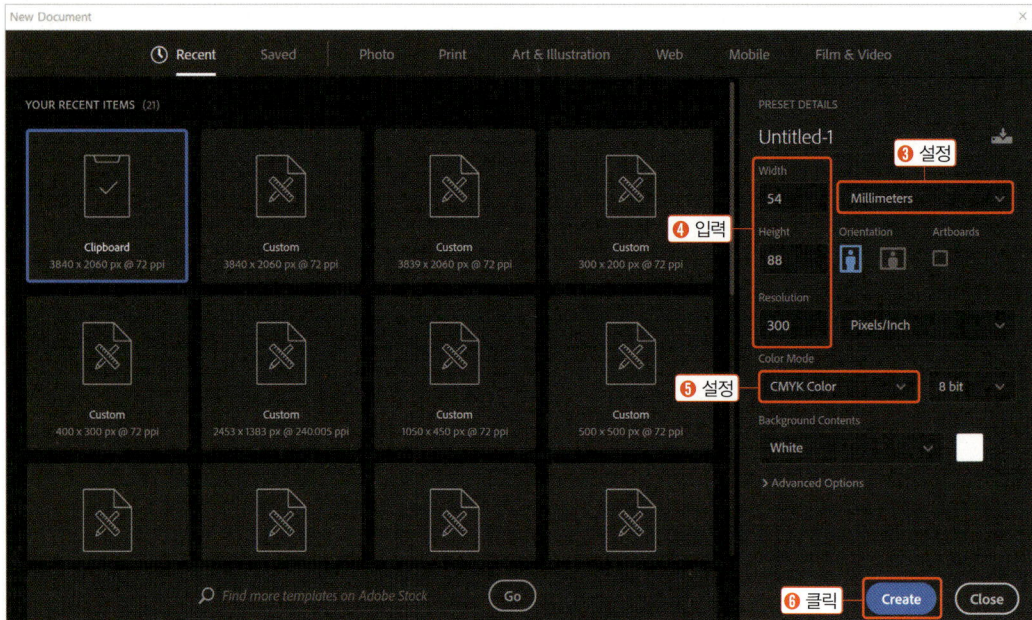

02 [View] - [New Guide Layout]([보기] - [새 안내선 레이아웃])를 눌러 재단 사이즈에 맞게 안내선을 만들어주세요.

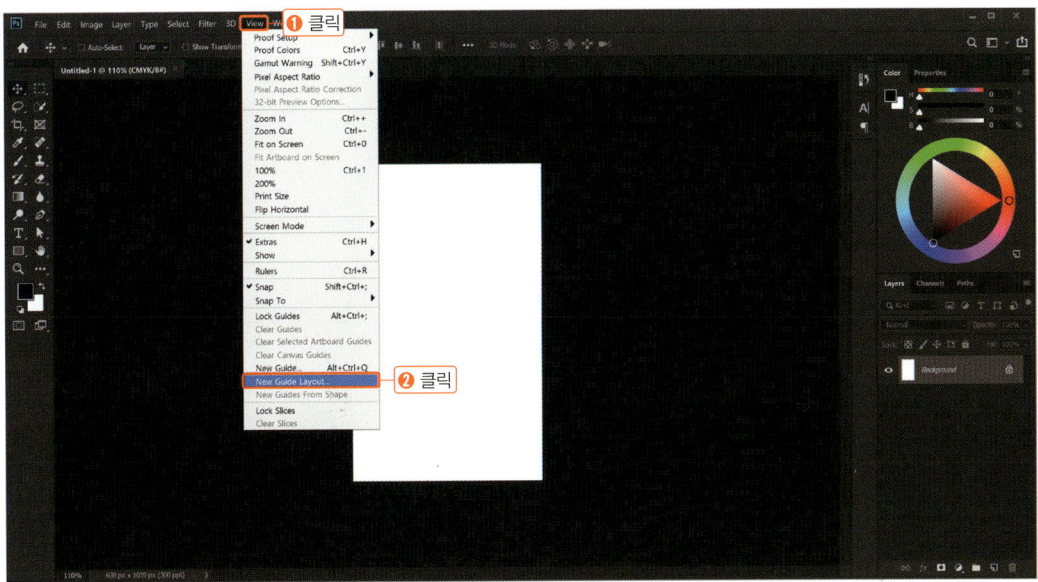

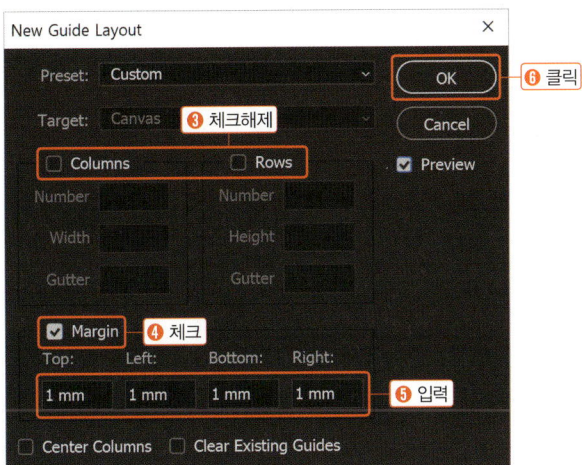

03 이렇게 만들어진 파일을 포토샵 템플릿 파일(.PSDT)로 저장할 거예요. 이제부터는 포토카드를 만들 때마다 이 템플릿을 열어 작업하면 된답니다. ❶ [File] – ❷ [Save]([파일] – [저장])을 클릭해주세요.

04 파일 위치와 ❶ 이름을 지정하고, ❷ '파일 형식'을 'Photoshop(*.PSD,*.PDD,*.PSDT)'로 설정한 후 '저장'을 눌러주세요.

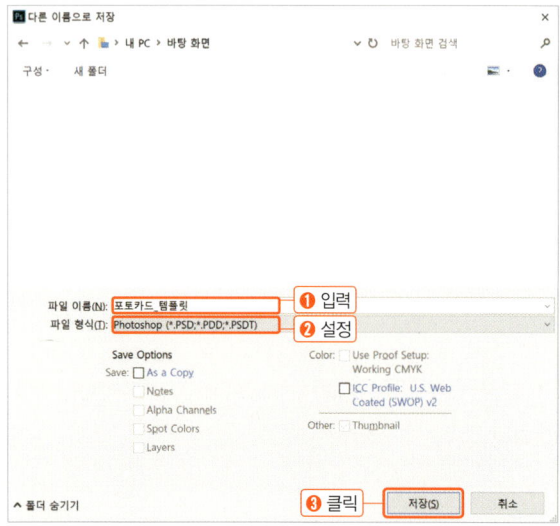

05 저장한 파일 경로에 가보면 '포토카드_템플릿.psd' 파일이 생성된 것을 볼 수 있어요. ❶ 해당 파일에 오른쪽 마우스 클릭 – ❷ '이름 바꾸기'를 눌러 ❸ 'psd'라는 확장자명 맨 끝에 t를 입력하여 'psdt'로 바꿔주세요. 그리고 아래와 같은 '이름 바꾸기' 경고 창이 뜨면 ❹ '예'를 클릭해주세요.

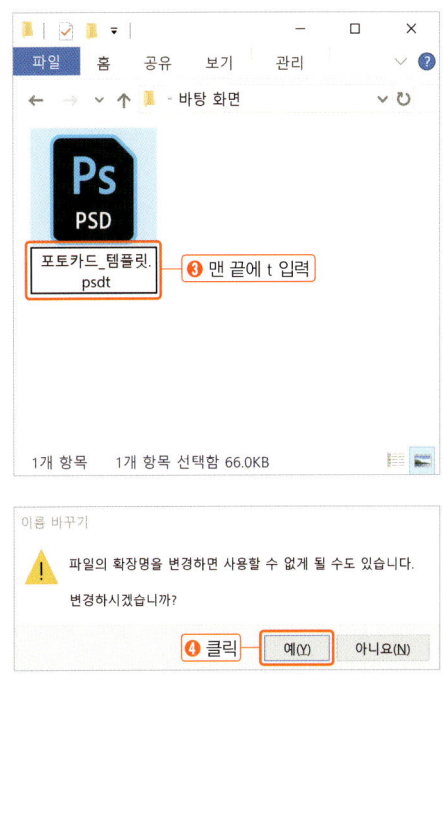

06 파일명이 '포토카드_템플릿.psdt'으로 바뀌었고, 이는 포토샵 템플릿 파일을 뜻합니다. 앞으로 같은 규격의 포토카드를 만들 때마다 '포토카드_템플릿.psdt'을 열어 작업하시면 돼요. 같은 방법으로 다른 규격의 템플릿도 만들어두시면 좋습니다.

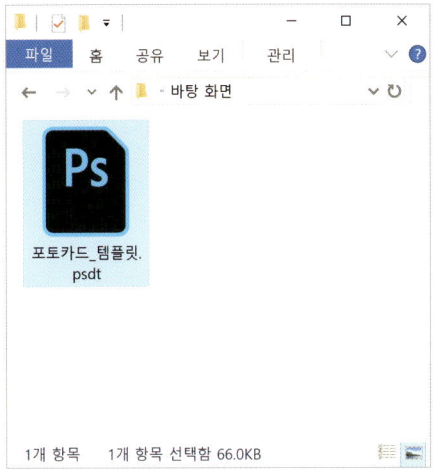

오류도 척척 해결하는 방법

Q 작동 중지 메시지가 떴어요.

이와 같은 작동 중지 메시지가 나오면 우선 포토샵을 종료하고 다음 두 방법 중 하나를 해보세요.

방법 1

01 시작 메뉴 – 설정을 클릭해주세요.

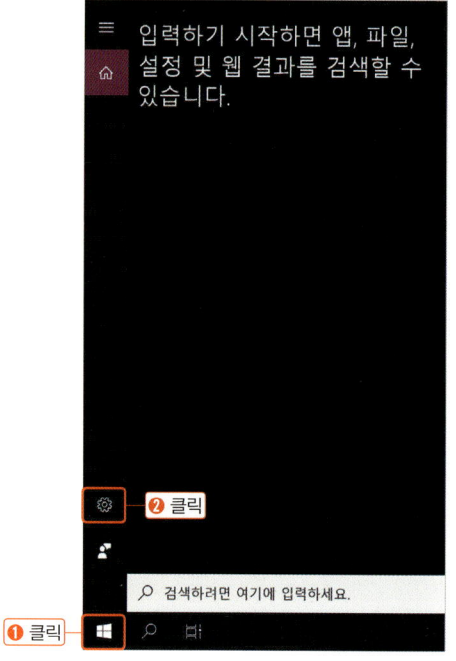

02 '업데이트 및 보안'을 클릭해주세요.

03 윈도우 업데이트 상태가 현재 최신 버전인지 확인해주세요. 아니라면 업데이트 버튼을 눌러 업데이트해주시면 됩니다.

방법 2

01 ❶ `Ctrl` + `Shift` + `Alt` 를 누른 채로 포토샵을 더블 클릭하고, 다음과 같은 창이 뜨면 ❷ '예'를 눌러 실행합니다.

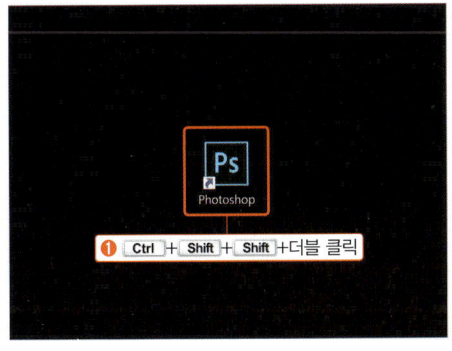 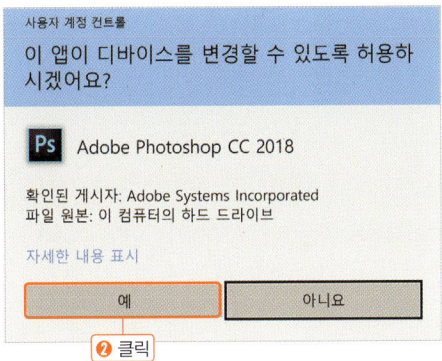

Q 브러시 커서 모양이 이상해요

브러시 커서가 계속 십자 모양으로 나오면 세 가지 원인 중 하나랍니다.

❶ 브러시가 너무 크거나,

❷ 너무 작거나,

❸ Caps Lock 가 켜져 있거나! 각 원인에 따른 방법을 따라 해보세요.

방법 1

브러시를 작게 줄여봅니다. 단축키 [를 누르거나 Brush Tool(브러시 도구)의 옵션바에서 크기를 줄일 수 있어요.

방법 2

브러시를 크게 키워봅니다. 단축키]를 누르거나 Brush Tool(브러시 도구)의 옵션바에서 크기를 키울 수 있어요.

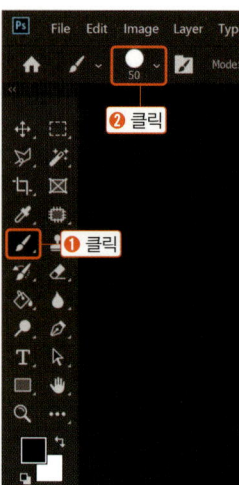

방법 3

키보드의 Caps Lock 을 눌러 꺼주세요. Caps Lock 가 켜져 있을 때에는 브러시뿐만 아니라, 다른 도구들도 커서 모양이 다르게 보일 수 있으니 계속 끈 상태로 작업해주세요.

Q 레이어 선택이 이상해요

분명 레이어 패널에서 작업할 레이어를 선택했는데, 막상 작업을 해보면 자꾸 다른 레이어가 선택되거나 움직인다면 Move Tool(이동 도구) 을 클릭해 옵션바에 있는 'Auto Select(자동 선택)'를 체크 해제해주세요. 'Auto Select(자동 선택)'가 체크되어 있으면 여러 개의 레이어가 겹쳐 있을 때 자동으로 제일 위에 있는 레이어가 선택돼요. 필요할 때만 체크해주시면 된답니다.

Q 색상이 다른 색으로 이상하게 나와요

두 가지 원인이 있을 수 있어요. 각 원인에 맞는 방법을 따라해보세요.

방법 1

인쇄 용도로 만드는 굿즈 상품은 파일의 색상 모드(Color Mode)가 CMYK이에요. CMYK는 컴퓨터가 만들어내는 색상(RGB)을 모두 표현할 수가 없답니다. 아래 예시를 볼까요?

왼쪽에 있는 파란색은 RGB 색상 모드이고, 이것을 CMYK로 바꾸면 오른쪽 색상처럼 변해요. CMYK는 원색과 형광색 계열을 제대로 표현하지 못하기 때문이죠. 만약 핸드폰 배경이나 움짤 등 인쇄를 안 하는 작업물을 만든다면, ❶ [Image] - [Mode]([이미지] - [모드])를 클릭해서 ❷ RGB 색상 모드로 바꿔주시면 된답니다. RGB에서는 원하는 색을 얼마든지 표현할 수 있어요.

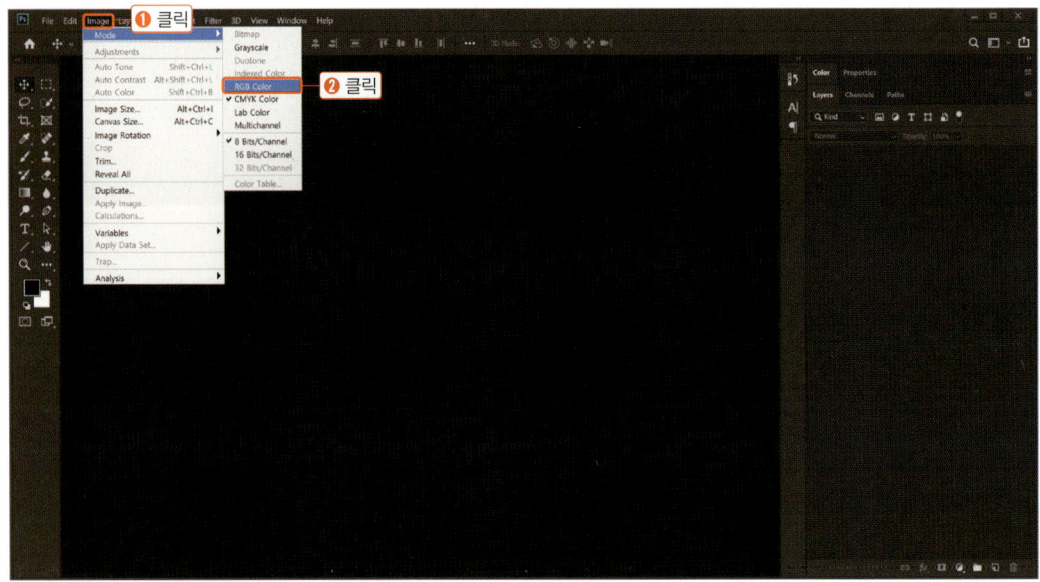

또 색상 모드가 CMYK인 파일에서 색상을 선택할 때 CMYK가 표현할 수 없는 색을 고르게 되면 Color Picker(색상 피커) 창에 다음과 같은 느낌표 표시가 나와요. ❶ 이것을 한 번 클릭하면 CMYK 색상에서 표현할 수 있는 색상으로 알아서 변경해줄 거예요.

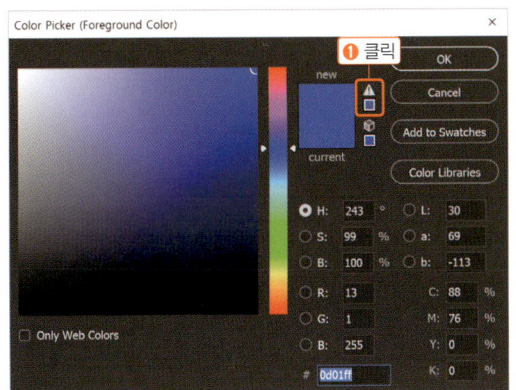
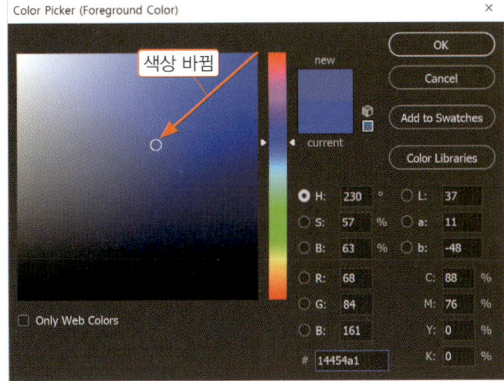

방법 2

브러시 등을 사용할 때 옵션바에서 다음 사항들을 확인해주세요.

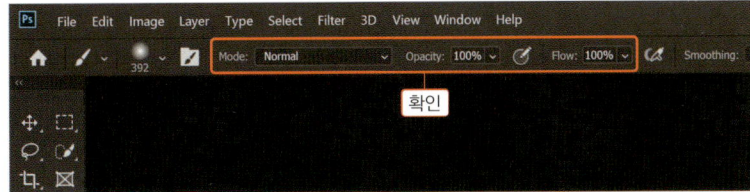

Mode(모드) : Normal(표준)
Opacity(불투명도) : 100%
Flow(흐름) : 100%

위처럼 설정되어 있어야 원하는 색상 그대로 나옵니다.

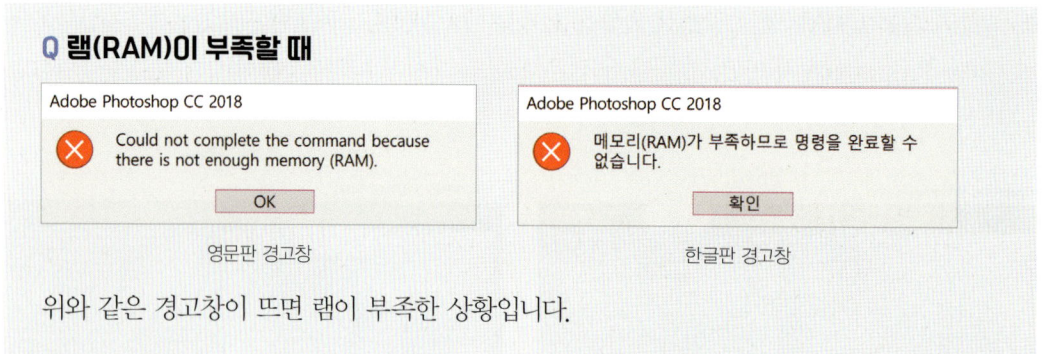

01 포토샵을 종료하고, ❶ 시작 메뉴의 검색창을 눌러 ❷ 'regedit'을 입력하여 ❸ 실행해주세요.

02 ❶ HKEY_CURRNETUSER 〉 ❷ Software 〉 ❸ Adobe 〉 ❹ Photoshop를 각각 클릭해 열어주고, ❺ 안에 들어있는 폴더를 열어주세요. 폴더명의 숫자는 버전에 따라 다를 수 있어요.

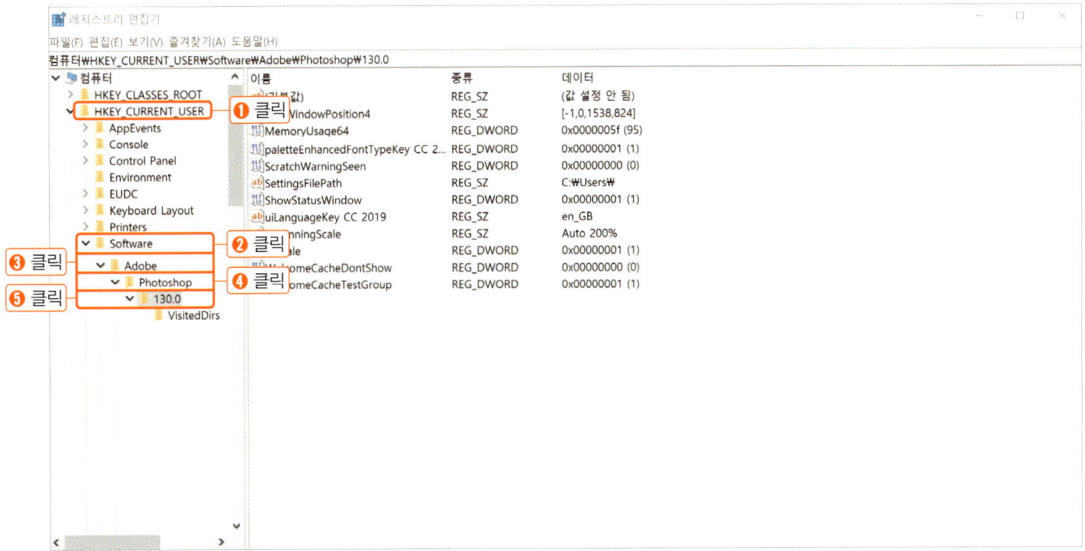

03 우측 화면에서 ❶ 오른쪽 마우스 클릭하여 ❷ '새로 만들기' – ❸ 'DWORD(32비트) 값'을 클릭해주세요.

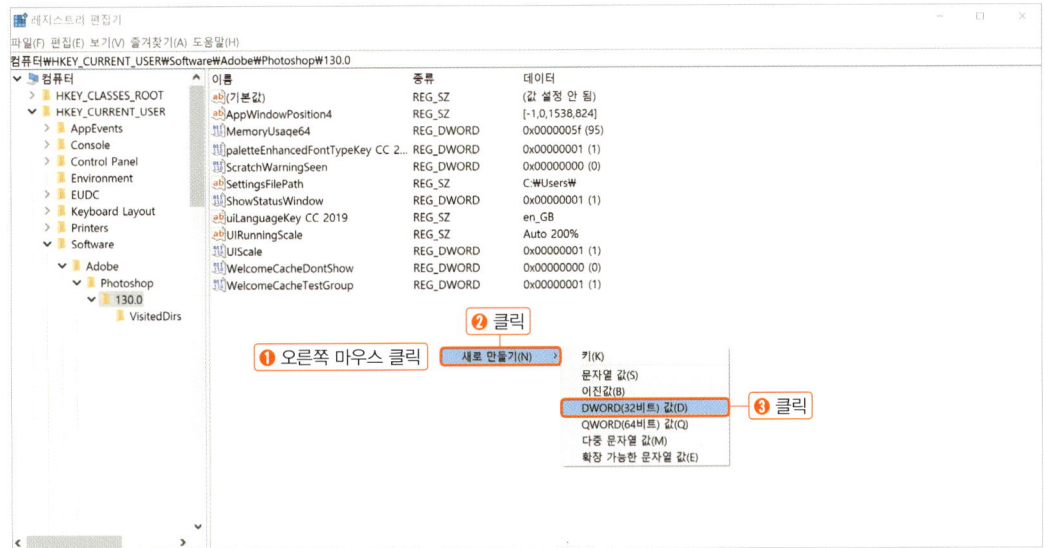

FINAL CLASS 포토샵 금손되는 7가지 비법 247

04 ❶ 이름을 'OverridePhysicalMemoryMB'로 입력해주세요.

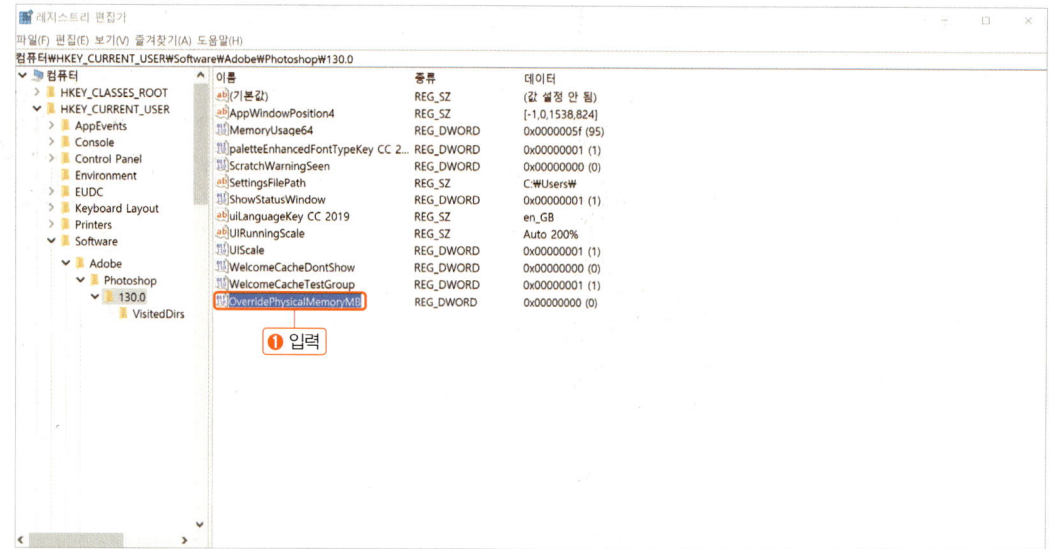

05 방금 만든 것을 ❶ 오른쪽 마우스 클릭하여 ❷ '수정'을 클릭하고 ❸ [단위 : 십진수, ❹ 값 데이터 : 4000]로 설정한 후 ❺ '확인' 버튼을 눌러주세요.

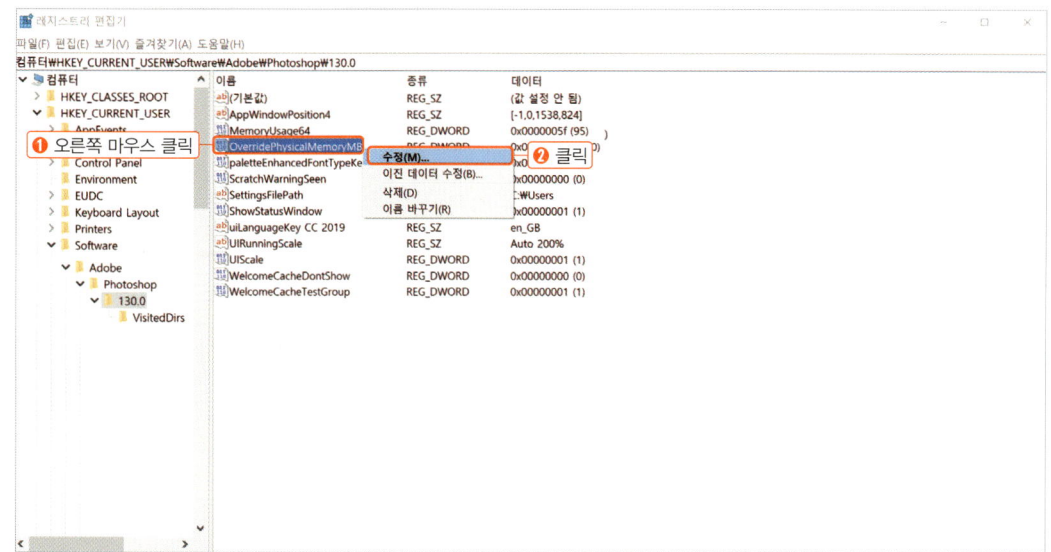

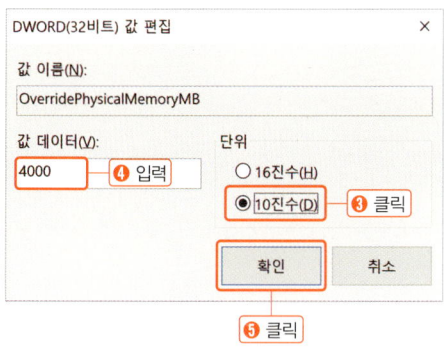

06 다시 포토샵을 실행하시면 됩니다.

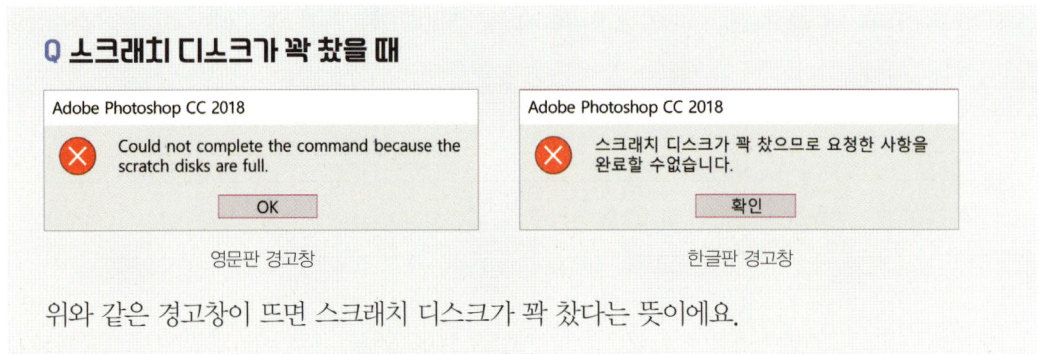

영문판 경고창 / 한글판 경고창

위와 같은 경고창이 뜨면 스크래치 디스크가 꽉 찼다는 뜻이에요.

01 ❶ [Edit] - [Preferences] - ❷ [Performance]([편집] - [환경설정] - [성능])을 클릭합니다.

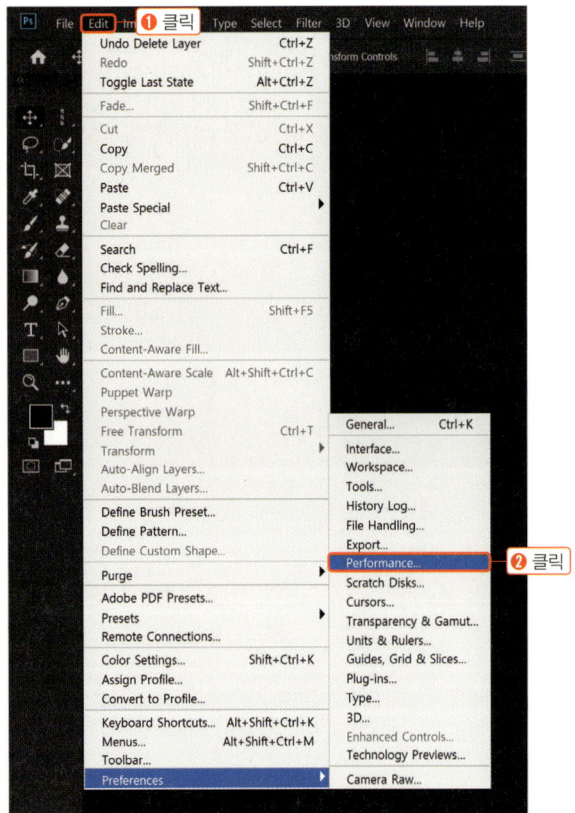

02 ❶ Memory Usage(메모리 사용)에 있는 화살표를 +방향 쪽으로 드래그하고 ❷ OK(확인)을 클릭합니다.

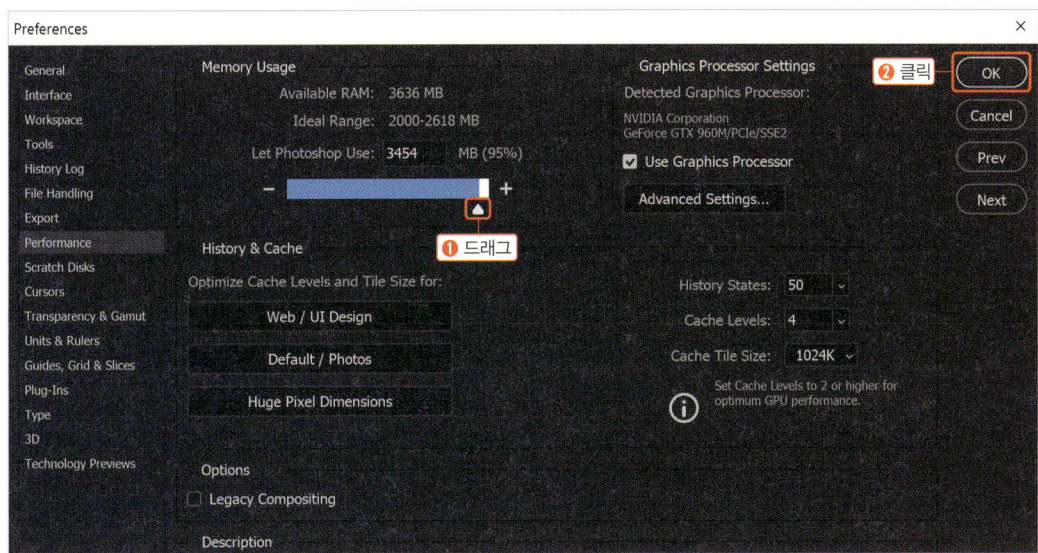

Q 패널이 없어졌어요

포토샵 화면 오른쪽에 나오는 패널들이 없어졌다면 아래 두 방법을 따라 해보세요.

방법 1

메뉴바의 [Window]([창])을 클릭하고, 열어줄 패널의 이름을 클릭해주세요. [Window] 메뉴 안에 체크 표시가 되어 있는 것이 오른쪽 화면에 열려 있는 패널이랍니다.

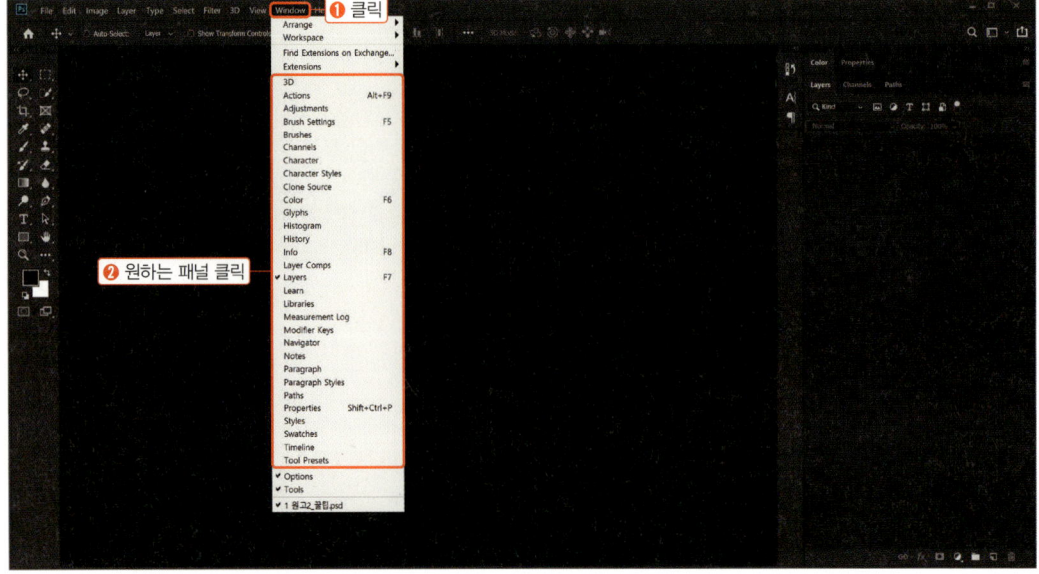

방법2

키보드의 Tab 를 눌러보세요. Tab 은 'Show/Hide All Panels(모든 패널 표시/숨기기)' 단축키예요.

Show All Panels(모든 패널 표시) 상태

Hide All Panels(모든 패널 숨기기) 상태

포토샵은 매년 11월쯤 버전을 업데이트하고 있어요.
최근에는 특히 인공지능을 이용한 기술들이 많이 추가되고
있답니다. 인공지능으로 쉽고 정교하게 누끼를 따고,
인물 보정과 화질 복구를 할 수 있는 신기한 기능들이
추가되었습니다. 업데이트된 신기능을 활용해서
앞서 다뤄봤던 굿즈 제작에 적용해보세요.

PART 05

포토샵 신기능
활용하기

CLASS

UPDATE
포토샵 신기능 활용하기

포토샵 신기능들을 활용해서 더욱 쉽게 굿즈를 만들어볼까요? 인공지능으로 편하고 정교하게 누끼를 따고, 인물 보정과 화질 복구를 해볼 거예요. 이번 클래스에서는 Photoshop 2020~2022 버전에서 나온 기능들을 활용할 것이고, 화면은 Photoshop 2022 버전을 기준으로 보여드릴 거예요.
버전별로 기능과 UI나 용어가 조금씩 다를 수 있다는 점 유의해주세요.

완성작

물체 외곽 따기 완성본

인물, 동물 외곽 따기 완성본

피부 매끄럽게 만들기 완성본

화질 안좋은 사진 복구하기 완성본

빠르게 외곽 따기 - 물체

01 ❶ [File] - ❷ [Open]([파일] - [열기])를 눌러 이미지를 열어주세요.

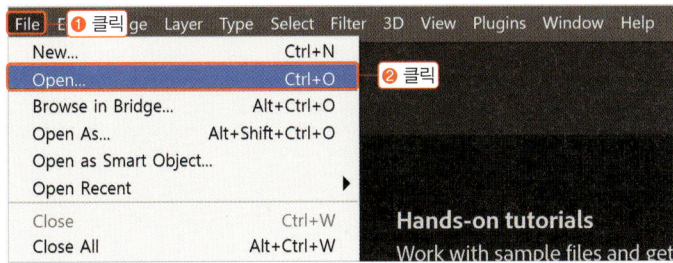

02 ❶ Object Selection Tool(개체 선택 도구)를 클릭하고, 옵션바의 ❷ 화살표가 멈출 때까지 기다려주세요.

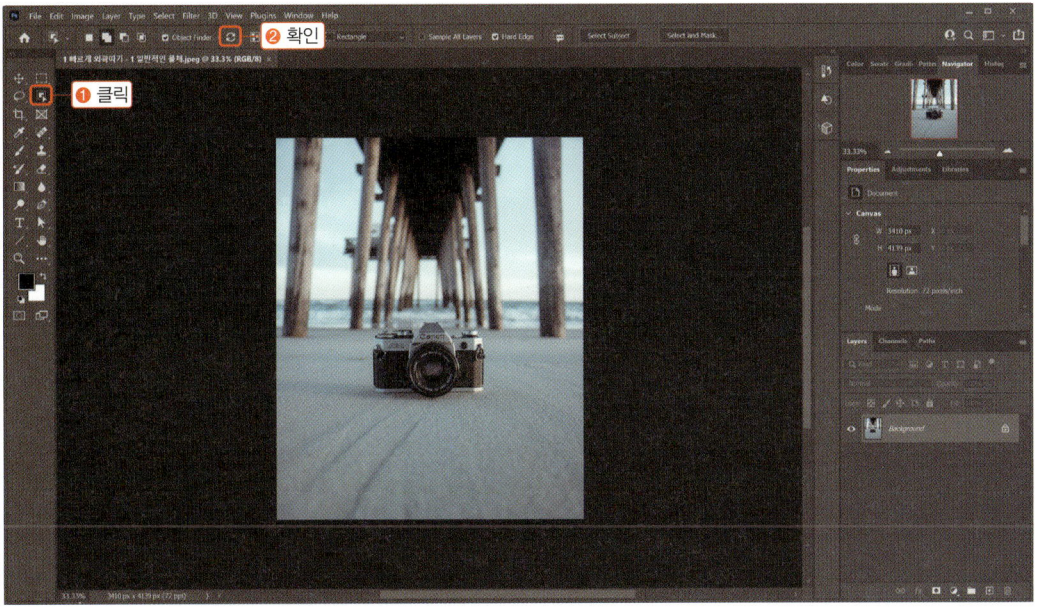

03 ❶ 물체에 마우스를 오버하여 파란색으로 표시되면 클릭해주세요. 혹시 파란 표시가 나오지 않는다면 물체가 인식되지 않는다는 뜻이니, ❷ 물체가 있는 부분을 드래그하여 포토샵이 잘 추적할 수 있도록 영역을 지정해주세요.

04 ❶ Ctrl + J 를 눌러 레이어를 복제하고, ❷ Background(배경)레이어는 눈을 꺼서 숨겨주시면 됩니다.

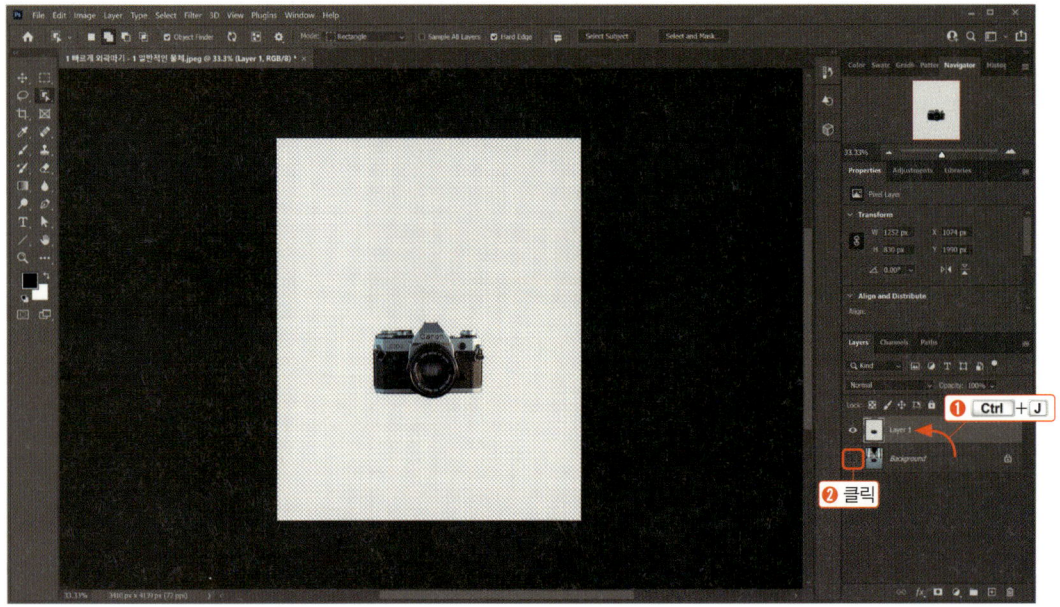

05 ❶ Crop Tool(자르기 도구) 를 클릭하고, ❷ 외곽을 드래그하여 필요한 영역만 남기고 잘라주세요. ❸ Enter 를 눌러 마무리해주시면 됩니다.

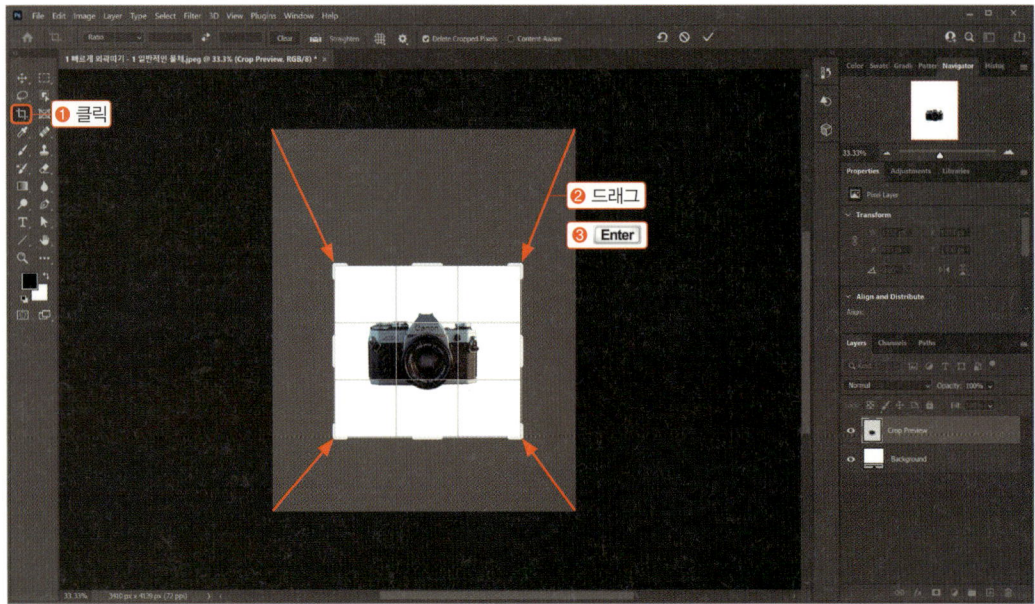

06 ⌈Ctrl⌉+⌈Alt⌉+⌈S⌉를 눌러 PNG 혹은 PSD로 저장해주세요.

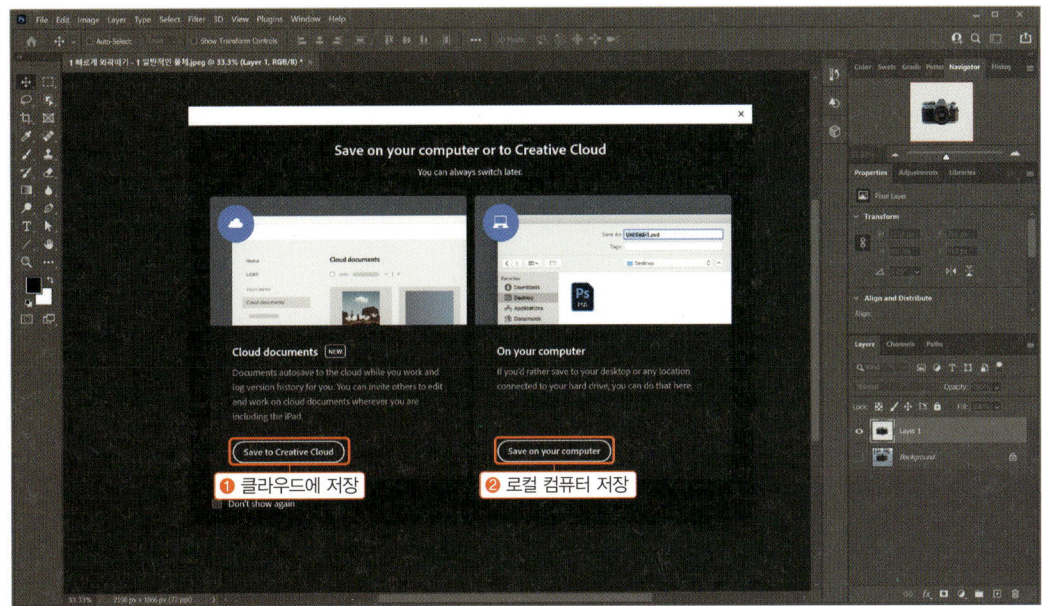

> **Tip** Photoshop 2020 버전부터는 ❶을 눌러 클라우드용 포토샵 파일인 PSDC로도 저장할 수 있어요. 일반적인 파일로 로컬 컴퓨터에 저장하려면 ❷를 눌러주세요.

빠르게 외곽 따기 – 인물, 동물(털이 있는 피사체)

01 [File] – [Open]([파일] – [열기])를 눌러 이미지를 열어주세요.

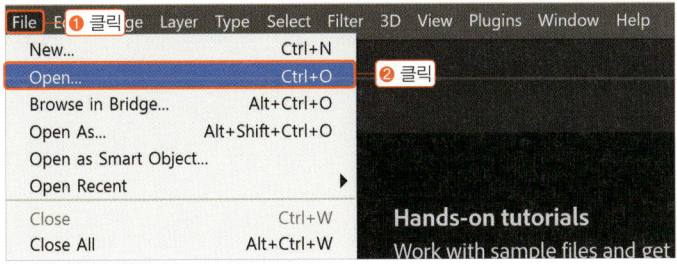

02 ❶ 세 개의 선택 도구 중 아무거나 클릭하고, 옵션바의 ❷ Select And Mask(선택 및 마스크)를 눌러주세요.

03 옵션바의 ❶ Select Subject(피사체 선택)를 누르면 포토샵이 피사체를 인식하여 자동으로 선택해줄 거예요. ❷ View(보기)를 클릭하여 보기 편한 모드를 골라보세요. 여기에서는 선택 영역을 제외한 부분은 빨간색으로 볼 수 있는 Overlay(오버레이)로 해보겠습니다.

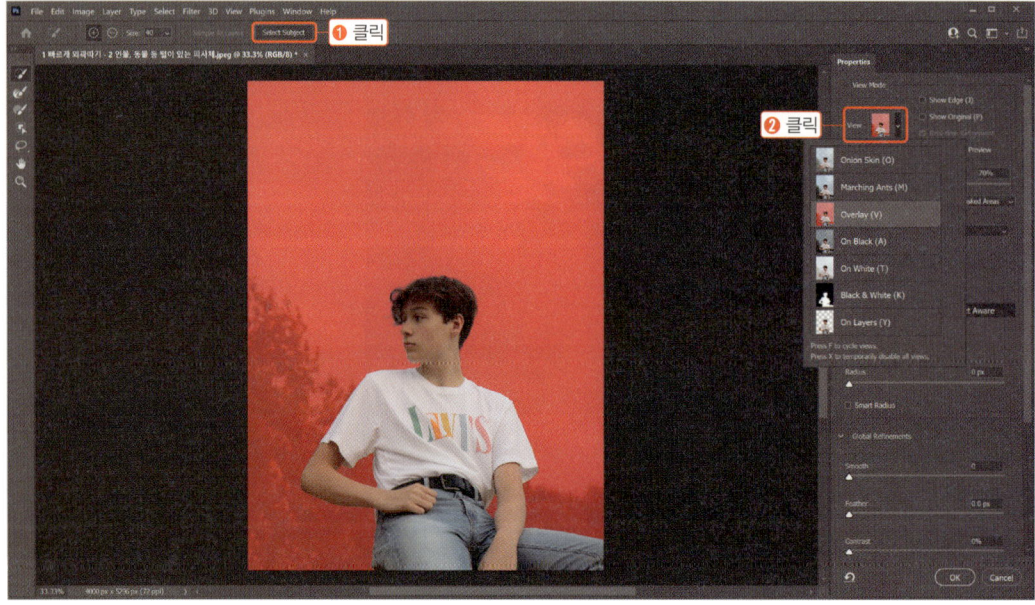

04 전체적으로 선택이 잘되었지만, 머리카락 혹은 동물의 털 등은 보다 정교한 추적이 필요해요. 옵션바의 ❶ Refine Hair(가는 선 다듬기)를 누르면 포토샵이 털을 인식하여 다시 선택해줍니다.

05 왼쪽의 도구 상자에서 ❶ Quick Selection Tool(빠른 선택 도구) , ❷ Brush Tool(브러시 도구) , ❸ Object Selection Tool(개체 선택 도구) 등을 이용해 선택 범위를 수정해주세요.

> **Tip** 선택 영역을 정확하게 확인하고 싶다면 View(보기) 모드를 Black&White(흑백)으로 설정하세요. 선택이 안 된 영역은 검정색, 선택이 된 영역은 흰색으로 표시됩니다.

06 ❶ Output To(출력 위치)에서 원하는 결과물 형태를 골라주세요. 여기에서는 New Layer(새 레이어)로 해보겠습니다. ❷ OK(확인)을 눌러 마무리해주세요.

07 Ctrl + Alt + S 를 눌러 PNG 혹은 PSD로 저장해주세요.

피부 매끄럽게 만들기

01 ❶ [File] – ❷ [Open]([파일] – [열기])를 눌러 이미지를 열어주세요.

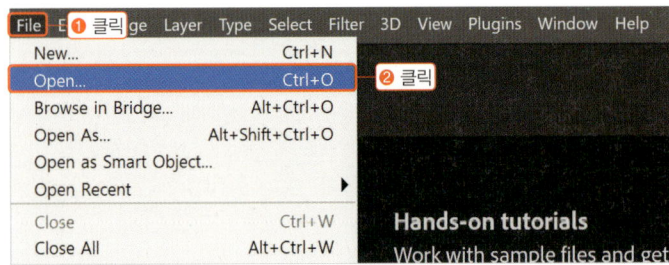

02 ❶ [Filter] − ❷ [Neural Filters]([필터] − [Neural Filters])를 눌러주세요.

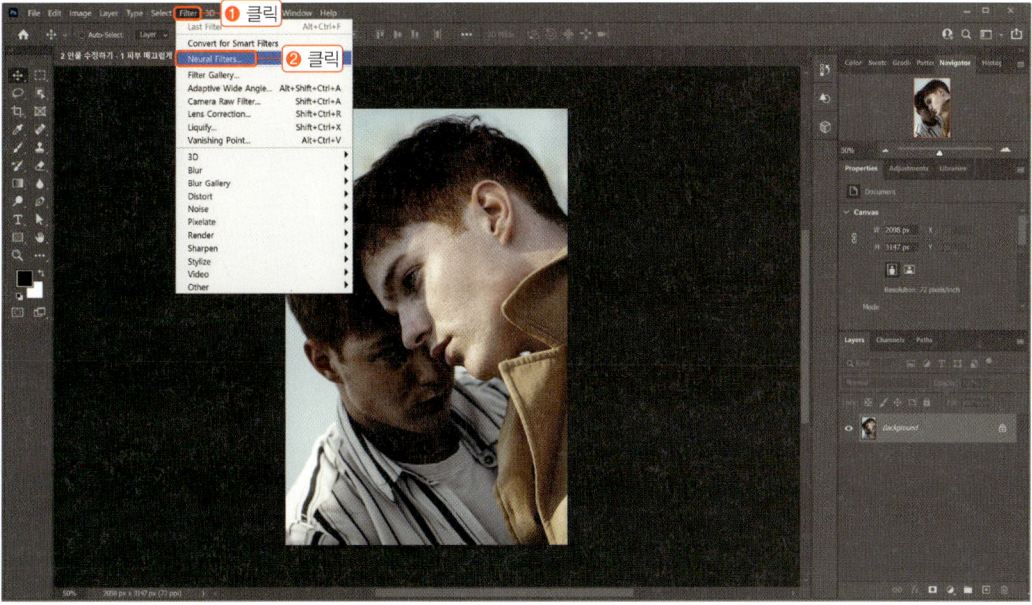

03 Skin Smoothing(피부를 매끄럽게)의 구름 아이콘을 눌러 다운로드 및 활성화해주세요.

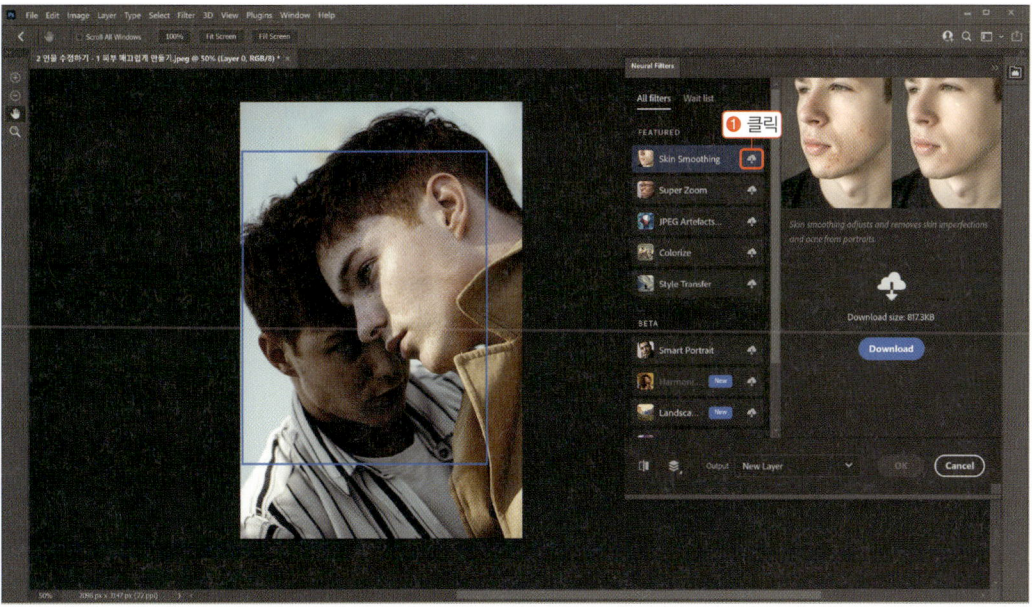

> **Tip** Neural Filters는 인공지능이 인물 보정, 색상 보정, 그림체 스타일 적용 등을 해주는 새로운 필터 메뉴예요. 각각의 메뉴들이 비교적 직관적으로 구성되어 있으니 모든 메뉴들을 한 번씩 사용해보는 것도 좋습니다. Wait List(대기 목록)에 있는 것들은 추후에 업데이트될 신기능들이랍니다.

04 Blur(흐림 효과)로 피부가 흐려지는 정도를, Smoothness(평활도)로 요철이 메꿔지는 정도를 각각 조정해보세요. Blur를 너무 높이면 빛 번짐이 있는 것처럼 보일 수 있으니 주의해주세요.

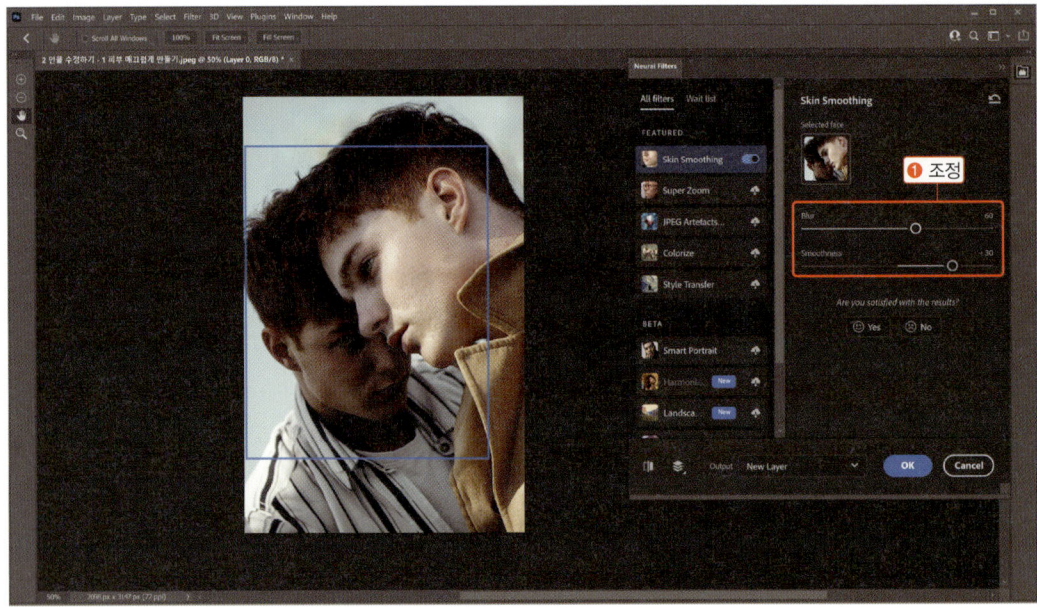

05 ❶ 버튼을 눌러 전후를 비교해보세요. ❷ Output(출력)에서 원하는 결과물 형태를 골라주세요. 여기에서는 New Layer(새 레이어)로 해보겠습니다. ❸ OK(확인)을 눌러 마무리해주세요.

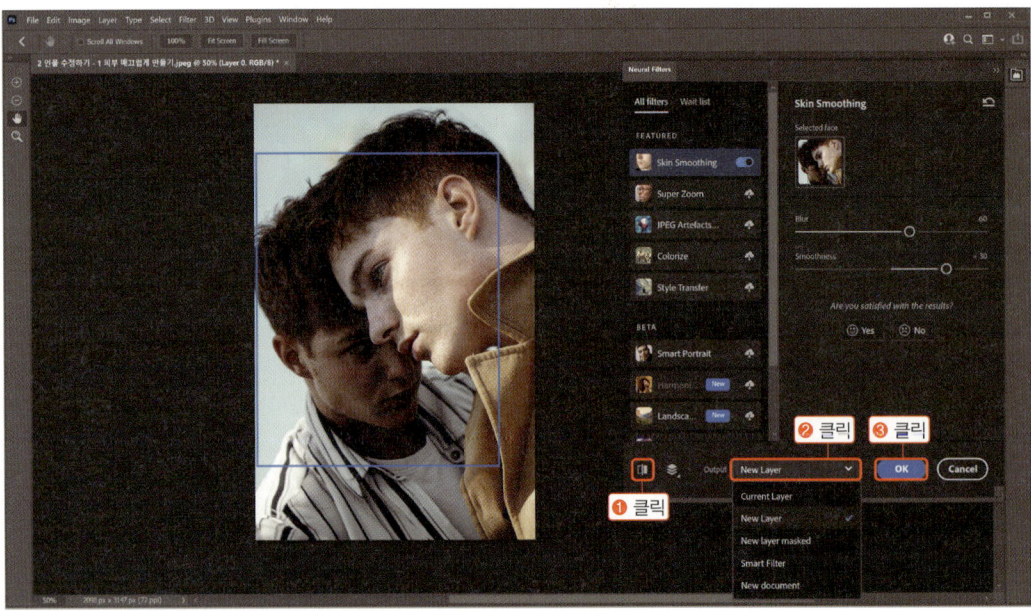

06 Ctrl + Alt + S 를 눌러 별도의 파일로 저장해주세요.

화질 안 좋은 사진 복구하기

01 이번에 배워볼 기능은 화질 저하를 최소화하여 사진을 확대하는 방법이에요. 이 기능은 사진을 구성하는 색상 점의 개수를 늘려 사진의 크기를 키우기 때문에 해상도가 낮은 사진도 디테일을 살릴 수 있습니다. 우선 ❶ [File] - ❷ [Open]([파일] - [열기])를 눌러 이미지를 열어주세요.

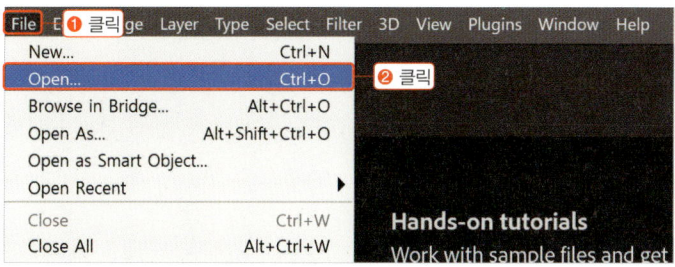

> **Tip** 굿즈는 인쇄를 해야하기 때문에 해상도는 높게(보통 300dpi) 유지해야 해요. 이미지의 크기 대비 이미지를 구성하는 색상 점의 수가 많을수록 해상도가 높아지므로 작은 사진을 억지로 크기만 키워서 인쇄를 하면 해상도, 즉 화질이 낮아질 수밖에 없는 거죠. 신기능은 단순히 크기만 키우는 게 아니라, 커지는 부분을 인공지능이 적절한 색상으로 채워줘서 디테일을 살릴 수 있는 방법이랍니다.

02 ❶ [Filter] - ❷ [Neural Filters]([필터] - [Neural Filters])를 눌러주세요.

03 Super Zoom(강력한 확대/축소)의 구름 아이콘을 눌러 다운로드 및 활성화해주세요.

04 ❶ 돋보기 버튼을 눌러 몇 배 크게 할 것인지 설정 후, ❷ 이미지의 디테일 및 노이즈 정도를 조정해주세요. Noise reduction(노이즈 감소)은 노이즈를 줄일 수 있지만, 너무 높을 경우 사진이 아닌 유화처럼 보일 수 있습니다. 지금과 같이 사람 얼굴이 있는 이미지에서는 Enhance face details(얼굴 디테일 향상)를 체크해주시는 게 좋습니다.

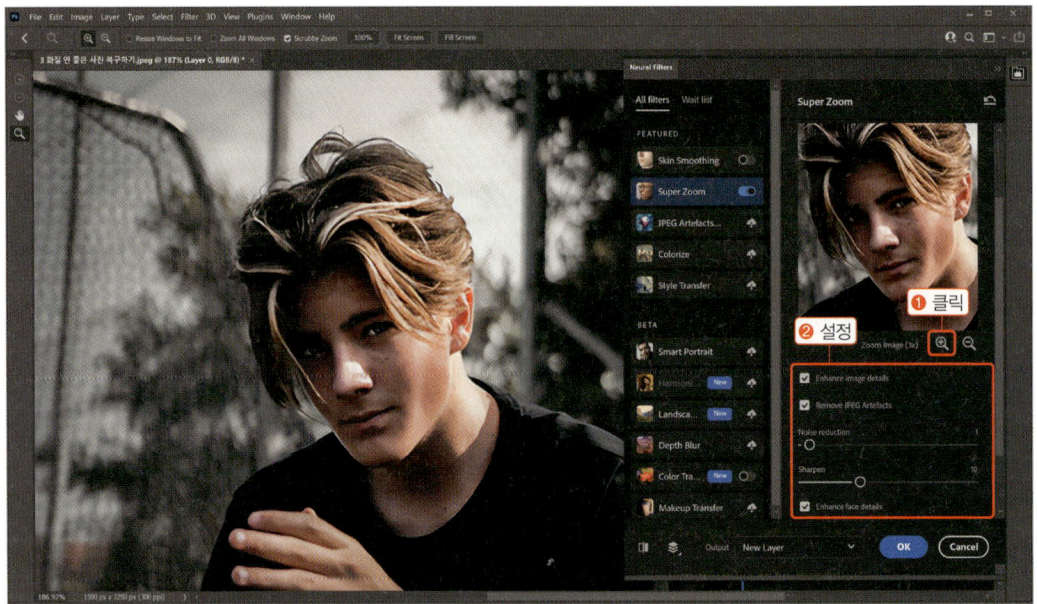

> **Tip** Remove JPEG Artefacts (JPEG 아티팩트 제거)란, JPEG 파일의 압축 형식으로 인한 얼룩덜룩한 노이즈를 제거해주는 기능이에요. 이미지에 생기는 지저분한 색상 노이즈를 제거하고 싶을 때 사용해주세요.

05 ❶ 버튼을 눌러 전후를 비교해보세요. ❷ Output(출력)에서 원하는 결과물 형태를 골라주세요. 여기에서는 New Layer(새 레이어)로 해보겠습니다. ❸ OK(확인)을 눌러 마무리해주세요.

06 New Layer(새로운 레이어)로 했을 경우 이미지가 잘려 나간 것이 아니라 작은 캔버스에 가려져 안 보이는 것이니, ❶ Move Tool(이동 도구) 를 이용해 원하는 부분에 맞춰 ❷ 이동해주세요.

07 Ctrl + Alt + S 를 눌러 별도의 파일로 저장해주세요.

인기 굿즈 제작업체 리스트 BEST10

애즈랜드 https://www.adsland.com

간편 접속 QR

인기 제작 굿즈 : 포토카드, 종이 슬로건, 스티커, 떡메모지

"귀도리 후가공이 가능하여 포토카드의 모서리를 둥글게 제작할 수 있어요."

"소량 제작이 안 되는 종류도 있지만, 저렴한 가격으로 대량의 굿즈를 만들 수 있어요."

성원애드피아 http://www.swadpia.co.kr

간편 접속 QR

인기 제작 굿즈 : 투명 포토카드, 전자파 차단 스티커, 부채, 현수막, 배너

"투명 굿즈에 화이트 인쇄가 가능해요."

"20가지가 넘는 부채 종류가 등록되어 있어 다양한 형태의 부채를 제작할 수 있어요."

"귀도리 후가공이 가능하여 포토카드의 모서리를 둥글게 만들 수 있어요."

"소량 제작이 안 되는 종류도 있지만, 저렴한 가격으로 대량의 굿즈를 만들 수 있어요."

아이메탈스토리 https://cafe.naver.com/corelxx

간편 접속 QR

인기 제작 굿즈 : 전자파 차단 스티커

"골드, 실버, 블랙, 로즈골드, U레인보우까지 다양한 색상의 전자파 차단 스티커를 만들 수 있어요."

"컬러가 있는 그림 파일로도 전자파 차단 스티커를 선명하게 만들 수 있어요."

레드프린팅 https://www.redprinting.co.kr/ko

간편 접속 QR

인기 제작 굿즈 : 투명 포토카드, 엽서, 핀버튼, 손목띠, 틴케이스, 티켓, 포스터

"투명 굿즈에 화이트 인쇄가 가능해요."

"에코백, 파우치 등 여러 종류의 굿즈들이 등록되어 있어 다양한 종류의 굿즈를 제작할 수 있어요."

스냅스 www.snaps.com

간편 접속 QR

인기 제작 굿즈 : 틴케이스, 아크릴 키링, 폴라로이드 팩

"스마트폰에 어플을 다운받아 컴퓨터가 없어도 굿즈를 쉽게 제작할 수 있어요."

로이프린팅 https://www.roiprinting.co.kr/

간편 접속 QR

인기 제작 굿즈 : 마스킹 테이프, 이지컷 테이프, 우표 테이프

"여러 가지 사이즈와 다양한 종류의 마스킹테이프 제작이 가능해요."

"테이프의 풀림 방향에 따라 제작 비용과 작업 가능한 디자인 범위가 달라질 수 있으므로, 풀림 방향을 먼저 확인한 후 디자인을 진행하는 것이 좋아요."

붐잉케이스 https://smartstore.naver.com/booming

간편 접속 QR

인기 제작 굿즈 : 그립톡, 폰케이스

"그립톡은 아크릴과 에폭시 두 종류 모두 제작이 가능하고, 모양도 하트형, 원형, 자유형 등 원하는 모양으로 자유롭게 만들 수 있어요."

오프린트미 www.ohprint.me

간편 접속 QR

인기 제작 굿즈 : 편지 봉투, DIY스티커

"별도의 칼선을 제작할 필요 없이, 투명 배경의 이미지를 첨부하면 자동으로 그림에 맞는 칼선이 설정되어 나와서 편리해요."

"스마트폰에 어플을 다운받아 컴퓨터가 없어도 굿즈를 쉽게 제작할 수 있어요."

마플 https://www.marpple.com/kr

간편 접속 QR

인기 제작 굿즈 : 의류, 폰케이스

"다양한 색상과 종류의 의류들이 있어요."

"스마트폰에 어플을 다운받아 컴퓨터가 없어도 굿즈를 쉽게 제작할 수 있어요."

퍼블로그 www.publog.co.kr

간편 접속 QR

인기 제작 굿즈 : 포스터, 증명사진

"20가지가 넘는 증명사진 양식이 홈페이지에 등록되어 있어, 따로 양식을 만들 필요 없이 사진만 첨부하면 쉽게 증명사진을 인쇄할 수 있어요."

"스마트폰에 어플을 다운받아 컴퓨터가 없어도 굿즈를 쉽게 제작할 수 있어요."

자기 자신이 해낸 것을 즐기는,
그리고 자기 자신이
하고 있는 것을 즐기는 사람은
행복한 사람이다.

- 괴테 -

1판 1쇄 발행 2022년 3월 21일

저 자 | 전하린, 손채은
발 행 인 | 김길수
발 행 처 | ㈜영진닷컴
주   소 | ㈜08507 서울특별시 금천구 가산디지털1로 128
STX-V 타워 4층 401호
등   록 | 2007. 4. 27. 제16-4189

©2022. ㈜영진닷컴

ISBN | 978-89-314-6606-5

이 책에 실린 내용의 무단 전재 및 무단 복제를 금합니다.
파본이나 인쇄가 잘못된 도서는 구입하신 곳에서 교환해 드립니다.